LAURENCE REES

DIE NAZIS
Eine Warnung der Geschichte

Mit einem Vorwort von
Jan Kershaw

Aus dem Englischen
von Wolfram Ströle und
Helmut Dierlamm

W0191482

WILHELM HEYNE VERLAG
MÜNCHEN

HEYNE SACHBUCH
Nr. 19/743

Titel der Originalausgabe:
THE NAZIS - A WARNING FROM HISTORY
Erschienen bei BBC Books London

Frontispiz: Eingang zum Bremer Bahnhof.
Das Bild wurde 1941 aufgenommen,
als die Nazis auf dem Höhepukt ihrer Macht waren.

Für Oliver und Camilla

Umwelthinweis:
Dieses Buch wurde auf chlor-
und säurefreiem Papier gedruckt

3. Auflage

Taschenbuchausgabe 10/2001
Copyright © 1997 by Laurence Rees
Copyright © 1997 der deutschsprachigen Ausgabe
by Diana Verlag AG, München und Zürich
Wilhelm Heyne Verlag GmbH & Co. KG, München
Printed in Germany 2001
http://www.heyne.de
Umschlagillustration: Historisches Bildarchiv
des Stadtarchivs München
Umschlaggestaltung: Hauptmann und Kampa
Werbeagenntur, CH-Zug
Herstellung: Helga Schörnig
Druck und Bindung: RMO-Druck, München

ISBN: 3-453-18095-X

»Wenn du lange in einen Abgrund blickst,
blickt der Abgrund auch in dich hinein.«

FRIEDRICH NIETZSCHE,
Jenseits von Gut und Böse

Inhalt

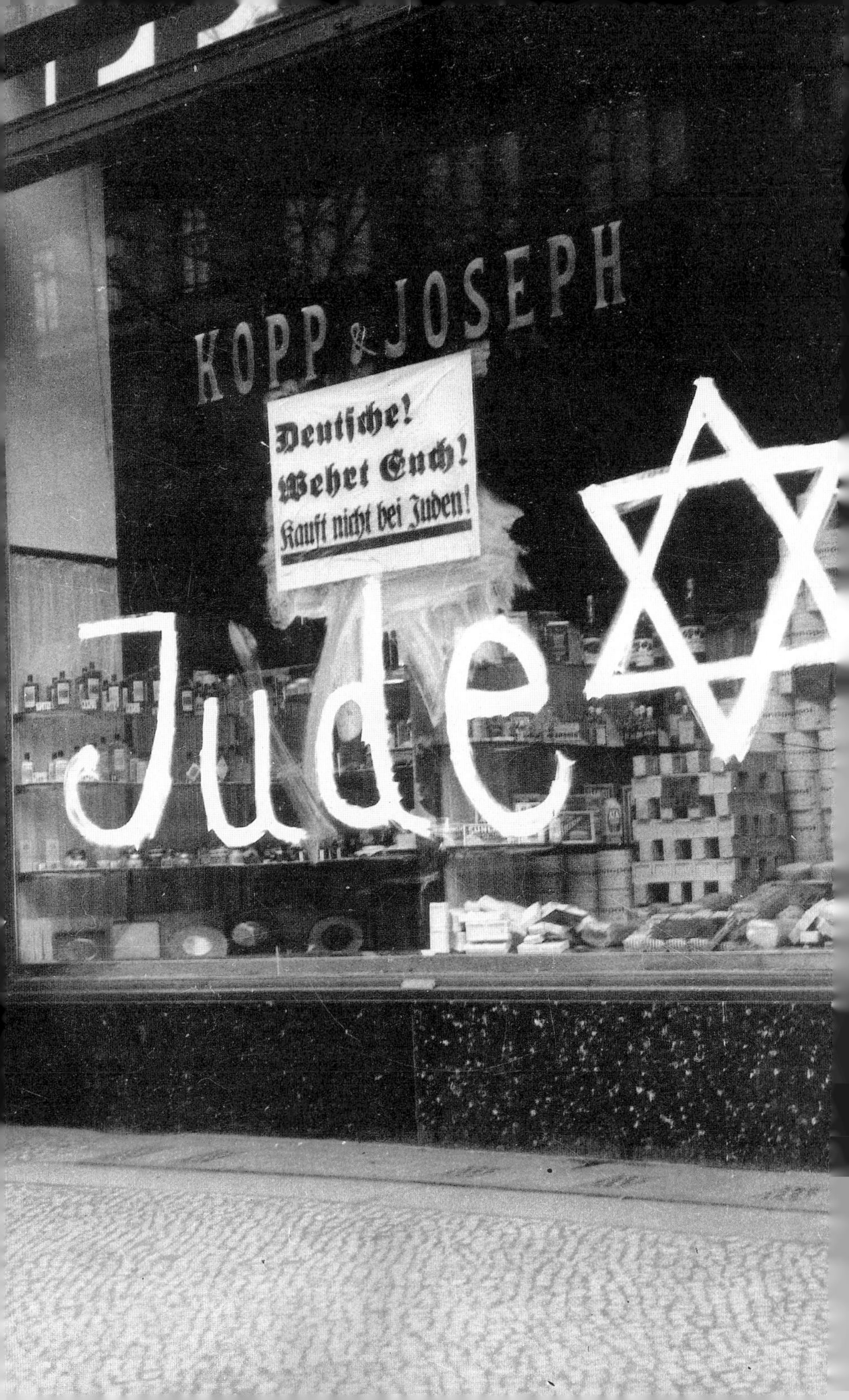
KOPP & JOSEPH
Deutsche!
Wehrt Euch!
Kauft nicht bei Juden!
Jude

Vorwort

»Eine Warnung der Geschichte«: Laurence Rees'
Buch trägt diesen Untertitel zu Recht. Vor Gottes Auge mögen alle Epochen der Geschichte gleich wichtig sein, doch in
den Augen der Sterblichen nimmt die Nazizeit einen sin-
gulären Platz ein. Weder können wir sie losgelöst von Emotionen betrachten, noch ist sie nur Gegenstand akademischer
Debatten. Die Geschichte des Nationalsozialismus geht uns
alle an und sie enthält Lektionen für uns alle.
Was unter den Nazis geschah, fand vor noch gar nicht lan-
ger Zeit mitten in Europa statt. Die Deutschen, Angehörige
einer modernen, hochzivilisierten Gesellschaft, wählten eine
Demokratie ab, die gescheitert war. Erst danach konnte eine
Hinterhofintrige Hitler an die Macht bringen. Und nachdem
die Nazis die Macht erlangt hatten, konnten sie – mit breiter
Unterstützung der Bevölkerung – sämtliche Garantien der
Menschenrechte abschaffen und einen in der Geschichte beispiellos schnellen Zusammenbruch kultureller Werte her-
beiführen. Unter Ausnutzung auch in der Bevölkerung weit
verbreiteter nationalistischer Gelüste und unter Verfolgung
rassistischer und imperialistischer Ziele rüsteten sie zum
Krieg. Ihr Streben nach ethnischer Reinheit – auch dies von
der breiten Bevölkerung getragen – sollte letzten Endes zu
den Gaskammern von Treblinka und Auschwitz führen. Geschichte wiederholt sich nicht Buchstabe für Buchstabe. Doch

Links: 1. April 1933: Die Nazis organisieren einen Boykott jüdischer
Geschäfte und SA-Leute kleben Hassparolen an die Fenster.

die »ethnischen Säuberungen« und der rassistisch-nationalistische Krieg im ehemaligen Jugoslawien sowie das zerstörerische Potenzial der labilen Nachfolgestaaten der ehemaligen Sowjetunion im heutigen Europa geben wenig Grund zur Beruhigung.

Nur im Wissen, schrieb der Philosoph Karl Jaspers, könne die Wiederkehr der vom Nationalsozialismus verkörperten Schrecken verhindert werden. Vielleicht sollten wir hinzufügen: und durch die aus dem Wissen rührende Bereitschaft, die Freiheit gegen Angriffe zu verteidigen und Nationalismus und rassistische Intoleranz zurückzuweisen, ehe es zu spät ist.

Dieses Buch und die ihm zugrunde liegende Fernsehserie liefern dazu meiner Meinung nach einen wichtigen Beitrag. Sie erschließen eine entscheidende Epoche der Geschichte. Die Aussagen von Zeitgenossen und Augenzeugen, die Laurence Rees zusammengestellt hat, sind ein wichtiger Beitrag zum Verständnis des geistigen Klimas, innerhalb dessen der Nazismus gedeihen konnte. Das geistige Klima wiederum hilft erklären, wie es zu den von den Nazis begangenen Gräueln kommen konnte. Es gibt solche Denkweisen leider auch heute noch. Dem Buch ist deshalb eine große Leserschaft zu wünschen, nicht zuletzt in der jungen Generation – der Hoffnung der Zukunft –, für die es besonders wichtig ist, die Warnungen der Geschichte zu bedenken. Ich begrüße sein Erscheinen und wünsche ihm allen erdenklichen Erfolg.

IAN KERSHAW
Professor für Neuere Geschichte
Universität Sheffield

Einleitung

Im letzten Sommer saß ich in einem litauischen Armeestützpunkt einem Mann gegenüber, der schilderte, wie er für die Nazis massenhaft wehrlose Menschen abgeschlachtet hatte. Erst jetzt, nach dem Zusammenbruch des Kommunismus und der Demokratisierung seines Landes, konnte er seine Geschichte erzählen. Was dieser Mann sagte (und er war nur einer von vielen, die wir in den vergangenen drei Jahren interviewten und filmten), war schrecklich und wichtig zugleich. Wenn wir verstehen wollen, wie der Nationalsozialismus möglich war, müssen wir Menschen wie ihm zuhören. In den Worten des Philosophen Karl Jaspers: »Was geschah, ist eine Warnung. Sie zu vergessen, ist Schuld. Man sollte ständig an sie erinnern. Es war möglich, daß dies geschah, und es bleibt jederzeit möglich. Nur im Wissen kann es verhindert werden.«[1]

Über den Nationalsozialismus nachzudenken und den Erinnerungen derer zuzuhören, die ihn erlebten, war nie wichtiger als heute. Fast fünfzig Jahre lang hat Europa mit dem Erbe des Nationalsozialismus gelebt – einem geteilten Deutschland, dem Kalten Krieg und der kommunistischen Unterdrückung Osteuropas. Jetzt ist auch das Geschichte. Angst gemacht hat mir allerdings die Bemerkung eines ehemaligen Nazis nach Ende unseres offiziellen Interviews. Er sagte, er habe sich wegen dessen, was die Nazis getan haben, geschämt, Deutscher zu sein, aber »jetzt, wo Deutschland wiedervereinigt ist, schäme ich mich immer weniger«.

Die schriftliche Aufzeichnung der Interviews umfaßt mehr als eine Million Wörter. Die meisten unserer Gesprächspartner haben sich in dieser Weise noch nie vor Journalisten geäußert. Viele wollten zunächst nicht sprechen, erklärten sich dann aber doch bereit, einige aus Respekt vor der BBC, andere, in den Ostblockländern, weil sie nach dem Fall des Kommunismus endlich reden durften, viele aber aus einem ganz einfachen Grund. Als ich einen prominenten Deutschen nach dem Interview darauf ansprach, dass er provozierende Dinge gesagt habe, gegen die andere Deutsche protestieren würden, entgegnete er: »Das ist mir egal. Vor zehn Jahren hätte ich so nicht sprechen können, aber jetzt, na ja, ich bin sowieso bald tot. Es ist Zeit, die ganze Wahrheit zu sagen.«

Doch es geht nicht nur um die Erschließung mündlicher Quellen. Ein entscheidender Grund für dieses Buch und die zugrunde liegende Fernsehserie war das Verlangen, die Geschichte des Nationalsozialismus durch die Funktionsweise des Nazistaates zu erzählen. Man hat sich, zumal im Bereich der »populären« Geschichtsschreibung, jahrelang auf die Person Hitlers konzentriert (es gibt mehr Biografien über Hitler als über irgendeinen anderen Menschen) und versucht, sich der Zeit durch die Analyse seiner Psyche zu nähern. Für viele war die Nazizeit damit abgehakt; da es nie wieder einen Menschen mit denselben genetischen Eigenschaften wie Hitler geben würde, konnte uns ihrer Meinung nach nichts passieren.

Viele Deutsche konnten sagen, sie hätten in Hitlers Bann gestanden, und sich damit von der Verantwortung freisprechen. Doch sieht man sich an, wie der Nazistaat funktionierte, und bezieht die Person Adolf Hitlers nur ein, wo sie relevant ist, entsteht ein ganz anderes, beunruhigenderes Bild. In den Blick kommen die massenhafte freiwillige Kollaboration mit dem Naziregime, die glücklichen und zufriedenen Deutschen unter der Naziherrschaft der dreißiger Jahre, die Lügen der Mitglieder der Nazi-Elite, die nach dem Krieg behaupteten, sie hätten nur »auf Befehl« gehandelt, die vielen tausend Menschen, die allzu bereitwillig von der Vertreibung der Juden profitierten, und jene Mehrheit der Deutschen, die 1932 Parteien wählten, von denen sie wussten, dass sie den

Sturz der deutschen Demokratie auf ihre Fahnen geschrieben hatten.

Einzelne Deutsche und ihre Mittäter müssen die Verantwortung dafür und für anderes übernehmen. Viele taten das in unseren Interviews auch. Die Geschichte, die sie erzählen, ist kein Anlass zur Beruhigung und kann nicht einfach abgehakt werden, denn letzten Endes hat der in Deutschland entstandene Nationalsozialismus der Welt vorgeführt, wie tief Menschen sinken können. Das hat Hitler nicht allein getan.

Kann etwas Ähnliches wieder irgendwo auf der Welt passieren? Ich sage mit Karl Jaspers: »Es bleibt jederzeit möglich.«

LAURENCE REES
London, Januar 1997

1. KAPITEL

Hilfe auf dem Weg zur Macht

In der Nähe des früheren ostpreußischen Rastenburg, der heutigen polnischen Stadt Ketrzyn, liegt in einem Wald versteckt ein Labyrinth von Ruinen aus Stahlbeton. Heute kann man sich nur schwer einen Ort denken, der weiter vom Zentrum der Macht entfernt wäre als dieser entlegene Teil Ostpolens an der russischen Grenze. Doch wer im Herbst 1941 an dieser Stelle gestanden hätte, hätte sich in der Befehlszentrale eines der mächtigsten Männer der Geschichte befunden – Adolf Hitlers. Seine Soldaten standen auf den Stränden der Bretagne und in den Weizenfeldern der Ukraine. Über hundert Millionen Europäer, die nur wenige Monate zuvor noch in selbstständigen Staaten gelebt hatten, waren jetzt unter seiner Herrschaft. In Polen war eine der bestialischsten Aktionen aller Zeiten zur Vernichtung und Deportation der Bevölkerung in vollem Gang. Und als Gipfel all dieser Gräuel hatte Hitler soeben mit Heinrich Himmler beschlossen, ein ganzes Volk auszulöschen – die Juden. Die Entscheidungen, die Hitler in dieser heute zerstörten Stadt aus Beton traf, beeinflussten unser aller Leben und den Verlauf der Geschichte in der zweiten Hälfte des 20. Jahrhunderts – zum Schlimmeren.

Wie konnte ein zivilisiertes Land im Herzen Europas es zulassen, dass dieser Mann und seine Partei an die Macht

Links: Ein Bild aus einer Reihe von Hitler-Porträts, aufgenommen von dem Fotografen Heinrich Hoffmann. Das Foto stammt aus dem Jahr 1938; Hitler war damals 49 Jahre alt.

kamen? Heute, da wir wissen, welches Leid und welche Zerstörung die Nazis über die Menschheit brachten, scheint nur schwer verständlich, wie Adolf Hitler 1933 auf verfassungsmäßigem Weg Kanzler von Deutschland werden konnte.

Die nationalsozialistische Machtergreifung wird gern mit der Person Hitlers erklärt. Über keinen anderen Menschen ist mehr geschrieben worden; es gibt über Hitler mehr als doppelt so viele Biografien wie über Churchill. Die Nazis haben selbst auf der Suche nach einer Erklärung für ihren Erfolg den biografischen Weg bis zum Extrem verfolgt. Hitlers Anhänger in der Partei kamen zu dem Schluss, er sei kein gewöhnlicher Sterblicher, sondern ein Übermensch. Reichsminister Hans Frank verglich 1936 den einsamen Hitler mit Gott.[1] Julius Streicher, der ganz besonders zu Übertreibungen neigte, ging noch weiter: Christus erschien ihm gemessen an der Größe Hitlers unbedeutend.[2] In den dreißiger Jahren wurde in deutschen Kindergärten ein neues Gebet eingeführt:»Lieber Führer! So wie Vater und Mutter lieben wir Dich. So, wie wir ihnen gehören, gehören wir Dir. Nimm unsere Liebe und Treu, Führer, zu Dir.«[3]

In dieser Weise wollte auch Propagandaminister Joseph Goebbels den Aufstieg der Nazis zur Macht erklärt wissen. (Er selbst fragte sich nach der Lektüre von *Mein Kampf*:»Wer ist dieser Mann? Halb Plebejer, halb Gott! Tatsächlich der Christus, oder nur der Johannes?«[4]) Nach der nationalsozialistischen Geschichtsversion kam Hitler in einer schicksalhaften Stunde in Deutschland an die Macht, um die Welt zu retten, ähnlich wie Christus vor zweitausend Jahren; beider Leben sei durch ihr übermenschliches Schicksal vorherbestimmt gewesen. Eine solche Erklärung der Machtergreifung, obwohl selten bis ins übermenschliche Extrem geführt, ist heute noch in bestimmten Kreisen verbreitet. Sie passt zum Wunsch vieler Menschen, die Vergangenheit ganz einfach als Geschichte »großer Menschen« zu begreifen, die die Welt unabhängig von äußeren Umständen nach ihrem Willen formen. Sie hat nur einen Haken – sie ist falsch.

Deutschland nach dem I. Weltkrieg

DÄNEMARK

Nord-Schleswig

LITAUEN
Memelland

Kiel

Hamburg

Danzig

Ost-preußen

Bremen

Berlin

West-preußen

Weichsel

NIEDERLANDE

Oder

Posen

Warschau

BELGIEN

Köln

Leipzig

Weser

Elbe

POLEN

Ober-schlesien

Koblenz

Weimar

Saar-gebiet

DEUTSCHES REICH

LUXEMBURG

Elsaß-Lothringen

Rhein

Stuttgart

Donau

TSCHECHOSLOWAKEI

FRANKREICH

München

Wien

SCHWEIZ

ÖSTERREICH

UNGARN

Der Friedensvertrag von Versailles

N

von Deutschland abgetretene Gebiete

Entmilitarisierte Zone

50   100 km

Besondere Verwaltung   0   50 Meilen

Als die Nationalsozialisten im Mai 1928 an den Reichstagswahlen teilnahmen, war Hitler seit fast sieben Jahren Führer der Partei. Die deutsche Bevölkerung hatte bis dahin reichlich Gelegenheit gehabt, seinen übermenschlichen Fähigkeiten und seiner hypnotischen Ausstrahlung zu erliegen. Doch die NSDAP bekam in diesen Wahlen genau 2,6 Prozent der Stimmen. In einem geheimen Bericht des Reiches aus dem Jahr 1927 findet sich eine für die damalige Zeit verständliche Einschätzung der Nazis; die Partei vermag laut diesem Bericht »auf die große Masse der Bevölkerung und auf den Gang der politischen Ereignisse keinen merkbaren Einfluß auszuüben«.[5] Die Vorstellung, Hitler habe unabhängig von äußeren Umständen in hypnotischer, geradezu göttlicher Weise auf die Deutschen gewirkt, ist also Unsinn. Er war eine außergewöhnliche Persönlichkeit und sein Einfluss auf das Geschehen darf nicht unterschätzt werden, aber durch seinen Charakter allein kann weder erklärt werden, warum es die Nazis überhaupt gab, noch wie sie so mächtig werden konnten. In Wirklichkeit waren Hitler und die Nazis genauso den Umständen ihrer Zeit verhaftet, wie wir alle es sind, und die Nazis konnten trotz Hitler nur durch die Mithilfe, Schwäche, Fehleinschätzung und Duldung anderer an die Macht gelangen. Ohne eine die ganze Welt erschütternde Krise wäre die Partei überhaupt nicht entstanden.

Als Deutschland im November 1918 kapitulierte und der Erste Weltkrieg endete, konnten viele deutsche Soldaten nicht verstehen, wie es zu dieser Katastrophe gekommen war. »Wir haben uns natürlich gewundert, denn wir fühlten uns ja nicht geschlagen«, sagt der Weltkriegsveteran Herbert Richter. »Die Fronttruppen fühlten sich nicht besiegt und wir fragten uns, warum kommt der Waffenstillstand so schnell und warum müssen wir so schnell alle unsere Stellungen räumen, denn wir standen ja überall noch in Feindesland, und das kam uns sonderbar vor.« Richter erinnert sich noch lebhaft, wie ihm und seinen Kameraden angesichts der Kapitulation zumute war. »Wir waren wütend, weil wir nicht das Gefühl hatten, kräftemäßig am Ende gewesen zu sein.« Diese Wut sollte verhängnisvolle Folgen haben. Die enttäuschten Deutschen sahen sich rasch nach einem Sündenbock um, den sie für den unerwarteten und in ihren Augen unter mysteriösen Umständen zustande gekommenen Waffenstillstand verantwortlich machen konnten. So entstand die Dolchstoßlegende, nach der die deutschen Soldaten, die im Kampf ihr Leben opferten, hinter der Front, in der Heimat, von anderen betrogen worden waren. Wer waren diese »anderen«? Die Politiker der Linken, die im November 1918 dem demütigenden Waffenstillstand zugestimmt hatten – die so genannten Novemberverbrecher. Deutschland war gegen Ende dieses Jahres zum ersten Mal in seiner Geschichte Republik geworden und die Politiker hatten erkannt, dass eine Fortsetzung des Krieges sinnlos war, die Niederlage unausweichlich. Viele Soldaten sahen das allerdings anders und sie empfanden die Umstände der deutschen Kapitulation im November 1918 als Schande.

In Bayern war das Gefühl, betrogen worden zu sein, bei den zurückgekehrten Soldaten und den Zivilisten der konservativen Rechten besonders weit verbreitet. München befand sich 1919 politisch im Aufruhr. Im Februar wurde der Sozialist Kurt Eisner ermordet, im April 1919 eine kommunistische Räterepublik ausgerufen. Am 1. und 2. Mai jenes von Gewalt und Unruhen erfüllten Frühjahrs schlugen Truppen der Rechten, darunter aus Söldnern zusammengestellte Freikorps, die Münchner Kommunisten brutal nieder. Die bloße Existenz dieser letzten, kommunistisch geführten Regierung in München bestätigte vielen Einwohnern dieses traditionell konservativen Teils von Deutschland, dass ihre Furcht vor dem Kommunismus wohlbegründet war. Ein zeitgenössisches Flugblatt der KPD endet mit dem Aufruf: »Es lebe die Weltrevolution!« Solche Propagandasätze

Linksgerichtete Demonstranten in München im Februar 1919.
Der bärtige Mann mit Hut links neben der Fahne ist der sozialistische (und jüdische) Politiker Kurt Eisner. Er wurde wenige Tage später ermordet.

nährten die Paranoia der Rechten und schufen ein Klima, in dem radikale, kommunistenfeindliche Parteien gedeihen konnten.

Die Münchner Räterepublik hinterließ noch aus einem anderen, unheilvolleren Grund einen nachhaltigen Eindruck im Bewusstsein der Rechten: Die Anführer des linken Putsches waren mehrheitlich Juden. Dies verstärkte das Vorurteil, dass für alle Missstände in Deutschland Juden verantwortlich seien. In Gerüchten war davon die Rede, dass Juden sich vor dem Kriegsdienst gedrückt hätten und dass ein jüdisches Mitglied der Reichsregierung – Walter Rathenau – durch sein falsches Spiel zu dem demütigenden Waffenstillstand beigetragen habe. Auch jetzt noch, so die Lügen weiter, würden deutsche Juden im Rahmen einer weltweiten Verschwörung des internationalen Judentums den Ausverkauf des Landes betreiben.

Ironischerweise waren diese Lügen zum Teil deshalb so wirksam, weil tatsächlich überraschend wenig Juden in Deutschland lebten. Im Juni 1933 waren es 503 000, gerade 0,76 Prozent der Bevölkerung, und im Unterschied zu den jüdischen Bevölkerungen anderer europäischer Länder wie Polen waren die deutschen Juden relativ stark assimiliert. Dies spielte paradoxerweise den deutschen Antisemiten in die Hände, da mangels realer Juden aus Fleisch und Blut ein Fantasiebild des Juden entstehen konnte, der zum Symbol für alles wurde, was der Rechten in Deutschland nach dem Krieg missfiel. »Es war politisch für viele Leute sehr leicht, sich auf die Juden einzuschießen«, sagt Professor Christopher Browning. »Die Juden wurden zum Symbol für linke Politik, kapitalistische Ausbeutung, avantgardistische Experimente, Säkularisation, all die Dinge, die einen großen Teil des kon-

Vorherige Doppelseite: Mitglieder eines Freikorps marschieren 1919 in München ein. Obwohl die NSDAP damals noch nicht existierte, tragen viele auf dem Ärmel das Hakenkreuz – ein traditionelles Emblem der Rechten, das es bereits vor den Nazis gab.

Eugene Leviné, kommunistischer Anführer der Räterepublik, hingerichtet im Juni 1919.

Der Junge mit der Fahne ist Levinés Sohn, der ebenfalls Eugene hieß.

servativen politischen Spektrums beunruhigten. Der Jude war ein ideales politisches Schlagwort.«

Gegen die deutschen Juden richteten sich seit hunderten von Jahren Vorurteile, von vielen Lebensbereichen waren sie ausgeschlossen. Erst seit der zweiten Hälfte des 19. Jahrhunderts durften sie Land besitzen und bebauen. Der Antisemitismus spielte in Deutschland nach dem Ersten Weltkrieg eine große Rolle. Eugene Leviné, ein deutscher, in Berlin aufgewachsener Jude, musste als Kind vieles erleiden, nur weil er Jude war. Im Alter von vier oder fünf spielte er noch mit anderen, nichtjüdischen Kindern, doch wenn deren ältere Brüder nach Hause kamen, sagten sie zu ihm:»Dreckiger kleiner Jude, du kannst hier nicht spielen« und jagten ihn fort.»Die anderen Kinder waren traurig«, sagt Leviné,»aber diese Jungen steckten schon voller Antisemitismus. Einmal schlug mich einer der größeren Jungen zusammen und als Sechsjähriger kann man gegen einen Vierzehnjährigen nichts ausrichten.« Leviné erinnert sich auch an ein bizarres antisemitisches Ritual:»In jeder neuen Schule kam in der ersten Pause am Morgen jemand auf dich zu, weil du Jude warst, und forderte dich heraus und du musstest kämpfen. Und wenn du dich wehren konntest, brauchtest du gar nicht zu gewinnen – wenn du ihnen ebenbürtig herausgeben konntest, ließen sie dich in Ruhe.«

Doch muss man sich vor Übertreibung hüten. Weil heute jeder weiß, was in Auschwitz geschah, gelangt man nur zu leicht zu der Folgerung, Deutschland sei damals ein durch und durch antisemitisches Land gewesen. Das ist falsch. Zwar gab es Antisemitismus, doch, wie Leviné sagt, meist »nicht die Art, die die Leute dazu treibt, Synagogen anzuzünden«. Angesichts dessen, was in Deutschland später unter den Nazis passierte, ist es tragisch, dass eine Reihe Juden nach dem Ersten Weltkrieg unter anderem deshalb von Polen und Russland nach Deutschland flohen, um dem Antisemitismus in ihrer Heimat zu entkommen. Die»Ostjuden« waren meist weniger assimiliert als die anderen deutschen Juden und zogen deshalb mehr Antisemitismus auf sich. Bernd Linn, der später SS-Offizier wurde, wuchs Anfang der zwanziger Jahre in Deutschland auf; sein Antisemitismus wurde genährt durch das in seinen Augen »fremdartige« Benehmen der »Ostjuden« im väterlichen Geschäft. »Wir hatten viel jüdische Kundschaft. Die haben sich so viel rausgenommen, dabei waren sie doch bei uns Gäste. Aber so haben sie sich ganz und gar nicht benommen. Der Unterschied war ja sehr krass. Die alten, eingesessenen Juden, mit denen haben wir doch ein gutes Verhältnis gehabt. Aber was da an Ostjuden alles ankam, die haben sich auch mit den Westjuden, den eingesessenen, gar nicht vertragen. Und wie die sich dann im Geschäft benommen haben, da ist die Opposition bei mir immer mehr gewachsen.« Linn gestand uns unbekümmert, dass er als Kind im Pausenhof der Schule mit Knallkörpern auf Juden geworfen und, sein Lieblingsstreich, zusammen mit Schulkameraden selbstgemachte Fahrkarten für eine einfache Fahrt nach Jerusalem in jüdische Briefkästen gesteckt habe.

Fridolin von Spaun war unmittelbar nach dem Ersten Weltkrieg bereits alt genug, um in ein Freikorps einzutreten. Später schloss er sich wie Linn den Nazis an und auch er hatte ein persönliches Problem mit den Juden. »Wenn die Juden uns was Schönes gebracht hätten, wär's ja recht gewesen«, sagt er. »Aber sie haben uns ja bedackelt. Denn dass sie Vermögen erwerben und dann abhauen mit dem Konkurs, wenn sie die Taschen voll haben, also dass das allgemein eine antijüdische Stimmung verbreitet hat, das finde ich sehr natürlich.« Und er fügt ohne Ironie hinzu: »Ich habe in meinem Leben sehr viel mit Juden zu tun gehabt, schon als Kind. Und ich muss den Juden einen persönlichen Vorwurf machen: Unter all diesen Menschen, die ich kennen gelernt habe, ist kein Einziger mein Freund geworden. Warum? Nicht wegen mir. Ich hatte nichts gegen sie. Ich habe immer gemerkt, sie wollen mich immer nur ausnützen. Und das hat mich geärgert. Ich bin kein Antisemit. Mir liegt das Wesen einfach nicht.«

Eugene Levinés Antwort darauf ist klar: »Über etwas so Unsinniges rege ich mich gar nicht groß auf. Zu sagen, das sei ungerecht, hieße schon, ihm zu viel Gewicht einzuräumen. Das ist doch eine Art Ignoranz. Wenn zwei Menschen denselben Fehler haben, sagt man, wenn einer Jude ist: ›Na ja, typisch – was kann man erwarten. Verdammte Juden.‹ Und wenn er Engländer ist, heißt es: ›Seltsam, so benehmen die Engländer sich doch sonst nicht.‹ Es gibt hunderte solcher Geschichten. Sagt der Antisemit: ›Das ist wieder ein Verbrechen von euch Juden und außerdem habt ihr die Titanic versenkt.‹ Sagt der Jude: ›Aber entschuldigen Sie bitte, das ist doch lächerlich, die Titanic wurde von einem Eisberg versenkt.‹ Darauf der Antisemit: ›Eisberg, Grünberg, Goldberg, ihr Juden seid alle gleich.‹«

Vor diesem Hintergrund besuchte am 12. September 1919 ein dreißigjähriger Gefreiter namens Adolf Hitler eine Zusammenkunft der Deutschen Arbeiterpartei im Leiberzimmer des Sterneckerbräu in München. Hitler war als Beobachter von Hauptmann Mayr geschickt worden, dem Leiter der Aufklärungs- oder Propagandaabteilung der bayerischen Sektion der Reichswehr. Als ein Sprecher auf der Versammlung die Loslösung Bayerns vom Reich forderte, widersprach ihm Hitler empört und redete ihn in Grund und Boden. Anton Drexler, ein Schlosser, der acht Monate zuvor, im Januar 1919, die rechtsradikale DAP gegründet hatte, war von Hitlers rhetorischen Fähigkeiten so beeindruckt, dass er ihn sofort bat, in die Partei einzutreten.

Wer war dieser Mann, der an jenem Abend im Sterneckerbräu die Bühne der Geschichte betrat? Nichts in den ersten dreißig Jahren seines Lebens ließ vermuten, dass er etwas anderes war als ein Sonderling. Gescheitert in der Schule und in Wien, wo die Akademie der Bildenden Künste ihn abgelehnt hatte, war er bisher nur als Soldat im Ersten Weltkrieg hervorgetreten; für seine Tapferkeit hatte er das Eiserne Kreuz 1. Klasse bekommen.

Hitlers Leben vor jener Zusammenkunft im Sterneckerbräu ist nur spärlich dokumentiert. Eine wichtige Quelle ist, was er selbst 1924 in *Mein Kampf* geschrieben hat. Hier schildert er seine Eindrücke in Wien vor dem Ersten Weltkrieg:

Demonstrierende Juden 1911 in Wien. Dieses Bild orthodoxer Juden machte
auf Hitler so großen Eindruck, dass er es in *Mein Kampf* (1924) erwähnt.

»Wo immer ich ging, sah ich nun Juden, und je mehr ich sah,
desto schärfer sonderten sie sich für das Auge von den anderen Menschen ab… Gab es denn da einen Unrat, eine Scham-
losigkeit in irgendeiner Form, vor allem des kulturellen Lebens, an der nicht wenigstens ein Jude beteiligt gewesen
wäre?« Diese bekannten Worte zeichnen das Bild, das Hitler von sich geben wollte – das Bild eines von Anfang an
überzeugten Antisemiten. Aber stimmt das? Vor kurzem hat
Brigitte Hamann eine sehr interessante Untersuchung über
Hitlers Zeit in Wien vorgelegt.[6] Hamann hat minuziös re-
cherchiert, mit welchen Leuten Hitler in dem Wiener Män-
nerheim, in dem er wohnte, Kontakt hatte, und sie kommt zu
dem überraschenden Schluss, »dass das Bild, das Hitler in
Mein Kampf über Wien zeigt, eben nicht stimmt. Das heißt,
er sagt, er sei in Wien zum Antisemiten geworden, aber wenn
man die zeitgenössischen Quellen ganz genau nachprüft, er-
gibt sich, dass er im Gegenteil ein sehr guter Freund von sehr
vielen, außergewöhnlich vielen Juden war, sowohl im Män-

nerheim als auch im Kontakt mit den Händlern, die seine Bilder vertrieben haben.« Keiner der vielen Juden, zu denen Hitler in seinen Wiener Jahren gute Beziehungen hatte, sagte laut Hamann, Hitler sei damals, in der Zeit vor 1913, Antisemit gewesen. Hitler habe seine Bilder sogar »lieber an jüdische Händler verkauft, weil sie Risiken eingingen«.

Das ist eine interessante Entdeckung. Sie zeigt, dass Hitler keineswegs die selbstsichere, gleichsam göttliche Persönlichkeit war, als die er sich ausgab, sondern ein vom Schicksal nicht weniger als andere gebeutelter Mensch. In Wien, schreibt Hamann, »hat er niemandem was getan, er hat die Gesetze eingehalten, er hat mehr oder minder gut seine Bilder da gemalt, um sich über Wasser zu halten, er war ein harmloser Mensch, der nicht weiter aufgefallen ist«. Die Ereignisse, die diesen »harmlosen Menschen« in den Hitler verwandelten, den die Geschichte kennt, waren dieselben, die ganz Deutschland traumatisierten: der Erste Weltkrieg und seine unmittelbaren Folgen. Als Hitler nach seiner Wiener Zeit seine neue Welt für sich ordnen musste, fielen ihm laut Hamann die Prophezeiungen der fanatischen österreichischen Antisemiten ein und er begann sie selbst zu verkünden.

Fast allen politischen Gedanken Hitlers ist eines gemeinsam: Sie sind gestohlen. Hitler übernahm seine Argumente meist einfach von anderen. Vielleicht wusste er, dass ein »großer Mann« seine Gedanken nicht von anderen stiehlt, und hat deshalb die Ursprünge seines bösartigen Antisemitismus nach Wien verlegt, statt sie in den banalen Gefühlen des Verrats und des Hasses zu suchen, wie sie 1918 und 1919 Millionen Deutsche empfanden.

Hitler verfälschte seine frühe Geschichte noch in anderer Hinsicht. Später, als er berühmt war, legte er Wert darauf, eines der ersten Mitglieder der DAP gewesen zu sein – mit der Mitgliedsnummer sieben. Dass Hitler Parteimitglied Nummer sieben gewesen sei, sagten uns auch ehemalige Nazis voller Stolz: Der Führer sei von Anfang an dabei gewesen und habe die junge Nazipartei geformt. Doch das stimmt nicht. Drexler beschwerte sich darüber im Januar

Hitlers
Mitgliedskarte
der Deutschen
Arbeiterpartei
mit der
Mitglieds-
nummer 555.

1940 in einem Brief an Hitler bitter: Niemand wisse besser
als der Führer selbst, dass er bei seinem Eintritt nicht das
siebte Parteimitglied, sondern bestenfalls das siebte Aus-
schussmitglied gewesen sei; schon einmal habe er, Drexler,
sich darüber beklagen müssen, dass auf Hitlers erster Mitgliedskarte die Nummer 555 ausradiert und durch eine 7 ersetzt worden sei.[7]

Im Verlauf des Jahres 1919 entdeckte Hitler, dass er eine
wirkliche Begabung hatte – die Gabe, öffentlich zu reden. So
erfolgreich waren seine demagogischen Reden jener Art,
durch die sich rechtsradikale Parteien damals voneinander zu
unterscheiden versuchten, dass die DAP zu wachsen begann.
Als einer der Ersten trat Ernst Röhm ein, ein Hauptmann der
Reichswehr, und er erkannte rasch die Anziehungskraft, die
Hitlers Persönlichkeit auf die Massen ausübte. Röhm liebte
jede Art von Krawall. »Da ich ein unreifer und schlechter
Mensch bin«, schilderte er sich selbst, »sagt mir der Krieg
und die Unruhe eben mehr zu als die brave bürgerliche Ordnung.«[8] Die Partei, die Hitler vorschwebte, konnte einen
Schläger wie Röhm gebrauchen. »Grausamkeit imponiert«,
sagte Röhm bei anderer Gelegenheit, »die Leute brauchen
den heilsamen Schrecken. Sie wollen sich vor etwas fürchten.
Sie wollen, daß man ihnen bange macht und daß sie sich
jemandem schaudernd unterwerfen.«[9]

29

Hauptmann Ernst Röhm,
der spätere Stabschef
der SA. Röhm war einer
der ersten Weggefährten
Hitlers und trat schon
früh in die Partei ein.

Hermann Göring
in den frühen
zwanziger Jahren.
Erst später war
er von seinen
Ausschweifungen
gezeichnet.

Innerhalb von zwei Jahren wurde Hitler zum wichtigsten Aktivposten der DAP. Er zog durch seine Reden neue Mitglieder an und prägte mit seiner Persönlichkeit die Partei zunehmend. Aus einem parteiinternen Machtkampf im August 1921 ging Hitler als Sieger hervor und von da an war er unumschränkter Herrscher der Nationalsozialistischen Deutschen Arbeiterpartei, wie die Partei inzwischen hieß (mit der im Februar 1920 erfolgten Umbenennung sollten sowohl Nationalisten wie Sozialisten gewonnen werden). Ausführliche politische Programme spielten in der Partei von Anfang an eine geringere Rolle als das emotionale Engagement, die Ablehnung der Demokratie und die Propagierung der Revolution. Hermann Göring sagte später: »Ich schloß mich der Partei an, da ich ein Revolutionär war, nicht etwa wegen des ideologischen Krams.«[10] Das Ziel der Partei war von Anfang an klar: die Deutschland Ende des Ersten Weltkriegs zugefügte Schmach tilgen, die Verantwortlichen bestrafen und den Marxismus ausrotten.

Mit dieser allgemeinen politischen Linie unterschied sich die werdende Nazipartei kaum von einer Unzahl anderer kleiner, rechtsradikaler Gruppierungen, die in der unruhigen Nachkriegszeit in Süddeutschland blühten. Das erste Parteiprogramm vom 24. Februar 1920 enthielt einen Mischmasch vager wirtschaftlicher Versprechungen zum Schutz der Mittelschicht und des Kleinunternehmertums, außerdem das unzweideutige Ziel, Juden von der vollen deutschen Staatsbürgerschaft auszuschließen. Das alles war damals keineswegs ungewöhnlich. Die Nazis gingen nicht einmal so weit wie andere rechtsradikale Gruppen der Zeit. Im *Marktbreiter Wochenblatt*, dem Parteiorgan des Deutschvölkischen Schutz- und Trutzbundes, stand zu lesen: »Es ist unbedingt notwendig, die Juden zu töten.«[11] Ein anderes Blatt schrieb: »Was tun wir mit dem Juden? Fürchtet euch nicht vor dem Schlagworte ›Keine Gewalt dem Antisemitismus‹, denn die Juden können heute nur noch durch Gewalt beseitigt werden.«[12] Die Symbole der jungen Nazipartei waren so wenig originell wie ihre Ideen. Das Hakenkreuz wurde von anderen rechten Gruppen in Deutschland verwendet, bevor die Nazis es für sich entdeckten. Den Totenkopf, der später auf den Mützen der SS traurige Berühmtheit erlangte, hatte bereits die deutsche Kavallerie getragen. Sogar der römische Gruß mit ausgestrecktem Arm war eine Entlehnung, in diesem Fall von den Faschisten Mussolinis. In einer Hinsicht allerdings war die NSDAP anders. Sie war, selbst für die damalige gewalttätige Zeit, von Anfang an außerordentlich gewalttätig. 1921 wurde aus der harmlos klingenden »Turn- und Sportabteilung« der Partei die »Sturmabteilung« gebildet, die Veranstaltungen der Nazis schützen und Versammlungen rivalisierender Gruppen auflösen sollte. Schlachten zwischen SA-Männern und Anhängern anderer politischer Parteien gehörten von da an bis 1933 zur Tagesordnung des politischen Lebens in Deutschland.

Indem die Nazis sich unablässig als Retter Deutschlands präsentierten, machten sie ihr Schicksal vom Ausmaß der Schwierigkeiten abhängig, vor denen das Land stand. Aus dem Trauma der Kriegsniederlage geboren, konnte die Partei nur in einem Klima politischer Instabilität gedeihen. Als Frankreich aus Unmut über den Verzug deutscher Reparationszahlungen 1923 das Ruhrgebiet besetzte, profitierten die Nazis von dieser neuen Krise. Für Deutschland, das bereits unter der Schmach des Waffenstillstands vom November 1918 und den harten Bedingungen des Versailler Friedensvertrages litt, war die Besetzung eine schwere Demütigung. Die Schande wurde durch das Benehmen der französischen Besatzerarmee noch gesteigert. »Und da haben wir dann doch erlebt, dass die Franzosen mit ziemlich harter Hand regiert haben«, sagt Jutta Rüdiger, später Führerin des BDM, der weiblichen Entsprechung zur Hitlerjugend. »Die wollten vielleicht überhaupt Rache nehmen, Rache, eigentlich ein Gefühl, das ich nicht kenne.« Und sie fügt folgende Bewertung des französischen Nationalcharakters hinzu, die in Anbetracht dessen, was die Nazis später taten, mehr als ironisch klingt und sehr entlarvend ist: »Aber die Franzosen sind da etwas anders veranlagt, nicht, vielleicht ist da ein ganz klein bisschen Sadismus vorhanden.«

Putschisten hinter einer Straßensperre während des Demonstrationszuges am 9. November 1923 durch München. In der Mitte steht mit Schnurrbart und Brille, die Fahne in der Hand, der junge Heinrich Himmler.

Bernd Linn erlebte die französische Besetzung als Fünfjähriger. Er stand auf dem Gehweg vor dem Haus seines Großvaters, als die französischen Soldaten vorbeimarschierten, und trug eine Kinderuniform und ein Spielzeuggewehr. »Da hab ich mich umgedreht und da kam ein Franzose und der hat mich dann entwaffnet – scheinbar hat er das Gewehr für seine Kinder gebraucht, ich weiß es nicht. Und ich war schwer beleidigt.« Aus dem kleinen Jungen, dem der Franzose das Kindgewehr wegnahm, wurde später ein Standartenführer der SS.

Die Ruhrkrise fiel mit schweren wirtschaftlichen Problemen Deutschlands zusammen – vor allem einer galoppierenden Inflation. »Ich habe da vier Billionen für eine Wurstsemmel bezahlt, die ich mir da mal gekauft habe«, sagt Emil Klein, der 1920 zum ersten Mal eine Veranstaltung mit Hitler besuchte. »Und dieser Zusammenbruch hat natürlich auch wiederum der Hitlerbewegung Boden gegeben und Zuwachs gebracht. Denn die Leute haben gesagt: ›So kann es nicht weitergehen!‹ Und dann ging es langsam mit der Diskussion los, dass da ein starker Mann kommen muss. Das wurde immer stärker, die Suche nach dem starken Mann, weil die Demokratie nichts zuwege brachte.«

In der durch die französische Besatzung und die wirtschaftlichen Schwierigkeiten Deutschlands ausgelösten politischen Krise kam es zum Zusammenstoß zwischen der rechten bayerischen Regierung und der Reichsregierung Gustav Stresemanns in Berlin. Die Reichsregierung verlangte von den Bayern, Angriffe des nationalsozialistischen *Völkischen Beobachters* auf Stresemann und sein Kabinett zu zensieren. Kahr, der eben erst ernannte bayerische Generalstaatskommissar, lehnte ab, ebenso General von Lossow, der Reichswehrbefehlshaber von Bayern. In dieser innenpolitisch gespannten Atmosphäre stürmte Hitler eine Versammlung im Münchner Bürgerbräukeller, auf der sowohl Kahr wie Lossow sprachen. Hitler rief die nationale Revolution aus und erklärte die Reichsregierung für abgesetzt. Am nächsten Morgen marschierten die Putschisten durch München. Emil Klein nahm gemeinsam mit Hitler, Göring und Himmler an dem Marsch teil. »Wir haben geglänzt als Marschierer«, erinnert er sich lebhaft, »und kommen dann in die Maximilianstraße, die Überkreuzung hier, und wie ich dann an die Ecke der Residenz komme, hören wir die Schüsse vorne. Ja, was ist los?«

Vor die Wahl gestellt, bei einer bewaffneten Revolution mitzumachen oder die bayerischen Behörden zu unterstützen, traf die Polizei eine klare Entscheidung. Sie stellte sich gegen die Nazis und bereitete dem Marsch der Putschisten durch München mit Schüssen ein gewaltsames Ende (wer den ersten Schuss feuerte – die Marschierer oder die Polizei – ist ungeklärt). »Sie haben mich gefragt, was ich da für Emotionen gehabt habe«, sagt Emil Klein. »Da möchte ich sagen, ja, da habe ich eigentlich die ersten politischen Emotionen gehabt. Wie etwas eben schief gehen kann. Das war schon an sich ein Schlag für mich und für viele meiner Kameraden.« Auch Hitler sollte aus dieser Erfahrung lernen. Von jetzt an versuchten die Nazis, im Rahmen des demokratischen Systems an die Macht zu kommen.

Hitler wurde nach dem Putsch verhaftet. Am 26. Februar 1924 begann sein Prozess. Er wurde des Hochverrats angeklagt und die Beweislast gegen ihn war erdrückend. Nicht nur hatten die Nazis während des Putsches bewaffnete Raubüberfälle begangen, der gewaltsame Zusammenstoß mit der Polizei hatte auch drei Polizisten das Leben gekostet. Im Unterschied zu den anderen Teilnehmern am gescheiterten Putsch wie dem Kriegshelden General Ludendorff übernahm Hitler die volle Verantwortung für sein Handeln. Seine Reden an die Richter machten ihn in ganz Deutschland bekannt und ver-

Der berühmte Prozess im Februar 1924, in dem Hitler wegen Hochverrats angeklagt wurde. Richter Georg Neithardt sitzt als Dritter von links auf der Richterbank.

schafften ihm zum ersten Mal landesweit Bedeutung. »Denn nicht Sie, meine Herren, sprechen das Urteil über uns«, sagte er vor Gericht, »das Urteil spricht das ewige Gericht der Geschichte, das sich aussprechen wird über die Anklage, die gegen uns erhoben ist ... Mögen Sie uns tausendmal schuldig sprechen, die Göttin des ewigen Gerichts der Geschichte wird lächelnd den Antrag des Staatsanwaltes und das Urteil des Gerichtes zerreißen; denn sie spricht uns frei.«[13] Mutige Worte – doch trügt der Schein. Was die meisten Deutschen nicht wussten: Als Hitler diese Worte sagte, konnte er davon ausgehen, dass das Gericht ihn mit größter Milde behandeln würde. Wer aber weiß, dass er praktisch kein Risiko eingeht, ist nicht mutig. Derselbe Richter, der den Prozess gegen die Putschisten führte, Georg Neithardt, hatte auch an einem anderen, weniger bekannten Prozess im Januar 1922 teilgenommen. Dort hatte die Anklage auf gewaltsame Auflösung einer Versammlung im Löwenbräukeller im September des Vorjahres gelautet. Man hatte den Angeklagten das geringstmögliche Vergehen vorgeworfen, Landfriedensbruch, und sie dann zur niedrigsten Strafe verurteilt, drei Monaten Haft. Trotzdem hatte Georg Neithardt sich noch an die nächste Instanz gewandt und verlangt, das Urteil müsse abgemildert werden, da der Zweck der Haftstrafe auch durch eine Geldstrafe zu erreichen sei. Einer der Angeklagten jenes Prozesses war Adolf Hitler gewesen. Richter Neithardt war von Hitler so eingenommen, dass er seine Vorgesetzten dazu bewegen konnte, Hitlers dreimonatige Haftstrafe in einen Monat Haft und eine Bewährungszeit umzuwandeln. Jetzt stand Hitler vor demselben Richter, von dem er wusste, dass er seiner Sache äußerst gewogen war. Die leidenschaftliche Rede an das »ewige Gericht der Geschichte« hielt Hitler im Gerichtssaal vor Georg Neithardt. Es überrascht nicht, dass die Nazis nach der Machtergreifung fast alle Dokumente, die sich auf diesen ersten Prozess bezogen, beschlagnahmten und später verbrannten. Das Urteil im zweiten, bekannten Prozess war also vorhersehbar: fünf Jahre Haft – die Mindeststrafe –, doch mit der Aussicht auf baldige Aussetzung zur Bewährung.

Die bayerische Regierung und die bayerischen Behörden tragen an dieser Entwicklung einige Schuld. In den meisten deutschen Ländern war die NSDAP 1922 verboten – nicht so in Bayern. In Bayern wurde sie im Gegenteil schweigend ermutigt. Nach seiner Verurteilung wegen Hochverrats verbüßte Hitler seine Haft unter relativ angenehmen Umständen in der Festung Landsberg bei München und schrieb dort *Mein Kampf*.

Während Hitler in Landsberg saß, zerfiel die NSDAP in Splittergruppen. Erst nach seiner Entlassung im Dezember 1924 (nach Verbüßung von weniger als neun Monaten seiner fünfjährigen Strafe) konnte Hitler die Partei wieder einen. Die bayerische Regierung genehmigte, bezeichnend für ihre politische Ausrichtung, die Neugründung der Partei am 27. Februar 1925 im Münchner Bürgerbräukeller. In Deutschland blies den Nazis allerdings inzwischen der Wind ins Gesicht. Die Inflation war gestoppt, die Zukunft erschien wieder hoffnungsvoll. Die mittleren zwanziger Jahre waren die so genannte goldene Zeit der Weimarer Republik. Der neue Wohlstand war allerdings mit Krediten finanziert; die deutsche Regierung zahlte die Reparationen an die Alliierten mit geliehenem Geld. Trotzdem glich das Bild nach außen einer Idylle. Die Nazis konnten in dieser Idylle nicht gedeihen, sie schrumpften auf einen kleinen Kern fanatischer Anhänger. Ohne eine Krise, mit der sie wachsen konnten, waren sie verloren. Sie blieben in der politischen Landschaft Deutschlands bis Ende der zwanziger Jahre eine marginale Erscheinung.

Doch entwickelte sich die NSDAP während dieser ruhigen Jahre organisatorisch zu jener Partei, die später über einen Großteil Europas herrschen sollte. Hitlers Stellung wurde allmählich unangreifbar. Eine kleinere interne Herausforderung seiner absoluten Autorität 1926 wischte er mühelos durch einen Appell an die Loyalität seiner Anhänger beiseite. Der Zusammenbruch der Partei während seiner haftbedingten Abwesenheit hatte gezeigt, dass nur seine Gegenwart als Führer die Bewegung zusammenhielt.

Die Nazis waren keine politische Partei im heutigen Sinn. Detaillierte programmatische Äußerungen finden sich kaum. Der Glaube an den Führer (als der Hitler um diese Zeit bekannt wurde) und ein allgemeines Bekenntnis zu den Zielen der Bewegung reichten als Beweis der Treue aus. Die Nazis waren keine Partei des Redens, sondern des Handelns, nicht des Programms, sondern des Gefühls. Damit zogen sie vor allem junge Leute an; Forschungen zeigen, dass das Durchschnittsalter der Neuzugänge der Partei in jener Zeit unter dreißig lag. Unter den Neuzugängen war ein 25-jähriger gescheiterter Romanautor namens Joseph Goebbels. Nach der Machtergreifung sprach er zu einer Gruppe junger Leute pathetisch von den zwanziger Jahren als Jahren des Kampfes; damals seien junge Leute, die das Wort »Reich« auf ihre Fahnen geschrieben hätten, gegen eine Welt des Hasses, der Verleumdung und der Niedertracht gezogen in der Überzeugung, dass man ein Volk wegen eines verlorenen Krieges nicht in ewige Knechtschaft stoßen dürfe.

»Das alles war schon aufregend«, sagt Wolfgang Teubert, der sich in den zwanziger Jahren der SA anschloss. »Dann kam die Kameradschaft dazu, das Sich-füreinander-Einsetzen, das ist natürlich für junge Männer etwas Hervorragendes. Damals jedenfalls.« Die Partei gab Leuten wie Teubert, der das Braunhemd der SA mit Stolz trug, ein Gefühl von Wichtigkeit. Er mochte trotz des Hemdes noch jung sein, aber er war jemand. »Und sonntags wurde marschiert hinter der Hakenkreuzfahne her, durch die Ortschaften hindurchmarschiert, und so waren wir eben außerhalb der Arbeitszeit nur noch für die SA da.« Und vielleicht am meisten zog die jungen Männer noch etwas anderes an – der Kampf. »Dann kam noch die Gefahr dazu, die Bedrohungen durch die anderen. Wir haben buchstäblich in immer steigendem Maße, Abend für Abend, Saalschutz gestellt, nicht nur im eigenen Ort, sondern in vielen anderen Ortschaften, in Industrieorten, das ging bis in die nächsten Städte hinein, um dort die SA zu verstärken. Aber wir hatten ja keine Waffen, also konnten wir nur höchstens uns verteidigen und den Gegner selbst mit Fäusten bearbeiten. Wo's not-

Adolf Hitler und Anhänger, aufgenommen 1926 von Heinrich Hoffmann.
Auch auf einem vorgeblich »naturalistischen« Bild wie diesem setzt Hitler
seinen »schicksalsschweren Blick« auf.

wendig war. Und das war schon öfters notwendig.« Teubert
und seine Kameraden von der örtlichen SA kämpften regelmäßig gegen die Jugend der kommunistischen Partei. »Im
Saal Stühle zerschlagen und mit den Stuhlbeinen kämpfen,
das kam öfters vor.« Bei der Erinnerung daran lächelt er. »Das
machten natürlich beide Parteien, die einen wie die anderen.«

Bruno Hähnel kam zur selben Zeit auf einem anderen verbreiteten Weg zur NSDAP – über den Wandervogel, eine »folk-
loristische« Bewegung, deren Ziel die Rückkehr zur Natur
und ihren Werten war. An Wochenenden unternahm Hähnel
als junger Wandervogel Ausflüge mit Freunden. Seine Entscheidung, in die NSDAP einzutreten, führt er auf einen Dis-
kussionsabend in einer Jugendherberge 1927 zurück. »Bei einem Vortragsabend über das Thema Internationalität wurde
unter anderem gesagt, dass man so weit im Leben kommen

müsste, dass man zum Beispiel eine Negerin heiraten könnte. Und das war ein Gedanke, der mir also überhaupt nicht behagte.« Andere Gründe, die zu seiner Entscheidung beitrugen, waren die übliche Ablehnung des Versailler Vertrages und der »Novemberverbrecher« von 1918. Er fühlte deshalb einen starken »Widerstand« gegen internationale Bewegungen wie den Kommunismus. »Viele von uns sagten einfach: ›Wir sind zunächst einmal deutsch!‹ Und jetzt kam eine Gruppe, kamen Menschen, die sagten also zunächst einmal Deutschland, denn man rief ja: ›Deutschland, erwache!‹«

Neuzugänge wie Hähnel dachten nicht darüber nach, dass sie in eine antisemitische Partei eintraten. »Ich entsinne mich noch immer dieser Feststellungen, die sehr oft auftraten, dass also 50 Prozent aller Berliner Ärzte Juden sind, 50 Prozent aller Berliner Rechtsanwälte, dass die gesamte Presse in der Hand von Juden ist in Berlin und darüber hinaus in ganz Deutschland und dass das auf jeden Fall abgeschafft werden müsse.« Hähnel billigte solche antisemitischen Gedanken schweigend und sah darin keinen Widerspruch zu seiner familiären Wirklichkeit: »Ich hatte Verwandte, die waren Juden, und wir kamen bei Familienfeiern zusammen. Ich hatte ein herzliches Verhältnis mit meinem gleichaltrigen Vetter und meiner Kusine, die Juden waren. Das hat mich aber nicht davon abgehalten, dem anderen, das die Partei forderte, zuzustimmen.«

Andere junge Menschen wie Alois Pfaller hielt der Antisemitismus davon ab, sich den Nazis anzuschließen. »Ich habe ja auch Juden gekannt und habe Freunde gehabt, mit denen wir zusammen waren«, sagt Pfaller, »und ich habe überhaupt nicht begriffen, was für ein Unterschied da sein soll, wir sind ja beide Menschen... Ich bin immer für Gerechtigkeit eingetreten, also, was vernünftig und gerecht ist, das war mein Problem, und auch gegen Unrecht kämpfen, das war mein Problem, aber nicht irgendwie andere Rassen oder andere Menschen verfolgen.« Alois Pfaller kehrte der SA den Rücken und trat, immer noch auf der Suche nach einer radikalen Lösung für die Probleme des Landes, in die KPD ein.

Hitler sah in seiner Persönlichkeit die größte Stärke der NSDAP und er pflegte die Attitüde des »großen Mannes«, indem er etwa Gesprächspartnern unverwandt in die Augen blickte. Fridolin von Spaun erinnert sich an eine Begegnung mit Hitler bei einem Essen der Partei: »Auf einmal merkte ich, dass der Blick von Hitler auf mir ruht. Und da schau ich auf. Tatsächlich, er schaut mich so an. Und das war einer der seltsamsten Momente meines Lebens. Er hat nicht misstrauisch geschaut. Aber ich habe das Gefühl gehabt, er sucht irgendwie... Den Blick so lange zu ertragen, das war für mich schon schwer. Aber ich habe gedacht, ich darf den Blick nicht wenden, sonst glaubt er vielleicht, ich hab was zu verbergen. Und da geschieht nun etwas, das müssen Psychologen beurteilen. Der Blick, der zunächst ganz auf mich gerichtet war, ging auf einmal durch mich hindurch in eine unbekannte Ferne. Das ist so sonderbar gewesen. Und der lange Blick, den er mir geschenkt hat, hat mich vollkommen überzeugt, dass er ein Mann mit ehrlichen Absichten war. Das werden heute die meisten Leute nicht glauben. Sie werden sagen, ich werde alt und kindisch. Das ist nicht wahr. Er war eine wunderbare Erscheinung.«

Auf viele andere machte Hitler einen ähnlichen Eindruck. Herbert Richter beobachtete ihn 1921, als er ein Studentencafé hinter der Münchner Universität betrat. »Er hatte ein offenes Schillerhemd an und war begleitet von einiger Bewachung, oder Gefolgsleuten. Und es fiel mir auf, wie diese Leute, mit denen er kam – es waren so drei bis vier Leute –, mit ihren Augen an diesem Hitler hingen. Er muss also für manche Menschen etwas Faszinierendes gehabt haben.« Worin immer diese Faszination bestand, auf Richter wirkte sie nicht. »Und dann fing er an zu reden und er missfiel mir von Anfang an. Ich wusste natürlich gar nicht, was er noch mal werden würde. Ich fand ihn eher komisch, mit diesem kurzen Bärtchen. Ich war also gar nicht beeindruckt von ihm.« Auch Hitlers Redestil hatte auf ihn nicht die beabsichtigte Wirkung. »Er hatte so eine kratzige Stimme«, erinnert Richter sich. »Und er brüllte geradezu. Er brüllte, in dem kleinen Lokal.

Und was er so sagte, das war alles ziemlich, ziemlich einfach. Da konnte man nicht viel dagegen sagen. Er kritisierte vor allem den Vertrag von Versailles, der müsste beseitigt werden.« Aldous Huxley hat einmal geschrieben: »Ein Propagandist kanalisiert eine bestehende Strömung. In einem Land ohne Wasser gräbt er vergeblich.« Hitler war keine Ausnahme von dieser Regel. Menschen wie Herbert Richter mit einem differenzierten politischen Urteilsvermögen erschien er als komische Figur, die Banalitäten von sich gab. Andere, die dazu neigten, an solche Lösungen zu glauben, sahen ihn als »eine wunderbare Erscheinung«. Man macht es sich zu leicht, wenn man rückblickend Hitlers Charisma und Redegabe als Entschuldigung heranzieht. Er habe ein ganzes Land hypnotisiert, heißt es oft. Nein, das hat er nicht. Ein Hypnotiseur hält nicht wie Hitler Reden, die nur die überzeugen, die ihm sowieso schon gern zuhören.

Die Nazis waren stolz darauf, dass ihre Partei keine demokratischen Prinzipien kannte. (Denn war die Demokratie nicht von den »Novemberverbrechern« errichtet worden und hatte sie nicht zu Versailles geführt?) Hoch über der Parteihierarchie stand Adolf Hitler. Anders als in anderen politischen Organisationen mit ihren Ausschüssen und Diskussionen über die politische Linie lag in der Nazipartei alle Entscheidungsgewalt bei Hitler – er konnte als Einziger eine endgültige Entscheidung treffen. Eine solche diktatorisch geführte Partei müsste eigentlich bereits im Anfangsstadium unter der Arbeitslast zusammenbrechen, die ihr Anführer zu bewältigen hat. Doch nicht nur hielt Hitler der Bürde der ihm auferlegten Entscheidungen stand, er schien von administrativen Aufgaben paradoxerweise kaum beansprucht. Den Grund dieses scheinbaren Widerspruches zu erkennen hilft nicht nur, den Aufbau der Partei zu verstehen, es erklärt auch,

Rechts: Offizielles Porträt Hitlers von Hoffmann aus den mittleren zwanziger Jahren. Viele Anhänger sprachen über die »Macht seines Blicks« – einen Trick, den er hier auch vor der Kamera probierte.

was sie für junge Leute so attraktiv machte. Denn Hitlers Auffassung von der Führung der Partei war sehr stark von seiner Interpretation der Schriften eines Engländers geprägt – Charles Darwin.

Die Idee des Kampfes sei so alt wie das Leben selbst, sagte Hitler in einer Rede in Kulmbach am 5. Februar 1928. In diesem Kampf siege der Stärkere und Fähigere, der Schwächere hingegen unterliege. Kampf sei der Vater aller Dinge und nicht durch die Prinzipien der Menschlichkeit, sondern allein durch den brutalen Kampf erhebe der Mensch sich über das Tier. Hitler versuchte, Darwins Theorie vom Überleben des Stärkeren auf das menschliche Handeln zu übertragen. »Das macht auch wieder der liebe Gott«, sagte er am 23. September 1941 bei Tisch. »Er schmeißt plötzlich die Menschenmassen auf die Erde, und jeder muß sich selber darum kümmern, wie er durchkommt; einer nimmt's dem anderen weg; und als Abschluß kann man nur sagen, daß der Stärkere siegt. Das ist doch die vernünftigste Ordnung; denn wäre es umgekehrt, so würde überhaupt nichts entstanden sein. Würden wir uns nicht den Naturgesetzen anpassen, uns mit dem Recht des Stärkeren durchsetzen, dann könnten eines Tages die wilden Tiere uns wieder auffressen, und später fräßen Insekten die wilden Tiere, und es blieben endlich nur die Mikroben.«[14]

Die Erkenntnis, dass Hitler die NSDAP nach pseudodarwinistischen Prinzipien führte, ist darum nicht überraschend. Als Gustav Seifert in einem Schreiben an die Parteizentrale darum bat, wieder zum Ortsgruppenführer der Partei in Hannover ernannt zu werden, antwortete ihm mit Datum vom 27. Oktober 1925 Max Amann, Direktor des Zentralverlags der NSDAP: »Sie wissen aber aus Ihrer früheren Tätigkeit als bewährter Ortsgruppenführer der Nationalsozialistischen Deutschen Arbeiterpartei, daß Herr Hitler prinzipiell auf dem Standpunkte steht, daß es nicht Aufgabe der Parteileitung ist, Ortsgruppenführer ›einzusetzen‹. Herr Hitler steht heute mehr denn je auf dem Standpunkt, daß der tüchtigste Kämpfer der nationalsozialistischen Bewegung der Mann ist, der sich aufgrund seiner Leistungen als Führer durchsetzt. Wenn Sie selbst schreiben, daß in Hannover das Vertrauen fast aller Mitglieder auf Ihrer Seite ist, warum übernehmen Sie dann nicht die Führung der Ortsgruppe?« Warum *übernehmen* Sie nicht die Führung? Was könnte für einen jungen Mann aufregender sein? Wenn dir etwas nicht gefällt, ändere es, aber komme deshalb nicht zu uns; wenn du stärker bist als deine Gegner, wirst du siegen, wenn du schwächer bist und verlierst, dann soll das eben so sein. Eine solche geistige Einstellung hilft die bizarren Äußerungen Hitlers gegen Kriegsende zu verstehen, als er sagte, Deutschland »verdiene« sein Schicksal aus den Händen der Sowjetunion.

Nach der Machtergreifung der Nazis hämmerten Goebbels' Propagandafilme der Bevölkerung immer wieder dieselbe Botschaft ein – dass der Tüchtige erfolgreich sei und der Schwache zugrunde gehe. In einem der späteren Propagandafilme sieht man Wissenschaftler ein Experiment filmen, in dem zwei Hirschkäfer gegeneinander kämpfen. Die Labortechnikerin hat Einwände. Es sei eine Schande, sagt sie zu ihrem Professor, die schönen, starken Tiere um Leben und Tod kämpfen zu lassen, wo sie doch im Wald in Ruhe und Frieden hätten leben können. Der Professor entgegnet, dass es ein solches ruhiges Leben nirgendwo in der Natur gebe; alle Tiere lebten in ständigem Kampf, in dessen Verlauf die Schwachen zugrunde gingen; ein solcher Kampf sei etwas völlig Natürliches, unnatürlich sei dagegen, wenn die Katze friedlich mit der Maus oder der Fuchs friedlich mit dem Hasen leben würde.

Die Bedeutung solcher Äußerungen für das Verständnis der Ideologie des Nationalsozialismus kann gar nicht hoch genug eingeschätzt werden. Diese Ideologie stellte den Menschen auf die Stufe von Tieren und deren Verhalten. Der Schläger, der gewinnt, weil er stärker ist, *soll* gewinnen. Das Kind, das stirbt, weil es schwach ist, *soll* sterben. Wenn ein Land stärker ist als das Nachbarland, *soll* es seinen Nachbarn erobern. Herkömmliche Werte wie Mitleid und Achtung vor dem Gesetz sind lediglich von Menschen geschaffene Krücken, mit denen die Schwachen versuchen, ihrem natürlichen Schicksal zu entgehen. (Es ist kein Zufall, dass Hitler von allen Berufen Anwälte und Priester am meisten hasste.) Die Nazis waren in erster Linie eine rassistische Partei und davon überzeugt, dass sich Nationalstaaten wie Individuen in einem ständigen, amoralischen Kampf um die Vorherrschaft auf der Welt befanden.

Wenn Hitler seine darwinistische Theorie allerdings 1928 auf seine Partei angewandt hätte, hätte er in Anbetracht eines Stimmenanteils von gerade einmal 2,6 Prozent bei den Reichstagswahlen verzweifeln müssen. Deutschland wollte die Nazis nicht, weil es keine Notwendigkeit für sie sah – noch nicht. Kurz nach den Wahlen änderte sich die wirtschaftliche und politische Lage radikal. Zuerst wurde die Landwirtschaft von einer Krise erfasst, dann löste der Zusammenbruch der New Yorker Börse, in dessen Folge die amerikanischen Kredite ausblieben, die schwerste Wirtschaftskrise aus, die es in Deutschland bis dahin gegeben hatte.

Die Arbeitslosenzahlen stiegen und die Folgen waren schwer und bitter. »Damals«, erinnert sich Bruno Hähnel, »standen unsere Erwerbslosen jeden Freitag in Riesenschlangen vor dem Arbeitsamt und bekamen am Schalter fünf Mark. Das war eine völlig neue und andere Situation, da waren viele dabei, die hatten ganz einfach nicht die Mittel, um ihr Essen zu kaufen.« Und Alois Pfaller sagt: »Es war ein trostloses Geschehen. Die Menschen sind mit dem Löffel in der Tasche spazieren gegangen, weil sie zum Mittagessen ein Essen mit einer Marke bekamen.«

Die Folgen trafen auch bürgerliche Familien wie die von Jutta Rüdiger. »Mein Vater wurde zwar nicht arbeitslos, aber man hat ihm gesagt, daß er sich einverstanden erklären muss, ein niedrigeres Gehalt zu bekommen.« Rüdiger glaubte schon, den Gedanken an ein Universitätsstudium aufgeben zu müssen, doch dann sprang ein hilfsbereiter Onkel mit dem nötigen Geld ein. Schicksale wie das der Familie Rüdiger tauchen in keiner Arbeitslosenstatistik auf; auch solche Familien litten unter der Krise und fürchteten weitere Einbußen. Als die

Arbeitslose in Hannover Anfang der dreißiger Jahre. Diese Männer
sind keine Herumtreiber – wie man unschwer an ihrem Äußeren erkennt.
Ihre Haltung drückt tiefe Verzweiflung aus.

Arbeitslosigkeit in Deutschland Anfang der dreißiger Jahre auf über fünf Millionen stieg, sehnten nicht nur die Arbeitslosen eine radikale Lösung der wirtschaftlichen Probleme herbei – die gleiche Sehnsucht teilten Millionen bürgerlicher Familien wie die Rüdigers.

Die Wahlen vom September 1930 brachten der NSDAP den Durchbruch: Sie konnte ihren Stimmenanteil auf 18,3 Prozent steigern. Genauso Besorgnis erregend war für alle, die sich nach einem Leben in Frieden sehnten, das Wachstum der KPD von 10,6 auf 13,1 Prozent. Deutschland drohte in Extreme auseinander zu brechen. Angesichts eines Reichstages, in dem Nazis und Kommunisten so zahlreich vertreten waren, versuchte Reichskanzler Heinrich Brüning, Deutschland mithilfe von Notverordnungen zu regieren, unterzeichnet von Reichspräsident Hindenburg gemäß Artikel 48 der Weimarer Verfassung. Die deutsche Demokratie starb nicht einen plötzlichen Tod mit der Machtergreifung Hitlers, ihr Siechtum begann vielmehr bereits unter Brüning.

Mit der Arbeitslosigkeit wuchs auch die soziale Unruhe. »Du musstest jeden Tag stempeln auf dem Arbeitsamt«, erinnert sich Alois Pfaller, »und dann hat man sich getroffen und dann gingen die Diskussionen los, die Streitereien. Da waren die SA-ler dabei, waren SPD-Leute dabei, waren Kommunisten dabei ...« Gabriele Winckler erlebte die Zeit als junge Frau. »Man war unsicher, wenn man über die Straße ging, man war unsicher, wenn man alleine im Wald war und so weiter. Die Arbeitslosen haben im Straßengraben gelegen und Karten gespielt.« In diesem Klima der Bedrohung und Verzweiflung hörte Jutta Rüdiger zum ersten Mal eine Rede Hitlers. »Da war schon eine Menschenmasse, also man hatte das Gefühl, er will knisternde Spannung, und wahrscheinlich kann ich mir das heute nur durch die Not erklären, die die Menschen durchgemacht haben und auch durchmachten gerade in der großen Arbeitslosigkeit ... Und da wurde Hitler wohl mit seinen Erklärungen zu einem Heilsbringer. Der hat gesagt, ich hole euch raus aus diesem Elend, ihr müsst nur alle mitmachen, und das haben alle verstanden.«

Die Nazis entwickelten damals neue Methoden der Propaganda, um ihre Botschaft in der Bevölkerung zu verankern – bekannt wurde der Wahlkampf Hitlers im April 1932 unter dem Motto »Hitler über Deutschland«: Hitler flog mit dem Flugzeug von Stadt zu Stadt und sprach innerhalb von sieben Tagen auf 21 Kundgebungen. Man darf die Bedeutung der Nazipropaganda freilich nicht überschätzen. Forschungen des Historikers Richard Bessel zeigen, dass die Naziwählerschaft im Kreis Neidenburg in Ostpreußen, wo die NSDAP erst 1931 über eine feste organisatorische Basis verfügte, trotzdem schon in den drei Jahren davor wuchs. Im Mai 1928 bekamen die Nazis nur 360 Stimmen (2,3 Prozent), im September 1930 dagegen schon 3831 (25,8 Prozent). Die Menschen in Neidenburg wählten die Nazis nicht deshalb, weil sie von Hitler fasziniert waren oder von Nazipropaganda überschwemmt wurden, sondern weil sie einen grundsätzlichen Wandel wollten.

Hitler sagte ganz offen, wie der Wandel aussehen würde, den die Nazis nach ihrer Machtergreifung in die deutsche Politik bringen wollten. In einer Rede in Eberswalde in Brandenburg am 27. Juni 1932 ließ er seiner Verachtung für die Demokratie freien Lauf. »Die Arbeiterschaft hat ihre eignen Parteien, und zwar nicht nur eine, das wäre ja zu wenig«, sagte er. »Es müssen gleich drei, vier sein. Das Bürgertum, das noch intelligenter ist, braucht ja noch mehr Parteien. Der Mittelstand muß seine Parteien haben. Die Wirtschaft ihre Parteien. Der Landmann auch die eigene Partei, und zwar auch gleich drei, vier. Und die Herren Hausbesitzer müssen ihre besonderen Interessen politischer Art, weltanschaulicher Art auch durch eine Partei vertreten lassen. Und die Herren Mieter natürlich können da nicht zurückbleiben. Und die Katholiken haben auch eine eigene Partei und die Württemberger noch eine besondere Spezialpartei und so weiter. Vierunddreißig in einem Ländchen! Und das in einer Zeit, in der die größten Aufgaben dastehen, die nur gelöst werden können, wenn die ganze Kraft der Nation zusammengerissen wird. Die Gegner werfen uns Nationalsozialisten vor und mir insbesondere, daß wir intolerante und unverträgliche Menschen

seien. Wir wollten, sagen sie, mit anderen Parteien nicht arbeiten … Also es ist typisch deutsch, dreißig Parteien zu besitzen … Die Herren haben ganz recht, wir sind intolerant! Ich habe mir ein Ziel gestellt, nämlich die dreißig Parteien aus Deutschland hinauszufegen!«

Die Rede verdeutlicht einen zentralen Aspekt: Hitler und die Nazis wollten in Deutschland die Revolution und sie sagten offen, was sie wollten. Das verband die Nazis mit den Kommunisten; in beider Augen hatte die Demokratie versagt.

Die Demokratie war in Deutschland noch relativ jung; ihr Beginn fiel praktisch mit dem verhängnisvollen Versailler Friedensvertrag zusammen und Anfang der dreißiger Jahre machten viele sie für die fortgesetzten, das Land schwer belastenden Reparationszahlungen und die hohe Arbeitslosigkeit verantwortlich. So unglaublich das für uns heute klingt, 1932 wählte die Mehrheit der Deutschen mit den Kommunisten oder Nazis politische Parteien, die offen den Sturz der Republik propagierten. Die meisten dieser Deutschen hielten es angesichts der offensichtlichen Misserfolge der Republik für an der Zeit, nicht nur einer anderen Partei eine Chance zu geben, sondern gleich einem anderen *System*.

Am 30. Mai 1932 trat Brüning als Reichskanzler zurück, nachdem er die Unterstützung Hindenburgs verloren hatte. Am 1. Juni wurde der Adlige Franz von Papen zum Kanzler ernannt, allerdings geriet sein Kabinett sofort in Schwierigkeiten. Bei den Reichstagswahlen vom 31. Juli errangen die Nazis 37,4 Prozent der Stimmen und gewannen 230 Sitze, damit waren sie die größte Fraktion im Reichstag. Hitler beanspruchte das Kanzleramt für sich und trug Präsident Hindenburg am 13. August 1932 dieses Anliegen vor. Otto Meißner,

Links: Eine anschauliche Illustration des Grabens, der Anfang der dreißiger Jahre durch die deutsche Politik ging: Vom selben Wohnhaus wehen Fahnen mit Hakenkreuzen und solche mit Hammer und Sichel. Die einzige Gemeinsamkeit von Kommunisten und Nazis war, dass sie beide die Demokratie in Deutschland stürzen wollten.

Staatssekretär im Reichspräsidialamt, hat geschildert, was vorging: »Hindenburg erwiderte, daß er die vaterländische Gesinnung und das selbstlose Wollen Hitlers anerkenne, aber angesichts der gespannten Stimmung und der Verantwortung, die er vor Gott und dem deutschen Volk trage, sich nicht dazu entschließen könne, die Regierungsgewalt ausschließlich an eine Partei zu übertragen, die die Mehrheit der Wähler nicht repräsentiere und noch dazu sehr unduldsam, undiszipliniert, oft auch gewalttätig in ihrem Auftreten sei. In der Außenpolitik müsse man sehr vorsichtig vorgehen und die Dinge ausreifen lassen: Konflikte mit anderen Staaten müßten wir unter allen Umständen vermeiden. Im Innern müsse jede Verschärfung der Gegensätze unterbleiben und alle Kraft zur Hebung der Wirtschaftsnot zusammengefaßt werden.«[15]

Für uns, die wir wissen, was nach Hitlers Machtergreifung geschah, klingen Hindenburgs besorgte Worte prophetisch. Sie zeigen, dass der alte Präsident sich der Gefahren bewusst war, denen Deutschland unter einem Kanzler Hitler ausgesetzt sein würde. Damit hätte es sein Bewenden haben können; Hitler hatte mit seinen politischen Forderungen eine vernichtende Abfuhr erlitten. Doch nur fünf Monate später, nachdem die von einer inneren Krise geschüttelte Nazipartei bei den Reichstagswahlen im November viele Stimmen verloren hatte, machte derselbe Reichspräsident Hindenburg Hitler zum Kanzler. Warum? Die Popularität der NSDAP scheint im Sommer 1932 ihren Höhepunkt erreicht zu haben. Ihre Anhängerschaft war instabil, die Partei wurde mehr durch Gefühle und das Charisma ihres Führers zusammengehalten als durch ein überzeugendes und konkretes politisches Programm. Sie verdankte ihre rasch wachsende Popularität zu einem wesentlichen Teil der Krise, in der sich Deutschland befand und über die die Nazis keine Kontrolle hatten. Wenn sich die deutsche Wirtschaft wieder erholte – und angesichts der im Juni 1932 auf der Lausanner Konferenz beschlossenen Beendigung der deutschen Reparationszahlungen deutete alles darauf hin, dass dem tatsächlich so war –, konnte sich der Erfolg so rasch auflösen, wie er gekommen war.

Franz von Papen in Zylinder und mit Eisernem Kreuz kurz vor seinem Sturz
als Kanzler im November 1932. Er sollte bei der Machtergreifung Hitlers eine
Schlüsselrolle spielen. Rechts von ihm steht Otto Meißner, Staatssekretär
im Reichspräsidialamt.

Bei den Wahlen vom November 1932 fiel der Stimmenanteil der Nazis von 37 auf 33 Prozent. Goebbels hatte diese Gefahr für die Partei bereits im April vorausgesehen und in seinem Tagebuch notiert: »Wir müssen in absehbarer Zeit an die Macht kommen. Sonst siegen wir uns in Wahlen tot.« (Wie Bessel ausführt, ist die NSDAP bei den Novemberwahlen trotz des massiven Einsatzes von Propaganda gescheitert – ein weiterer Hinweis darauf, dass die Geschicke der Partei nicht in erster Linie von der Propaganda bestimmt wurden.[16]) Die Partei steckte in Geldnöten, die scheinbar endlose Folge von Wahlen hatte ihre Finanzen zerrüttet. Schlimmer noch war, dass am 7. Dezember 1932 Gregor Strasser, Leiter der norddeutschen Parteiorganisation, unter tumultartigen Szenen zurücktrat. Der neue Reichskanzler General von Schleicher, der Papen am 2. Dezember im

Amt gefolgt war, hatte Strasser das Vizekanzleramt angeboten, aber Hitler hatte darauf bestanden, dass er das Angebot ablehnte. Strasser gehorchte zwar, zog sich dann aber aus der Politik zurück, nachdem er Hitler noch einmal dessen kompromissloses Bestehen auf dem Kanzleramt heftig vorgeworfen hatte. Schon schien es, als könnte Hitler die Kontrolle über die enttäuschte Partei verlieren. (Er verzieh Strasser den »Verrat« nie und Strasser wurde in der »Nacht der langen Messer« am 30. Juni 1934 ermordet.)

Doch parallel dazu trat eine Reihe von Ereignissen ein, die den greisen Reichspräsidenten Hindenburg schließlich veranlassten, seine Meinung zu ändern und Hitler zum Kanzler zu ernennen. Im November 1932 unterzeichneten der ehemalige Reichsbankpräsident Hjalmar Schacht und einige andere Bankiers und Industrielle (außer Schacht waren nur wenige in der Öffentlichkeit bekannt) eine Petition an Präsident Hindenburg, in der sie baten, er möge Hitler zum Kanzler ernennen. Der Brief war in respektvollem Ton gehalten, doch deutlich von dem Eindruck der erneuten Stimmengewinne der Kommunistischen Partei bei den Novemberwahlen geprägt. Viele führende deutsche Industrielle mögen die Nazis abgelehnt haben, aber mehr als alles andere fürchteten sie die Kommunisten. Gleichermaßen offensichtlich war, dass das adlige Kabinett Papens in der Öffentlichkeit kaum Unterstützung fand. »Es ist klar«, heißt es in dem Brief, »daß eine, des öfteren wiederholte, Reichtagsauflösung mit sich häufenden, den Parteikampf immer weiter zuspitzenden Neuwahlen nicht nur einer politischen, sondern auch jeder wirtschaftlichen Beruhigung und Festigung entgegenwirken muß. Es ist aber auch klar, daß jede Verfassungsänderung, die nicht von breitester Volksströmung getragen ist, noch schlimmere wirtschaftliche, politische und seelische Wirkungen auslösen wird.« Sodann wurde die Übertragung der politischen Führung des Reiches auf den »Führer der größten nationalen Gruppe« gefordert, auf Hitler. Die Ernennung Hitlers würde »Millionen Menschen, die heute abseits stehen, zu bejahender Kraft mitreißen«.

Hitler und Reichspräsident von Hindenburg kurz nach Hitlers Ernennung zum Kanzler. Dies ist eines der wenigen Bilder, auf denen Hitler lächelt. Im Gegensatz zu Hindenburg hatte er damals auch allen Grund dazu.

Zu Hitler hatten diese Leute zwar in der Vergangenheit kein besonders herzliches Verhältnis gehabt, doch angesichts der Wirtschaftskrise und der gewaltigen Unterstützung der Nazis durch die Massen meinten sie, dass man sich mit ihnen arrangieren müsse. Führende Politiker der Rechten wollten ebenfalls eine autoritäre Lösung für die Probleme Deutschlands und ohne Hitler hatte keiner ihrer Vorschläge Aussicht auf Unterstützung der Massen. Der renommierte deutsche Bankier Johannes Zahn sagt, da die meisten jungen Leute damals entweder zur SA oder zu den Kommunisten gegangen seien, hätten die Geschäftsleute die Nazis aufgrund ihrer Propagierung von »Recht und Ordnung« bevorzugt. »Am Anfang war nicht zu sehen, ist Nationalsozialismus etwas Gutes, was auch schlechte Seiten hat, oder ist er etwas Böses mit einigen guten Nebeneffekten. Das war nicht zu sehen.« Die Rede war von der »Zähmung« Hitlers. Besonders begeistert verfocht diese Strategie Franz von Papen, nachdem er am 2. Dezember 1932 zugunsten des Generals von Schleicher als Kanzler hatte zurücktreten müssen.

Dann drangen weitere Besorgnis erregende Nachrichten an Hindenburgs Ohr. Auf einer Kabinettssitzung Anfang Dezember wurden die Ergebnisse des »Planspiels Ott« diskutiert. Die Reichswehr hatte verschiedene hypothetische Bürgerkriegs-Szenarien durchgespielt und versucht, ihre Einsatzbereitschaft im Fall des Ausnahmezustandes abzuschätzen. Major Ott präsentierte die Ergebnisse: »Als Ergebnis unserer Studie habe ich dem Reichswehrminister gemeldet, daß alle Vorbereitungen getroffen seien, um einen etwa befohlenen Ausnahmezustand unverzüglich in Gang zu setzen. Es habe sich aber bei sorgfältiger Abwägung gezeigt, daß die Ordnungskräfte des Reiches und der Länder in keiner Weise ausreichten, um die verfassungsmäßige Ordnung gegen Nationalsozialisten und Kommunisten aufrechtzuerhalten und die Grenzen zu schützen.«[17] Im Klartext hieß das, dass die Reichswehr im Fall eines Bürgerkriegs zwischen Nazis und Kommunisten nicht in der Lage wäre, das Land unter Kontrolle zu halten. Schleicher versuchte zwar in der Kabinettssitzung die Gefahr herunterzuspielen, doch erfolglos. »Wenn Schleicher auch das letzte etwas abzuschwächen suchte, indem er sagte, ein Kriegsspiel müsse sich grundsätzlich auf den schlimmsten Fall einstellen, man brauche aber praktisch keineswegs mit diesem schlimmsten Fall zu rechnen, der tiefe Eindruck der Ott'schen Ausführungen auf das Kabinett, auch den Kanzler, der sich während des Vortrages immer wieder die Augen wischte, war unverkennbar.«[18]

Am 4. Januar kamen Papen und Hitler im Haus des Kölner Bankiers Kurt von Schröder zusammen, um über das weitere Vorgehen zu beraten. Es war das erste einer Reihe von Tref-

fen, in deren Verlauf Papen sich bereit erklärte, Hitlers Ernennung zum Kanzler zu unterstützen, allerdings unter der
Bedingung, dass er selbst Vizekanzler würde und außer Hitler
nur zwei Nazis dem Kabinett angehörten (Göring als Reichsminister ohne Geschäftsbereich und Reichskommissar für
das preußische Innenministerium, Frick als Reichsinnen-
minister). Hitler stimmte zu. Als Folge dieser Intrigen und
nachdem Papen mit seinem Einfluss auf Präsident Hindenburg das letzte Hindernis aus dem Weg geräumt hatte, wurde
Hitler am 30. Januar 1933 zum Reichskanzler ernannt.
Bruno Hähnel, damals ein überzeugter Nazi, beschreibt seine Reaktion auf die Neuigkeit mit einem Wort – Begeisterung.
Die Reaktion der politischen Gegner der Nazis war weniger
eindeutig. Josef Felder, damals SPD-Politiker, sagt, die SPD
habe geglaubt, da Hitler jetzt der rechtmäßige Kanzler sei, sei
sie die legale Opposition und könne wie in einer ganz normalen Demokratie weitermachen. »Wir haben nicht voll erkannt,
was es bedeuten wird«, sagt er. »Wir glaubten, ihn noch parla-
mentarisch fesseln zu können – ein völliger Wahnsinn!«
Als Eugene Leviné von Hitlers Ernennung zum Kanzler erfuhr, machte er sich weniger als Jude, sondern vor allem als
Kommunist Sorgen. »Es gab einige SA-Leute, die jüdische
Freundinnen hatten«, erinnert er sich. »Deshalb glaubten viele Deutsche einfach, na ja, das wird schon nicht so schlimm
werden – sie haben jüdische Freundinnen und können uns
nicht alle hassen.« Er hatte auch persönliche Gründe anzunehmen, dass die Nazis sich in ihrem Antisemitismus
zurückhalten würden. »In einer der Schulen, die ich besuchte, sagte ein Nazi zu mir: ›Du bist doch eigentlich einer von
uns.‹ Ich sagte: ›Das geht nicht, ich bin Jude.‹ Und da sagte er:
›Dich meinen wir nicht, anständige Kerle wie du haben im
neuen Deutschland nichts zu befürchten.‹«
Die kommunistische Partei war, als sie von Hitlers Ernennung erfuhr, weit davon entfernt, zur Weltrevolution
aufzurufen. »Es passierte alles so schnell, nachdem man es allmählich hatte kommen sehen«, berichtet Leviné. »Die kommunistische Parteilinie, der auch ich noch anhing, vertrat

die Auffassung, dass es egal sei, wenn Hitler an die Macht kommt. Das ist nur gut. Er wird seine Unfähigkeit bald unter Beweis stellen und dann sind wir dran… Aus irgendeinem außergewöhnlichen Grund merkten die nicht, dass er die Gesetze ändern würde, sobald er an die Macht kommt.«

Für Alois Pfaller ist die Lehre aus Hitlers Ernennung klar: »Die Gefahr ist immer da, wenn Krisen entstehen, dass Leute kommen, die sagen, sie haben die Weisheit mit dem Löffel gefressen und sie können Rettung für uns alle bringen.«

Adolf Hitler war auf legalem Weg, auf dem Boden der demokratischen Verfassung, an die Macht gekommen. Doch jetzt würde er die Republik hinwegfegen, wie er es versprochen hatte.

2. KAPITEL Chaos und Zustimmung – die Herrschaft der Nationalsozialisten in Deutschland

Nach verbreiteter Auffassung besitzen die Deutschen vor allem eine Eigenschaft – Tüchtigkeit. Die deutsche Autoindustrie wirbt mit ihr, die deutsche Fußballnationalmannschaft spielt mit ihr. Es überrascht daher nicht, dass man den Nazis vor allem diese Eigenschaft zuschreibt. Da Effizienz die eine Tugend ist, die Faschisten landläufiger Meinung zufolge haben (Mussolini soll erreicht haben, dass die Züge pünktlich fuhren), muss die Verbindung von deutsch und faschistisch, so der Schluss, den effizientesten Staat aller Zeiten hervorbringen. Die propagandistische Selbstdarstellung der Nazis in ihren Aufmärschen, festgehalten besonders in Leni Riefenstahls Film *Triumph des Willens* (1936), zielt ganz eindeutig auf diesen Eindruck. Der Propaganda zufolge herrschten in Deutschland unter den Nazis klare, geordnete Verhältnisse. Doch die Wirklichkeit sah anders aus.

»Dann schreitet der Führer ganz allein die Front ab«, sagt Dr. Günter Lohse, damals Beamter im Außenministerium und NSDAP-Mitglied, über die Aufmärsche. »Ja, das ist Propaganda und ist eindrucksvoll. Und alle sagen: ›Kinder, was herrscht da für 'ne Ordnung! Sie stehen ja alle in einer Reihe.‹ Nur hinter die Kulissen durften Sie nicht schauen. Da herrschte eben keine Ordnung.« Lohse war in den dreißiger Jahren Verbindungsmann zwischen Auswärtigem Amt und anderen Ministerien. Er schätzt, dass er mindestens ein Fünftel seiner täglichen Arbeitszeit für juristische Streitereien mit anderen Ministerien aufgewendet habe. Ein Kollege, sagt er, habe diese Zeit sogar auf drei Fünftel geschätzt. Das NS-Re-

gime in Deutschland in den dreißiger Jahren war vieles, aber sicher nicht »effizient«.

In den ersten siebzehn Monaten von Hitlers Kanzlerschaft konnte man den radikalen, chaotischen und zerstörerischen Charakter der NS-Herrschaft bei vielen Gelegenheiten erkennen. Kaum an der Macht, setzte Hitler neue Wahlen an, gab aber klar zu verstehen, dass sie lediglich als Vertrauensbeweis gedacht seien und dass das Ergebnis weder an der Zusammensetzung noch am Kurs der Regierung etwas ändern werde. (Trotz des Verbots regimekritischer Zeitungen und Kundgebungen und obwohl tausende politischer Gegner bereits inhaftiert waren, bekamen die Nazis in den Wahlen vom März 1933 nur 43,9 Prozent der Stimmen und verfehlten damit die erhoffte absolute Mehrheit.) Am Tag nach dem Reichstagsbrand am Abend des 27. Februar (gelegt mit größter Wahrscheinlichkeit von dem kommunistischen Sympathisanten Marinus van der Lubbe) kam es zu Massenverhaftungen von Kommunisten und zur Reichstagsbrand-Verordnung, die die wichtigsten Grundrechte der Verfassung auf unbestimmte Zeit außer Kraft setzte. Die Verordnung sah außerdem vor, dass politische Gefangene beliebig lange in »Schutzhaft« genommen werden konnten. Im März verabschiedete der Reichstag ein Ermächtigungsgesetz, das Hitler absolute Macht gab. Draußen, auf den Straßen, herrschte einem SA-Mann zufolge das Chaos: »Jeder verhaftet jeden bzw. unter Umgehung des vorgeschriebenen Dienstweges, jeder bedroht jeden mit Schutzhaft, jeder droht jedem mit Dachau... Jeder kleinste Straßenkehrer fühlt sich heute verantwortlich für Dinge, deren Zusammenhang er überhaupt nie begriffen hat.«[1]

In jenen ersten Monaten an der Macht galt der chaotische Terror der Nazis hauptsächlich den ehemaligen politischen

Links: Menschenmenge bei den Olympischen Spielen 1936 in Berlin, ein Bild, wie man es bei jedem der vielen triumphalen Aufmärsche der Nazis in den dreißiger Jahren zu sehen bekam.

Gegnern. Josef Felder, SPD-Abgeordneter im Reichstag, wurde von den Nazis abgeholt und in das neu erbaute Konzentrationslager in Dachau gebracht. Dort wurde er in einer Zelle an einen eisernen Ring gekettet und ein Naziwärter nahm den Strohsack weg, der auf dem Betonboden lag, mit den Worten: »Den brauchst du nicht, denn du kommst sowieso nur mehr als Leiche hier aus diesem Bunker heraus!« Dann gab er Felder ein Seil und zeigte ihm, wie er sich damit selbst aufhängen konnte. Daraufhin sagte Felder: »Ich habe Familie. Das werde ich nicht tun. Das müsst ihr machen!« Er blieb über anderthalb Jahre in Dachau, dann wurde er entlassen, weil er sich eine Lungenkrankheit zugezogen hatte.

Die Pragmatiker unter den politischen Gegnern der Nazis flohen aus Deutschland oder versuchten den Wünschen des neuen Regimes zu entsprechen; nur Ausnahmen wie Alois Pfaller wagten es, Widerstand zu leisten. Pfaller wollte 1934 seine alte kommunistische Jugendgruppe wieder ins Leben rufen, ein heroischer Versuch, der allerdings angesichts eines Regimes, das vor allem die Kommunisten skrupellos verfolgte, zum Scheitern verurteilt war. Pfaller wurde von einem Doppelagenten verraten – einer Frau, die für die Kommunisten und für die Gestapo arbeitete. Er wurde verhaftet, auf eine Polizeiwache geschleppt und brutal verhört; die Nase wurde ihm gebrochen und er wurde mit Ledergürteln bewusstlos geschlagen. »Dann bin ich wieder zu mir gekommen und dann haben sie es zum zweiten Mal gemacht, wieder bewusstlos, das dritte Mal gemacht, wieder bewusstlos, das vierte Mal gemacht, wieder bewusstlos, und dann haben sie aufgehört, weil ich nichts gesagt habe.« Daraufhin änderte sich die Methode des Verhörs. Ein Mann saß an einer Schreibmaschine, um Pfallers »Geständnis« mitzuschreiben, ein anderer schlug Pfaller jedes Mal mit der Faust ins Gesicht, wenn er nicht auf eine Frage antwortete. Als der gewalttätige Polizist sich die rechte Hand verstauchte, machte er mit der linken weiter. Das Verhör wurde immer schlimmer. Der Polizist schlug Pfaller seitlich auf den Kopf und zertrümmerte ihm das Trommelfell. »Da habe ich natürlich einen unheimlichen Krach gehört«, sagt Pfaller.

Insassen des neu errichteten Konzentrationslagers in Dachau 1933.

»Das ist ein Rauschen, als wenn ich den Kopf auf dem Meeresboden hab, so ein unheimliches Rauschen.« Pfaller beschloss, seinen Peiniger zu töten, obwohl er damit auch seinen eigenen Tod besiegelte. Er hatte Judo gelernt und wollte die Hand ausstrecken und dem Vernehmungsbeamten mit den Fingern die Augen ausstechen. Doch gerade als er diesen Beschluss gefasst hatte, begann er heftig zu bluten. Das Verhör wurde abgebrochen und Pfaller bekam Eimer und Lappen, um sein Blut vom Boden aufzuwischen. Dann wurde er für die Nacht in eine Zelle gebracht und anschließend in ein Konzentrationslager überführt. Dort blieb er bis 1945.

In einer Zeit, in der so viele Geschichten von Kollaboration und Schwäche erzählen, macht Alois Pfallers Lebensgeschichte Mut. Er wurde gefoltert, weil er die Namen seiner Kameraden verraten sollte, doch er blieb standhaft. »Das ist eine Ehrensache gewesen«, sagt er. »Lieber wäre ich verreckt und hätte die mich totschlagen lassen.«

Die meisten Deutschen widersetzten sich dem Regime nicht. Viele handelten wie Manfred Freiherr von Schröder, Bankierssohn aus Hamburg, der das neue Regime begrüßte und 1933 in die Partei eintrat. Er hielt sich für einen Idealisten und glaubte, 1933 sei der Beginn einer wundervollen neuen Zeit für Deutschland. »Alles war wieder ordentlich und sauber«, sagt er. »Es war ein Gefühl der nationalen Befreiung, ein neuer Anfang.« Schröder wusste wie die meisten Deutschen, dass Sozialisten und Kommunisten in Konzentrationslager eingesperrt wurden, doch scheint ihm das im geschichtlichen Zusammenhang unbedeutend. »In England hat es so etwas seit Cromwell ja nicht mehr gegeben. Am nächsten kommt dem die Französische Revolution. Als französischer Adliger in der Bastille zu sitzen war doch auch nicht so angenehm, oder? Die Leute sagten eben: ›Das ist eine Revolution. Sie ist zwar erstaunlich friedlich, aber trotzdem eine Revolution.‹ Es gab die Konzentrationslager, aber damals sagten alle: ›Die haben doch die Engländer für die Buren in Südafrika erfunden.‹« Diese Worte werden den in den Konzentrationslagern der Nazis begangenen Gräueltaten zwar in keiner Weise gerecht, doch darf man nicht vergessen, dass die 1933 eingerichteten Lager trotz ihrer Schrecken nicht die gleichen sind wie die 1941 errichteten Vernichtungslager des Holocaust. Wer Anfang der dreißiger Jahre in Dachau interniert wurde, konnte damit rechnen, dass er nach einem Jahr brutaler Misshandlung wieder entlassen würde. (Dass Alois Pfaller elf Jahre dort ausharren musste, ist für einen politischen Häftling von 1934 ungewöhnlich.) Bei ihrer Entlassung mussten die Insassen eine Erklärung unterschreiben, dass sie bei Strafe der sofortigen Wiedereinweisung ins Lager nie über das sprechen würden, was sie dort erlebt hatten. Die Deutschen konnten deshalb, wenn sie wollten, glauben, dass in den Lagern »lediglich« Regimegegner dazu gebracht werden sollten, sich in Zukunft regimetreu zu verhalten. Da der Terror im Wesentlichen auf die politischen Gegner der Nazis und die Juden beschränkt blieb, konnte die Mehrheit der Deutschen gelassen oder sogar

SA-Männer machen sich einen Spaß daraus, einem jungen
Kommunisten die Haare abzuschneiden. März 1933.

zustimmend mit ansehen, wie »abgerechnet« wurde, wie
Göring es nannte.

Am 6. Juli 1933 verkündete Hitler, er wolle die Aus-
schreitungen auf den Straßen beenden. »Die Revolution ist
kein permanenter Zustand«, sagte er. Er hatte erkannt, dass
die SA die Stabilität des neuen Deutschlands bedrohte. Eine
mächtige Gruppierung war ganz und gar seiner Meinung –
die Reichswehr. Der Berufssoldat Johann-Adolf Graf von
Kielmansegg erinnert sich: »Die SA lehnte man ab, und zwar
wegen ihres Benehmens, wie sie auftraten, wie sie waren…
Die SA war den meisten Soldaten verhasst.« Wie Kielmansegg bestätigt, glaubte man in der Reichswehr, Ernst Röhm,
der Stabschef der SA, wolle die SA in die Reichswehr ein-

gliedern und dann Oberbefehlshaber der gesamten Armee werden. Daran konnte weder die Reichswehr noch Hitler interessiert sein.

Kielmansegg hält es für wichtig, zwischen Anhängern der Nazis und Anhängern Hitlers zu unterscheiden. Die Nazis seien von Berufssoldaten wie ihm »abgelehnt« worden, Hitler persönlich dagegen nicht. Angesichts der Tatsache, dass Hitler seine Partei personifizierte wie wenige politische Führer, erscheint eine solche Unterscheidung heute an den Haaren herbeigezogen. Hitler selbst hat sie entschieden abgelehnt und erklärt: »Der Führer ist die Partei und die Partei ist der Führer.« Trotzdem haben eine Reihe von Offizieren ganz offensichtlich wie Kielmansegg gemeint, zwischen Hitler und den Nazis unterscheiden zu können. Nüchtern betrachtet, könnte man dies als Versuch der Berufssoldaten werten, ihr Unbehagen angesichts der Übergriffe randalierender SA-Schläger mit ihrer Zustimmung zu Hitlers Aufrüstungsplänen unter einen Hut zu bringen.

Hitler selbst sah sich schon bald genötigt, gegen die SA vorzugehen. Über die Bedenken der Reichswehr hinaus befand er, dass Röhms Verhalten sich zum Schlechteren hin veränderte. Röhm hatte von einer »zweiten Revolution« gesprochen, um der SA den Lohn zu verschaffen, den man ihr in ihren Augen vorenthalten hatte. Für Hitler kam das nicht in Frage. Heinrich Himmler nutzte die Gunst der Stunde; er hängte Röhm ein Gerücht an – dass er einen Putsch plane – und Hitler glaubte es. Am 30. Juni 1934, in der »Nacht der langen Messer«, schickte Himmler, dessen SS (Schutzstaffel, in den zwanziger Jahren zunächst die Leibwache Hitlers) technisch immer noch der SA unterstand, seine Männer gegen Röhm aus. Hitler nutzte die Gelegenheit, um alte Rechnungen mit dem im Dezember 1932 aus der Partei ausgetretenen Gregor Strasser und dem früheren Reichskanzler Schleicher zu be-

Links: Hitler und Röhm im Sommer 1933. Ein Jahr später war Röhm tot, ermordet auf Befehl des Mannes neben ihm.

gleichen. Beide kamen ums Leben. Insgesamt wurden rund 85 Menschen getötet.

Reichswehrminister von Blomberg war über die Ausschaltung der SA so erfreut, dass die Reichswehr sich auf seine Veranlassung öffentlich bei Hitler bedankte. Nur wenige Wochen später, unmittelbar nach Hindenburgs Tod am 2. August 1934, ließ Blomberg alle Soldaten auf Hitler persönlich vereidigen. Alle Soldaten aus dieser Zeit, mit denen wir sprachen, betonten die Bedeutung des Eides für das kommende Geschehen, denn der Eid wurde nicht auf einen Amtsträger geschworen, sondern auf einen bestimmten Menschen – Adolf Hitler. Karl Boehm-Tettelbach schwor den Eid 1934 als junger Offizier der Luftwaffe. Der Eid war ihm wie vielen anderen heilig und begleitete ihn bis Kriegsende. Er glaubt bis heute, dass er, wenn er ihn gebrochen hätte, womöglich »Selbstmord« hätte begehen müssen. Als Boehm-Tettelbach 1944 im Führerhauptquartier Wolfsschanze in Ostpreußen Augenzeuge des Stauffenbergschen Attentats auf Hitler wurde, war deshalb für ihn klar, auf welcher Seite er zu stehen hatte. Er war nicht aufgefordert worden, an der Vorbereitung des Bombenattentats mitzuwirken, doch wäre dem so gewesen, hätte er abgelehnt. Seinen Eid hätte er nicht gebrochen.

Boehm-Tettelbach war Attaché von Reichswehrminister von Blomberg, den er »wie einen Vater« schätzte. »Blomberg war ein guter Soldat«, sagt er, »aber er sah auch in Hitler viel Gutes für die Reichswehr.« Blomberg sagte später, Hitlers Ernennung zum Kanzler habe bei ihm dreierlei ausgelöst: Glauben, Verehrung für einen Mann und völlige Anhänglichkeit an eine Idee. Eine freundliche Bemerkung Hitlers konnte ihn zu Tränen rühren, ein herzlicher Händedruck des Führers, wie er zu sagen pflegte, von Erkältungen kurieren.[2] Boehm-Tettelbach wurde Zeuge dieser Hitler-Verehrung, da er Blomberg regelmäßig von dessen Audienzen beim Führer abholte: »Da war kaum eine Fahrt, auf der er nicht in höchsten Tönen von ihm sprach und sagte, er habe einen guten Gedanken gehabt.«

Nachdem Hitler Röhm beseitigt hatte, Kanzler und (nach Hindenburgs Tod) Staatsoberhaupt geworden war und die

Karl Boehm-Tettelbach, Attaché im Reichswehrministerium,
als junger Offizier der Luftwaffe.

Reichswehr ihm einen feierlichen Treueid geschworen hatte,
saß er fest im Sattel der Macht. Er und seine Partei waren die
Herren Deutschlands. In der nächsten Zeit verfolgte er eine
einfache Politik – die Aufrüstung. Das innenpolitische Tages-
geschäft, das den meisten Staatschefs besonders zu schaffen
macht, delegierte oder ignorierte er. Das Chaos mochte von
der Straße verschwunden sein, aber in der Verwaltung und Regierung der Nazis breitete es sich erneut aus.

Fritz Wiedemann, ein Adjutant Hitlers, schrieb über Hitler: »Aktenstudium liebte er nicht. Manche Entscheidung,

auch solche über sehr wichtige Dinge, habe ich von ihm eingeholt, ohne daß er sich jemals von mir die Unterlagen geben ließ. Er war der Ansicht, daß sich vieles von selbst erledige, wenn man nur nicht daran rühre.« Mit schlimmen Folgen, wie Hitlers Pressechef Otto Dietrich meinte: »Hitler hat in den zwölf Jahren seiner Herrschaft in Deutschland in der staatspolitischen Führung das größte Durcheinander geschaffen, das je in einem zivilisierten Staate bestanden hat.«

Auch Hitlers damaliger Tagesablauf klingt nicht nach dem eines politischen Workaholic. Wie Fritz Wiedemann schreibt, erschien Hitler »gewöhnlich erst kurz vor dem Mittagessen, las kurz durch, was ihm der Reichspressechef Dr. Dietrich aus der Presse zusammengestellt hatte, und ging dann zum Essen... Wenn Hitler auf dem Obersalzberg weilte, war es noch schlimmer. Dort kam er grundsätzlich erst gegen 14 Uhr aus seinem Zimmer. Dann ging's zum Essen. Den Nachmittag füllte meist ein Spaziergang aus und abends wurden gleich nach dem Abendessen Filme vorgeführt.«

Albert Speer, der Architekt und spätere Rüstungsminister der Nazis, schreibt, bei Aufenthalten Hitlers in München hätten nur ein oder zwei Stunden täglich für Besprechungen zur Verfügung gestanden: »Die meiste Zeit wurde vagabundierend und flanierend auf Bauplätzen, in Ateliers, Cafés und Speisehäusern verbracht, mit langen Selbstgesprächen zur immer gleichen Umgebung, die die immer gleichen Themen schon zur Genüge kannte und mühsam ihre Langeweile zu verbergen suchte.«[3] Dass Hitler seine Zeit »vertrödelte«, war Speer, einem Mann, der sich mit aller Kraft auf seine Arbeit warf, zutiefst zuwider. »Wann«, fragte Speer sich oft, »arbeitet er eigentlich?« Nur »in den Augen des Volkes war Hitler der Führer, der Tag und Nacht unermüdlich tätig war«.[4] Die Wirklichkeit sah anders aus.

Hitler war kein Diktator wie Stalin, der sich mit zahllosen Briefen und Befehlen in die Politik einmischte, doch herrschte er mit derselben oder mit noch umfassenderer Macht und war als Diktator mindestens genauso unangefochten. Wie war das möglich? Wie konnte ein moderner Staat funktionieren, wenn sein Führer einen großen Teil seiner Zeit im Schlafzimmer oder im Café verbrachte? Eine Antwort darauf gibt Ian Kershaw in seiner sorgfältigen Analyse einer oberflächlich belanglosen Rede von Werner Willikens, Staatssekretär im Reichsernährungsministerium, vom 21. Februar 1934. Willikens erklärte, der Führer könne nicht alles, was er früher oder später zu tun gedenke, von oben anordnen. Bis jetzt hätten die Amtsträger des neuen Deutschlands im Gegenteil dann am besten gearbeitet, wenn sie dem Führer sozusagen zugearbeitet hätten; es habe jeder geradezu die Pflicht, »zu versuchen, im Sinne des Führers ihm entgegen zu arbeiten«. Wer einen Fehler mache, werde dies früh genug bemerken. Wer aber wirklich dem Führer und seinem Ziel entgegen arbeite, werde jetzt und in Zukunft durch die plötzliche Legalisierung seiner Arbeit belohnt werden.[5]

Hinter der Formulierung »dem Führer entgegen arbeiten« steht eine seltsame Vorstellung von politischer Organisation. Hier erteilen nicht die Machthaber Befehle, sondern Beamte am unteren Ende der Hierarchie betreiben eine Politik, die in ihren Augen dem Geist des Regimes entspricht, und verfolgen sie so lange, bis sie korrigiert werden. In der britischen Geschichte zeugt von solcher Denkweise vielleicht am ehesten die Ermordung Thomas Beckets. Heinrich II. soll gefragt haben: »Wer schafft mir den aufsässigen Priester vom Hals?«, worauf die Barone nach Canterbury eilten und Thomas Becket ermordeten. Kein direkter Befehl wurde erteilt, aber die Höflinge spürten, was ihrem Lehnsherrn gefallen würde.

Professor Kershaw meint, diese Praxis sei entscheidend für das Verständnis der Funktionsweise des NS-Staates nicht nur in den dreißiger Jahren, sondern auch im Krieg, und besonders aufschlussreich bei der Untersuchung der Frage, woher die in den besetzten Gebieten getroffenen administrativen Entscheidungen kamen. Die Praxis widerspricht der häufig von Nazis angeführten Entschuldigung, sie hätten nur »auf Befehl gehandelt«. In Wirklichkeit dachten sie sich oft eigene Befehle aus, die dem Geist dessen entsprachen, was ihrer Meinung nach von ihnen verlangt wurde. Doch auch Hitler wird durch

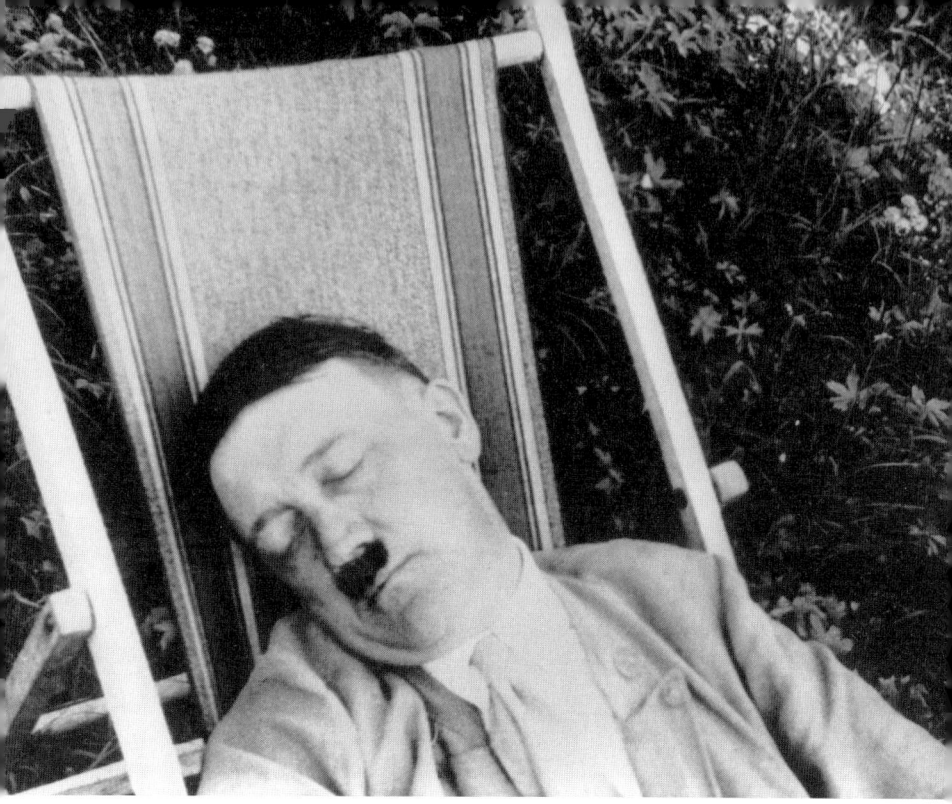

Der schlafende Hitler in Bayern Anfang der dreißiger Jahre,
noch vor der Machtergreifung. Aus seinem Tagesablauf geht hervor,
dass er nicht gerade ein Workaholic war.

diese Praxis des Zuarbeitens nicht von Schuld entlastet. Die
Nazibeamten versuchten, in ihrem Handeln dem gerecht zu
werden, was Hitler von ihnen erwartete, und in den meisten
Fällen wurden ihre Aktionen rückwirkend im Wesentlichen
legitimiert. Ohne Hitler und ohne Gefolgsleute, die in seinem Sinn zu handeln glaubten, hätte das System nicht funk-
tioniert.

»Dem Führer entgegen arbeiten« kann den Entscheidungsprozess in vielen innenpolitischen Bereichen erklären, die
Hitler seiner Veranlagung gemäß vernachlässigte. Während
beispielsweise zum Programm der meisten politischen Par-

teien an zentraler Stelle die Wirtschaftspolitik gehört, war dies bei den Nazis nicht der Fall. Ein Historiker antwortete auf meine Frage, was für eine Wirtschaftspolitik Hitler gehabt habe, sogar scherzhaft: »Überhaupt keine.« Das ist in einer Hinsicht vielleicht ungerecht: Hitler mag keine bestimmte Wirtschaftspolitik verfolgt haben, aber er hatte doch immer wirtschaftliche Ziele. Er versprach, die Arbeitslosigkeit in Deutschland zu beseitigen, und, weniger lautstark und öffentlich, doch in seinen Augen noch wichtiger, aufzurüsten. Um das zustande zu bringen, fiel ihm zunächst nur eines ein: den früheren Reichsbankpräsidenten und glänzenden Ökonomen Hjalmar Schacht um Hilfe zu bitten (siehe 3. Kapitel). Von der Aufrüstung und Stärkung der Reichswehr abgesehen, hatte Hitler kaum Interesse für innenpolitische Fragen.

Zur Überraschung eines jeden, der glaubt, eine erfolgreiche Wirtschaft bedürfe der politischen Führung, schien Hitlers Übertragung wirtschaftlicher Belange an Schacht kurzfristig erfolgreich. Schacht verfolgte eine durch Kredite finanzierte Politik der Reflation und stellte daneben ein auf obligatorischem Arbeitsdienst für die Arbeitslosen basierendes Arbeitsbeschaffungsprogramm auf die Beine. Für Durchschnittsbürger, die nicht aus rassischen oder politischen Gründen vom Regime verfolgt wurden, verbesserte sich das Leben allmählich. Sie verstanden wenig von der Theorie hinter der Reflation und sie verdächtigten Hitler auch nicht der Tatenlosigkeit in innenpolitischen Fragen. Stattdessen sahen sie mit eigenen Augen, was das Regime leistete – und den meisten gefiel, was sie sahen. Fast alle, mit denen wir sprachen, betonten, dass es den Nazis gelungen sei, die Arbeitslosigkeit abzubauen und die Arbeitslosen von der Straße zu holen. (Die Arbeitslosigkeit fiel, grob gerundet, vom Höchststand bei 6 Millionen im Januar 1932 auf 2,4 Millionen im Juli 1934.) Die öffentlichen Arbeiten – besonders die prestigeträchtigen Autobahnen – galten als Beweis der dynamischen Entwicklung Deutschlands. »Jetzt war jeder glücklich«, sagt Karl Boehm-Tettelbach (eine klare Übertreibung). »Die Leute sagten jetzt: ›Meine Frau und meine Töchter können in der

Dunkelheit durch den Park gehen, ohne dass jemand sie belästigt.‹ Heute ist das wirklich wieder gefährlich, aber damals war es sicher und das machte sie glücklich.«

Im Unterschied zu anderen Offizieren hatte Boehm-Tettelbach in den dreißiger Jahren Gelegenheit, die führenden Nazis persönlich kennen zu lernen. Als Adjutant von Feldmarschall von Blomberg saß er bei festlichen Essen neben ihm und was er sah, beeindruckte ihn. An Göring bewunderte er, dass er als ehemaliger Kommandeur des Jagdgeschwaders Richthofen im Ersten Weltkrieg wusste, wie man mit Piloten sprach. Goebbels hatte »angenehme« Umgangsformen und erkundigte sich bei einem Glas Champagner nach den Filmen, die der Feldmarschall gesehen hatte, um dann eigene Lieblingsfilme zu empfehlen, darunter *Vom Winde verweht* (ein Film, von dem er geradezu besessen war[6]). Die herzlichsten Worte findet Boehm-Tettelbach allerdings für einen anderen hohen Nazi – Heinrich Himmler, »Reichsführer SS« und ab 1936 Chef der gesamten deutschen Polizei, darunter der Gestapo. »Er war ein sehr netter und angenehmer Gast, weil er immer jüngere Leute wie mich ins Gespräch zog und nach der Luftwaffe fragte, wie ich vorankäme, wie lange ich bei Blomberg bleiben würde, ob meine Arbeit mir gefalle, was ich auf der letzten Ungarnreise erlebt hätte und solche Dinge.« All diese Leute beeindruckten Boehm-Tettelbach als tüchtig und kompetent. Als er viel später von den Gräueln erfuhr, die Himmler begangen hatte, konnte er sie nur schwer mit dem aufmerksamen Menschen in Verbindung bringen, den er bei Tisch kennen gelernt hatte. So unvorstellbar es heute sein mag, in den dreißiger Jahren war nicht nur das Naziregime beliebt, sondern auch ein großer Teil der Nazi-Elite, Menschen, deren Namen später zu Synonymen des Bösen wurden.

Erna Kranz, damals ein Teenager, ist heute Großmutter und lebt am Rand von München. Sie erinnert sich an die Anfänge der Naziherrschaft um 1934 als »Hoffnungsschimmer... nicht nur für die Arbeitslosen, sondern eben für alle, denn wir wussten ja alle, dass wir darniederlagen«. Über die Auswirkungen der Nazipolitik auf ihre Familie konnte sie sich nur freuen: Die Gehälter stiegen und Deutschland schien wieder ein Ziel vor Augen zu haben. »Ich kann nur für mich sprechen«, betont sie während des Interviews wiederholt, zweifellos in dem Bewusstsein, dass ihre Ansichten heute politisch anstößig sind. »Ich habe die Zeit als schön empfunden. Ich fand sie gut. Man hat nicht im Überfluss gelebt, so wie heute zum Teil, das hat man nicht, aber es war Ordnung und Disziplin.« Gefragt, wie sie das Leben unter den Nazis im Vergleich zu heute empfinde, sagt sie: »Ich fand die Zeit damals besser. Das zu sagen ist natürlich ein Risiko, aber ich sag's trotzdem.«

Erna Kranz schwärmt von den Umzügen und Feiern, die die Nazis zur Unterhaltung der Jugend organisierten. Ein besonders berühmter »künstlerischer« Umzug war ab 1936 die vier Jahre lang jährlich veranstaltete »Nacht der Amazonen« in München. Farbfilme aus jener Zeit, auf denen die denkwürdigen Ereignisse für die Nachwelt festgehalten sind, zeigen deutsche Mädchen mit nacktem Oberkörper zu Pferd. Die Mädchen stellen historische Szenen dar oder Jagdszenen aus der griechischen Mythologie. Auch Erna Kranz nahm an diesem Festzug teil, nicht als eines der halb nackten Mädchen, sondern als Madame Pompadour mit Reifrock und tiefem Ausschnitt. Mit Pornografie hat das für sie nichts zu tun – nicht im Entferntesten. »Die Mädchen waren eben so, wie Gott sie geschaffen hatte, aber der eigentliche Sinn, glaube ich, war wirklich nur ein Fest fürs Auge und zur Erbauung und zur Freude der Menschen, die da hingegangen sind.« Und sie fügt hinzu: »In der Sixtinischen Kapelle, die sind ja auch alle nackt, nicht wahr?«

Spektakel wie die »Nacht der Amazonen« dienten nicht nur der Befriedigung der Fantasien anwesender Naziführer. Laut Erna Kranz sollten sie auch die Überlegenheit der Deutschen darstellen. »Man hat schon den Dünkel gehabt, dass man sagt, der Deutsche ist was Besonderes, das deutsche Volk soll ein Rassevolk werden, soll was Besonderes werden, soll über den anderen stehen.« Diese Vorstellung sei ansteckend gewesen. »Es war so, dass man gesagt hat, sagen Sie einem jungen Menschen jeden Tag vor, du bist was Besonderes, am Schluss glaubt er's, nicht?«

Für uns, die wir die von den Nazis begangenen Gräuel kennen, wirken Leute, die behaupten, unter den Nazis sei es ihnen besser gegangen als heute, bestenfalls lächerlich. Trotzdem ist es wichtig, dass Menschen wie Erna Kranz zu Wort kommen, denn ohne ihr Zeugnis könnte leicht ein harmloseres Bild des Nationalsozialismus entstehen – dass nämlich das Regime die deutsche Bevölkerung von Anfang an unterdrückt habe. Historische Forschungen zeigen, dass Erna Kranz' rosiges Bild der damaligen Zeit keine Ausnahme ist. Über 40 Prozent der Deutschen sagten in einer nach dem Krieg durchgeführten Befragung, die dreißiger Jahre seien in ihrer Erinnerung »eine gute Zeit«. Diese Umfrage ist insofern besonders aussagekräftig, als sie 1951 durchgeführt wurde, zu einer Zeit, als die Deutschen die volle Wahrheit über die Vernichtungslager der Kriegsjahre kannten.

All das mag heute unverständlich erscheinen oder nur verständlich, wenn man die Deutschen für ein verschrobenes, für bizarre Führerpersönlichkeiten besonders anfälliges Volk hält. Es gibt allerdings noch eine andere Erklärung und um sie wirklich zu verstehen, muss man sich in die Lage von Erna Kranz und ihrer Familie 1934 versetzen. Worauf konnten sie in den vergangenen zwanzig Jahren zurückblicken? Auf einen Krieg, der die jungen Männer des Landes dahingerafft und in einer nationalen Demütigung geendet hatte, auf einen Friedensvertrag, der das Land wirtschaftlich gelähmt und große Gebiete von ihm abgetrennt hatte, auf eine galoppierende Inflation, die die Ersparnisse der Bevölkerung vernichtet hatte, auf eine Unzahl ständig miteinander streitender politischer Parteien, auf Straßenkämpfe zwischen den paramilitärischen Truppen rivalisierender Parteien und auf eine Arbeitslosigkeit in einem noch nie dagewesenen Ausmaß. Kann es angesichts dessen noch überraschen, dass die scheinbare Stabilität des Naziregimes ab 1934 so freudig begrüßt wurde?

So unerwartet die Entdeckung sein mag, dass viele Deutsche in den dreißiger Jahren zufrieden waren, wiegt sie doch

Stadtzentrum von Würzburg, eine der wenigen deutschen Städte, in denen die Gestapo-Akten den Krieg überdauerten.

nichts im Vergleich zu jüngsten Enthüllungen über die berüchtigte Geheimpolizei der Nazis, die Gestapo. Im Volksglauben ist die Gestapo als das schreckliche, das allmächtige und allgegenwärtige Terrorinstrument verankert, das eine widerstrebende Bevölkerung unterdrückte. Die Wahrheit sieht indes ganz anders aus. Wer sie kennen lernen will, braucht sich nur ins Würzburger Staatsarchiv zu begeben. Würzburg ist eine der drei Städte Europas, in denen die Akten der Gestapo nicht bei Kriegsende von den Nazis vernichtet wurden. Im Würzburger Staatsarchiv lagern rund 18 000 Gestapo-Akten, die mehr durch Zufall als durch Absicht noch existieren; die Männer von der Gestapo waren schon dabei, sie zu verbrennen, als die amerikanischen Soldaten eintrafen. Da die Akten in alphabetischer Reihenfolge ins Feuer geworfen wurden, sind relativ wenige Akten der Buchstaben A bis D erhalten; der Rest ist vollständig.

Professor Robert Gellately aus Ontario hat als Erster das Geheimnis der Akten gelüftet.[7] Als er mit der Arbeit begann, sagte ein alter Deutscher, der gesehen hatte, womit er sich beschäftigte: »Vielleicht wollen Sie mich ausfragen. Ich habe damals hier gelebt und weiß eine Menge darüber.« Gellately fragte ihn bei einer Tasse Kaffee, wie viele Polizisten der Gestapo es damals in diesem Teil Deutschlands gegeben habe. »Sie waren überall«, erwiderte der alte Mann in Einklang mit der herkömmlichen Sicht der Gestapo.

Gellately freilich stellte beim Studium der Akten fest, dass die Gestapo nicht »überall« gewesen sein konnte. Würzburg liegt im Regierungsbezirk Unterfranken mit einer Bevölkerung von rund einer Million Menschen. Für dieses Gebiet waren genau 28 Gestapo-Beamte zuständig, 22 in Würzburg und fast die Hälfte davon ausschließlich mit Aufgaben der Verwaltung betraut. Die Vorstellung, die Gestapo habe die Bevölkerung ständig ausspioniert, ist nachweislich ein Mythos. Doch wie war es dann möglich, dass so wenige Menschen eine solche Macht ausüben konnten? Aus dem einfachen Grund, weil die Gestapo in großem Umfang auf die Hilfe der deutschen Bevölkerung bauen konnte. Die Gestapo war wie alle modernen Polizeiapparate nur so gut oder schlecht wie die Kooperation der Bevölkerung – und die Akten zeigen, dass die Kooperation sehr gut war und die Gestapo deshalb eine wirklich sehr gute Geheimpolizei. Nur rund 10 Prozent der zwischen 1933 und 1935 begangenen politischen Verbrechen wurden tatsächlich von der Gestapo aufgedeckt; weitere 10 Prozent wurden von der regulären Polizei oder der Partei an die Gestapo überwiesen. In anderen Worten: Rund 80 Prozent aller politischen Verbrechen nach damaliger Definition wurden von ganz gewöhnlichen Bürgern aufgedeckt, die ihre Information an die Polizei oder die Gestapo weiterleiteten. Die Akten zeigen außerdem, dass diese unbezahlte Mitarbeit zumeist von Leuten kam, die nicht NSDAP-Mitglieder waren, sondern ganz »normale« Bürger. Dabei bestand niemals eine Pflicht zur Denunziation oder Information. Die meisten Akten im Würzburger Staatsarchiv kamen überhaupt nur zustande, weil Nicht-Parteimitglieder freiwillig Mitbürger denunzierten. Die Gestapo war alles andere als eine Organisation, die politische Gegner selbst aufspürte, sie beschäftigte sich vielmehr hauptsächlich damit, die Anzeigen aus der Bevölkerung zu sichten, die bei ihr eingingen.

Die Akten enthalten zahllose Vorgänge, die kein gutes Licht auf die Absichten derer werfen, die Anzeige erstatteten. Eine Akte berichtet von einem jüdischen Weinhändler aus Würzburg, der eine Affäre mit einer seit 1928 verwitweten nichtjüdischen Frau hatte. Er übernachtete seit 1930 bei ihr und die beiden beabsichtigten zu heiraten. Aus der Akte geht hervor, wie die Mitbewohner des Hauses zeitgleich mit Hitlers Machtergreifung begannen, Einwände gegen die Anwesenheit des Juden zu erheben und ihn auf der Haustreppe anzufeinden. Schließlich zog er aus, unterstützte die Witwe aber weiterhin finanziell und aß bei ihr. Dann erstattete eine 56-jährige Mitbewohnerin Anzeige bei der Gestapo. Sie beschwerte sich hauptsächlich darüber, dass die Witwe eine Beziehung mit einem Juden hatte, obwohl das damals noch nicht strafbar war. Aus dem Briefwechsel zwischen Partei und Polizei geht hervor, dass sie und ein weiterer Nachbar die Partei drängten, Maßnahmen zu ergreifen. Daraufhin übte die örtliche Parteistelle ihrerseits Druck auf die SS aus, bis diese den Weinhändler im August 1933 mit einem Schild um den Hals auf die Polizeiwache brachte. Das gewissenhaft in die Akte eingelegte Schild ist bis heute erhalten geblieben. Darauf steht in sauber gemalten, blutroten Buchstaben: »Dies ist ein Jude, Herr Müller. Ich lebe mit einer deutschen Frau in Sünde.« Müller saß einige Wochen im Gefängnis, 1934 verließ er Deutschland. Er hatte kein deutsches Gesetz gebrochen.

Die Denunziation wurde zum Mittel, mit dem sich Deutsche in einem System, das sich von der Demokratie losgesagt hatte, Gehör verschaffen konnten. Man sieht jemanden, der in der Reichswehr sein sollte, es aber nicht ist – also zeigt man ihn an; man hört jemanden einen Witz über Hitler erzählen – man zeigt auch ihn an. Man konnte von Denunziationen auch persönlich profitieren. Wer eine Wohnung wollte, in der eine alte Jüdin lebte, zeigte sie einfach an; ärgerte man sich über die Nachbarn, zeigte man auch sie an.

Während seiner monatelangen Recherchen in Würzburg war Gellately bemüht, auch einen »Helden« zu finden – jemanden, der dem Regime die Stirn geboten hatte, ein Gegenpol, wenn man so will, gegen das düstere Licht, in dem das Studium der Gestapo-Akten die menschliche Natur erscheinen ließ. Gellately fand seinen Helden schließlich in Person der Ilse Sonja Totzke, die in den dreißiger Jahren nach Würzburg ging, um dort Musik zu studieren. Auch ihre Gestapo-Akte zeigt, dass sie zunächst in ihrer Umgebung Verdacht erregte. Als Erster zeigte sie ein entfernter Verwandter an, der meinte, sie begegne Juden zu freundlich und wisse zu viel von Dingen, die eine Frau nichts angingen, etwa militärischen Angelegenheiten. Der Verwandte sagte, er habe sich als Reserveoffizier zu seiner Anzeige verpflichtet gefühlt (eine solche Verpflichtung bestand keineswegs). Totzke wurde von der Gestapo unter Überwachung gestellt, die allerdings eine seltsame Form annahm: Gestapo-Beamte forderten ihre Nachbarn auf, ein Auge auf sie zu haben. In der Akte folgen nun eine Unmenge widersprüchlicher Aussagen der Nachbarn. Manch-

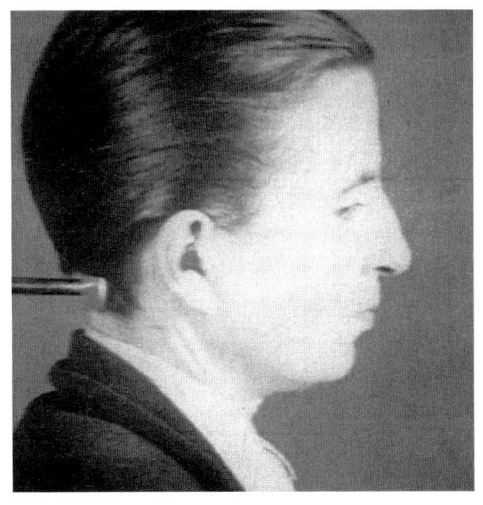

Foto von Ilse Sonja
Totzke aus ihrer
Gestapo-Akte.
Sie wurde denunziert,
weil sie Kontakte
zu Juden hatte.

mal grüßte Totzke mit »Heil Hitler«, manchmal nicht, insgesamt machte sie aber klar, dass sie ihre Kontakte mit Juden nicht abbrechen wollte (solche Kontakte waren zu diesem Zeitpunkt auch kein Verbrechen). Ein anonymer Denunziant vermutete sogar, Totzke könnte lesbisch sein. (»[Sie] scheint keine normale Veranlagung zu haben.«) Dagegen finden sich keine konkreten Hinweise auf eine Straftat. Trotzdem reichten die Verdächtigungen für die Gestapo aus, Ilse Sonja Totzke zum Verhör zu laden. Der Bericht über das Verhör in der Akte zeigt, dass sie wegen ihres Verhaltens verwarnt wurde, dass die Gestapo sie aber nicht für eine Spionin hielt und auch nicht an die gegen sie erhobenen bizarren Anklagen glaubte. Totzke war lediglich eine unkonventionelle Frau. Allerdings gingen weiter Anzeigen ein und zuletzt landete ihre Akte auf dem Schreibtisch eines besonders blutrünstigen Gestapo-Beamten von Würzburg – Gormosky aus der für die Juden zuständigen Abteilung 2B.

Am 28. Oktober 1941 wurde Ilse Sonja Totzke erneut vorgeladen. Die Gestapo protokollierte gewissenhaft jede ihrer Aussagen. Totzke sagte, sie wisse, dass sie mit Konzentrationslager rechnen müsse, wenn sie weiterhin mit Juden zu tun habe. Trotzdem brach sie ihre freundschaftlichen Kontakte zu

Juden nicht ab und wurde ein weiteres Mal zum Verhör bestellt. Sie floh mit einer Freundin und versuchte, die Schweizer Grenze zu überqueren, doch sie wurde aufgegriffen und von den Schweizern an die deutschen Behörden überstellt. In einem langen, im deutschen Südwesten geführten Verhör sagte sie unter anderem: »[Ich wollte] aus Deutschland flüchten, weil ich den Nationalsozialismus ablehne. Vor allem kann ich die Nürnberger Gesetze nicht gutheißen... In Deutschland wollte ich unter keinen Umständen weiterleben.« Nach einem weiteren langen Verhör in Würzburg kam Totzke schließlich in das Frauen-Konzentrationslager in Ravensbrück und wir haben keinen Grund anzunehmen, dass sie von dort jemals zurückkehrte. Sie bezahlte ihren Mut mit dem Leben.

Wir beschlossen, in Fortführung von Gellatelys Arbeit nach noch lebenden Zeugen zu suchen. Dabei stießen wir auf Maria Kraus, die zusammen mit ihren Eltern in unmittelbarer Nachbarschaft zu Totzke gewohnt hatte. Zum Zeitpunkt unseres Interviews war sie 76 Jahre alt und unterschied sich in ihrer äußeren Erscheinung nicht von anderen gutbürgerlichen älteren Damen in Würzburg, das selbst eine wohlanständige, gutbürgerliche Stadt ist. Doch die Gestapo-Akte von Ilse Sonja Totzke enthält eine am 29. Juli 1940 von der 20-jährigen Maria Kraus unterschriebene Anzeige. Die Aussage beginnt mit den folgenden Worten: »Maria Theresia Kraus, geboren am 19. 5. 20, erschien heute morgen vor der Geheimen Staatspolizei.« Bei unserem Interview lasen wir ihr die Aussage vor, darunter auch diesen Abschnitt: »Neben uns wohnt in einem Gartenhaus eine Ilse Sonja Totzke. Die Genannte ist mir aufgefallen, weil sie einen jüdischen Einschlag hat... und den deutschen Gruß niemals erwidert. Aus ihren Gesprächen war zu entnehmen, daß sie deutschfeindlich eingestellt ist. Dagegen hat sie immer für Frankreich und auch für Juden sympathisiert. So hat sie unter anderem erzählt, daß die deutsche Wehrmacht nicht so gut gerüstet sei wie die französische... Ab und zu kommt eine Dame im Alter von etwa 36 Jahren, die das Aussehen einer Jüdin hat... Das Verhalten

Der deutsche Karikaturist Erich Ohser, besser bekannt unter dem Pseudonym E. O. Plauen, mit seiner Familie im Urlaub an der Ostsee. Als erbitterter Nazigegner wurde er später von der Gestapo verhaftet, im April 1944 beging er in seiner Gefängniszelle Selbstmord.

der Totzke ist mir auffällig. Und ich habe angenommen, daß sie sich vielleicht irgendwie zum Nachteile des deutschen Reiches betätigen könnte.« Die Aussage ist unterschrieben mit »Resi Kraus«. Wir fragten Frau Kraus, ob das ihre Unterschrift sei. Sie bejahte, sagte aber, sie habe keine Ahnung, woher das Dokument komme. Sie bestreitet, die Aussage gemacht zu haben, und kann sich nicht erinnern, je bei der Gestapo gewesen zu sein. »Das weiß ich nicht«, sagte sie. »Die Adresse stimmt. Meine Unterschrift stimmt. Aber woher das kommt, weiß ich nicht.« Ob ihre Unfähigkeit, sich zu erinnern, echt oder gespielt ist, war unmöglich zu entscheiden. Natürlich will heute niemand mehr zugeben, dass er seinen Nachbarn bei der Gestapo denunziert hat. Doch ist bezeichnend, was Maria Kraus am Ende unseres kurzen Ge-

Eine jubelnde Menschenmenge begrüßt Hitler
auf dem Nürnberger Parteitag 1938.

spräches sagt: »Aber ich hab mich mit einer Bekannten unterhalten. Die sagt... ›Mein Gott!‹, sagt sie. ›Dass sie jetzt
nach 50 oder 51 Jahren noch einmal anfangen!‹ Ich meine, ich
hab keinen erschlagen, hab keinen ermordet.«

Ich sehe Frau Kraus immer noch auf dem gepflasterten
Platz in Würzburg vor mir, wo wir uns nach dem Interview
von ihr verabschiedeten: eine vollkommen unauffällige Erscheinung und gerade deshalb so beunruhigend. Wer glaubt,
dass es einen grundsätzlichen Unterschied gibt zwischen denen, die den Nazis vielleicht geholfen haben, und solchen, die
es bestimmt nicht getan haben, den wird die Begegnung mit
Frau Kraus zutiefst verwirren, denn von der Anzeige in der Gestapo-Akte abgesehen, unter der ihr Name steht, wirkt sie in
jeder Beziehung wie eine ganz normale, anständige Frau – die
sich freundlich nach dem Alter meiner Kinder und nach unserem nächsten Urlaubsziel erkundigt.

Wenn Frau Kraus zu den Leuten gehört, die Anzeige erstatteten (woran sie sich heute nicht erinnern kann), was sagt
das über die Gestapo selbst? Bei näherer Untersuchung wird
deutlich, dass nicht nur die Vorstellung einer allgegenwärtigen Gestapo ein Mythos ist, sondern auch die Vorstellung, die
Gestapo-Beamten seien fanatische SS-Mitglieder gewesen, die
zur Zeit der Machtergreifung anständige, gesetzestreue Beamte aus der Polizei gedrängt und ihren Platz eingenommen
hätten. In Wirklichkeit blieben die meisten Polizisten im
Amt, nur brauchten sie nicht so weiterzumachen wie bisher;
man hatte sie von der Leine gelassen. Unter den Nazis konnte die deutsche Polizei Dinge tun, die viele Polizisten als be-
freiend empfunden haben müssen: die Rechte der Verdächtigten missachten und nach eigenen Vorstellungen für Recht und
Ordnung sorgen.

Heinrich Müller, der berüchtigte Chef der Gestapo seit
1939, bildete keine Ausnahme von dieser Regel. Vor der
Machtergreifung der Nazis war er Polizist gewesen und hatte
in der politischen Abteilung gearbeitet, mit Schwerpunkt bei
den linken Parteien. Nach außen erschien Müller so wenig als
engagierter Nazi, dass die lokale Parteizentrale sich 1937 gegen seine Beförderung aussprach, da er sich um die Sache der
Nazis nicht verdient gemacht habe. Ihre Beurteilung seiner
Aktionen gegen linke Gruppen vor der Machtergreifung enthält die Worte: »Hier muß unbedingt anerkannt werden, daß
er [die Linksbewegung] äußerst scharf, ja sogar teilweise unter Außerachtlassung der gesetzlichen Vorschriften und Bestimmungen bekämpfte. Es ist aber ebenso klar, daß Müller,
wenn es seine Aufgabe gewesen wäre, gegen Rechts genauso
vorgegangen wäre.« Es folgt eine ernüchternde Einsicht in
Müllers Motive: »Bei seinem ungeheuren Ehrgeiz und seinem
ausgesprochenen Strebertum hätte er sich auch hier die An-
erkennung seines jeweiligen Systemvorgesetzten errungen.«[8]

Trotz dieses negativen Urteils wurde Müller befördert. Seine Vorgesetzten Heinrich Himmler und Reinhard Heydrich
müssen gespürt haben, dass sie für diese Arbeit jemand
brauchten, der sich durch Skrupellosigkeit und Ehrgeiz quali-

fiziert hatte, nicht nur durch die richtige politische Einstellung.

Die meisten Deutschen kamen natürlich nie in Kontakt mit der Gestapo. Wer sich an die Gesetze hielt (wie die Nazis sie verstanden), war sicher. Der Terror war selten willkürlich, es sei denn, man hatte das Pech, zu einer der Zielgruppen des Regimes zu gehören – zu Bettlern, sozialen Außenseitern, Kommunisten oder Juden.

Die chaotische Organisation der Nazibehörden war eine Ursache dafür, dass die antisemitische Politik der Nazis bis zum Beginn des Zweiten Weltkrieges weniger konsequent betrieben wurde, als man es von einer so sehr dem Judenhass verschriebenen Partei erwarten konnte. Zwar war der grundsätzliche Antisemitismus vor allem der fanatischen Nazis immer vorhanden, doch unterlag die Art der Verfolgung großen Schwankungen.

Unmittelbar nach den Wahlen vom März 1933 erfolgte eine Reihe planloser Angriffe auf Juden. Eine Form dieser Angriffe haben wir bereits kennen gelernt – die öffentliche

Heinrich Himmler auf einer Sportveranstaltung der SS.
Am 17. Juni 1936 ernannte Hitler Himmler, den Reichsführer SS,
zum Chef der deutschen Polizei sowie der Gestapo.

SA-Männer haben sich am 1. April 1933 vor einem jüdischen Geschäft
aufgebaut, um die Kunden zu schikanieren und den Boykott durchzusetzen.

Demütigung und Inhaftierung eines Juden, der eine Affäre mit
einer Nichtjüdin hatte (ein Sachverhalt, der, es sei hier wiederholt, damals noch nicht strafbar war). Inoffizielle antisemitische Aktionen konnten noch gewalttätiger sein. Arnon
Tamir, ein damals 15-jähriger jüdischer Junge, hörte von einem Freund, dass kurz nach der Machtergreifung SA-Leute
von außerhalb ins Dorf eingerückt seien und alle Juden so heftig verprügelt hätten, »dass sie wochenlang nicht mehr sitzen
konnten«. Überall in Deutschland wurde davon berichtet,
dass Juden auf die unterschiedlichste Weise gedemütigt worden seien; so wurden ihnen die Bärte geschoren oder sie wurden gezwungen, Rizinusöl zu trinken.

Rudi Bamber und seine Familie, die zur jüdischen Ge-
meinde von Nürnberg gehörten, bekamen das willkürliche
Vorgehen der SA gegen die Juden sehr schnell zu spüren.
»1933 kamen SA-Leute und holten meinen Vater ab. Er wurde zusammen mit vielen anderen Juden zu einem großen Sta-
dion gebracht, wo es viel Gras gab, und dort mussten sie das

Gras mit den Zähnen abreißen und sozusagen essen … Man wollte sie damit demütigen, ihnen zeigen, dass sie die Niedrigsten der Niedrigen waren.«

Keine dieser Aktionen wurde von Hitler offiziell befohlen, aber er muss mit den Motiven der Täter sympathisiert haben. Am 1. April stimmte er dem Boykott sämtlicher jüdischer Läden und Geschäfte zu. Ursprünglich unbefristet geplant, musste der Boykott auf Druck Hindenburgs und anderer (die wirtschaftliche Sanktionen durch das Ausland befürchteten) auf einen Tag begrenzt werden. Für die jüdische Bevölkerung Deutschlands war es ein Tag von großer symbolischer Bedeutung. Arnon Tamir sah, wie SA-Leute die Fenster jüdischer Läden mit Farbe beschmierten und sich dann drohend vor den Eingang stellten, um den Boykott durchzusetzen. Dazu brüllten sie im Sprechchor »Deutsche, kauft nicht bei Juden« und »Juden sind unser Unglück«. Er sah, wie ein oder zwei Deutsche sich mutig Zutritt zu den Läden verschafften, doch führte ihm das nur noch deutlicher vor Augen, wie verzweifelt die Lage der Juden in Deutschland war. »Da war mir, als ob ich in ein tiefes Loch falle«, sagt er. »Da begriff ich eigentlich zum ersten Mal intuitiv, dass das bestehende Recht für Juden nicht gilt, nicht mehr gilt. Also dass man mit Juden alles machen kann, was man will, und eigentlich niemand für sie eintritt und dass ein Jude vogelfrei ist, vogelfrei.« In diesem Augenblick beschloss er, sich von allen nichtjüdischen Deutschen zu distanzieren. In gewisser Weise reagierte er damit so, wie die SA hoffte, dass alle Juden reagieren würden. Die Nazis wollten, dass die Juden sich von den anderen Deutschen abschlossen und einen eigenen jüdischen Staat in Deutschland bildeten, und die Juden begannen tatsächlich, eigene Schulen, eigene Jugendclubs und eigene Sportclubs einzurichten – sie begannen freiwillig, sich abzusondern. Das war umso tragischer, als so viele Juden in Deutschland bisher alles getan hatten, um sich zu assimilieren. Jetzt wohnten sie zwar weiterhin in Deutschland, doch fühlten sie sich ausgestoßen.

Es gab immer noch Juden, darunter Arnon Tamirs Eltern und deren Freunde, die sich an die Hoffnung klammerten, der

Rudi Bamber (rechts) und
seine Eltern, eine gutbürgerliche deutsche Familie.

Boykott sei nicht gegen sie als treue deutsche Staatsbürger gerichtet gewesen, sondern gegen das »internationale« Judentum. Viele Juden glaubten sogar, das Regime habe mit der Ab-
sonderung der Juden und der Verkündung der Nürnberger
Gesetze im Herbst 1935, die die Juden aus der deutschen Gesellschaft ausschlossen (unter anderem konnten sie nicht
mehr Reichsbürger sein und durften keine »Arier« heiraten),
seinen Hass endlich unter Kontrolle gebracht. Der Druck
von Wirtschaftsminister und Reichsbankpräsident Hjalmar
Schacht, der wirtschaftliche Folgen der Judenverfolgung be-
fürchtete, und die Notwendigkeit, Deutschland anlässlich der
Olympischen Spiele 1936 in gutem Licht zu präsentieren, be-
wirkten, dass 1936 und 1937 für die deutschen Juden vergleichsweise ruhige Jahre waren. Das heißt nicht, dass die Ver-
folgungen aufgehört hätten – das Leben war lediglich im

Vergleich zu den Schikanen der Jahre davor etwas erträglicher geworden.

Auch so war das Leiden groß genug. Die »Arisierung«, unter anderem die Zwangsenteignung jüdischer Geschäfte, bedeutete, dass viele Juden ihren Lebensunterhalt verloren. Selbst in Bereichen, die ihnen zunächst noch nicht verboten waren, standen sie vor dem Ruin. Arnon Tamirs Vater kam mit seiner kleinen Zigarettenfabrik schon bald nach dem Boykott vom 1. April 1933 in Schwierigkeiten. Die Zigarettenverkäufer der Stadt, mit denen er bis dahin sehr gute Beziehungen gehabt hatte, erklärten ihm einer nach dem anderen, es tue ihnen leid, aber da er Jude sei, könnten sie seine Zigaretten nicht mehr verkaufen. Ein oder zwei Monate nach Beginn dieses inoffiziellen »Boykotts« musste er seine Fabrik schließen. »Das war ein sehr herber Schlag für ihn«, sagt Arnon Tamir, »denn nach dem Krieg und nach der Inflation und so weiter war das zum dritten Mal, dass er seine Existenzgrundlage verloren hat. Und dann lag er da, wochenlang lag er auf der Chaiselongue und hat in die Luft gestarrt.«

Tausende anderer Juden verloren ihre Lebensgrundlage nicht wie Arnon Tamirs Vater durch einen inoffiziellen Boykott, sondern infolge der zahlreichen Gesetze der dreißiger Jahre, die sie von bestimmten Berufen wie dem Beamtentum ausschlossen. Wieder tausende andere waren so verzweifelt, dass sie aus Deutschland flohen.

Karl Boehm-Tettelbach findet es auch falsch, dass so viele Juden sich gezwungen sahen, Deutschland zu verlassen; er sagt aber, er verstehe die Gefühle der Nazis angesichts der, wie sie behaupteten, zu 90 Prozent jüdischen Anwälte in Berlin. Der frühere Bankier Johannes Zahn drückt es so aus: »Also die allgemeine Meinung war, dass die Juden in Deutschland es übertrieben haben.« Auch er spricht von dem Problem, dass bestimmte Berufsgruppen (wie die Anwälte) von Juden dominiert worden seien. Solche Äußerungen sind wichtig, da man sonst angesichts der späteren Folgen des Antisemitismus leicht annehmen könnte, die gegen die Juden gerichteten Schikanen seien von den Nazis gegen den Willen der Bevölkerung

Die brennende Synagoge von Eberswalde in der
Kristallnacht (9. November 1938).

durchgesetzt worden. Aus den Aussagen der verschiedenen
Zeitzeugen, mit denen wir sprachen, geht eindeutig hervor,
dass damals viele Deutsche die Repressalien der Nazis gegen
die Juden befürworteten.

Die Konzentration von Juden in bestimmten Berufen war
das Erbe ihres jahrhundertelangen Ausschlusses aus anderen
Tätigkeitsbereichen. »Die Juden sind eigentlich auf ein bestimmtes Gebiet abgedrängt worden«, sagt Arnon Tamir. »Sie
durften keinen Boden haben, sie durften keine Landwirte sein,
sie durften keine Handwerker sein. Das galt bis vor zweihun-
dert Jahren... Überhaupt waren die Juden mehr in freien Be-

rufen vertreten, weil die ihnen zugänglich waren.« Solche logischen Erklärungen sind freilich gegen Vorurteile machtlos. Nichtjuden konnten darüber leicht hinwegsehen. Ich fragte Karl Boehm-Tettelbach, wie man in den dreißiger Jahren vor Hitler und dem, was er für Deutschland tat, Respekt haben konnte, wenn andererseits Juden aus ihren Berufen gedrängt und gezwungen wurden, das Land zu verlassen. Seine Antwort ist, meine ich, typisch für Millionen anderer Deutscher:»Darüber wurde nie gesprochen. Alle dachten dasselbe, dass wir einer großen Gemeinschaft angehörten und dass man sich nicht von der Gruppe absonderte. Man war angesteckt. Das erklärt das ein wenig.« Und eingedenk seiner schönen Zeit bei der Luftwaffe in den dreißiger Jahren sagt er:»Ein junger Pilot, der den ganzen Tag fliegt, der will nicht über solche Probleme sprechen, und sie kamen in der Offiziersmesse nie zur Sprache. Wir kamen nach Hause, aßen schön zu Abend und gingen dann ins Bett oder zum Tanzen aus.«

Arnon Tamir litt als Heranwachsender unter diesem »ansteckenden« Antisemitismus. Er sah im Spiegel seine Nase – war sie zu groß? Und seine Unterlippe – stand sie zu weit vor? Auch sein Verhältnis zu nichtjüdischen deutschen Mädchen war beeinflusst.»Schon der Gedanke, mich mit einem deutschen Mädchen anzufreunden oder darüber hinaus, der war vom ersten Augenblick an völlig vergiftet von diesen schrecklichen Karikaturen und Überschriften und Behauptungen, dass eben die Juden deutsche Mädchen verseuchen.« Er entdeckte, dass die Juden in den Augen überzeugter Nazis nicht nur anders, sondern geradezu Teufel waren. Bei der Arbeit auf einer Baustelle hörte er entsetzt, wie ein junger SA-Mann allen Ernstes von einer jüdischen Frau aus seinem Dorf erzählte, die angeblich eine Zauberin war. Der Mann behauptete, sie habe sich in ein Fohlen und dann wieder in eine Frau verwandelt. Eines Tages habe der Schmied sie gepackt, als sie gerade ein Fohlen war, und ihre Hufe beschlagen, sodass sie ein Fohlen bleiben musste.»Also ich war zutiefst – ich kann nicht sagen erschüttert, aber betroffen«, sagt Arnon Tamir, »dass in diesen Jahrzehnten überhaupt noch so was möglich

Ein Passant betrachtet am Tag nach der Kristallnacht (die Nacht vom 9. auf den 10. November 1938) den Schaden an einem jüdischen Laden.

ist. Der hat dran geglaubt.« Das lächerliche Vorurteil des SA-Mannes konnte umso leichter in einer Gesellschaft gedeihen, in der es nur sehr wenige Juden gab – sie machten nur 0,76 Prozent der deutschen Bevölkerung aus. Man hat vor einem unsichtbaren, geradezu übernatürlichen Feind manchmal mehr Angst als vor dem Nachbarn von nebenan.

Eine dritte Welle des Antisemitismus nach den Wellen vom Frühjahr 1933 und vom Sommer 1935 baute sich im Sommer und Herbst 1938 auf; die Gewalt gegen Juden eskalierte auf nie dagewesene Weise in der Nacht vom 9. auf den 10. November, der so genannten Reichskristallnacht, der Nacht der zerbrochenen Fensterscheiben. Zwei Tage zuvor war Ernst vom Rath, Sekretär der deutschen Botschaft in Paris, von Herschel Grynszpan erschossen worden, einem polnischen Juden, der über die Behandlung der Juden durch die

Nazis, besonders seiner eigenen Familie, aufgebracht war; seine Familie hatte man kurz zuvor mit anderen auf äußerst brutale Weise über die polnische Grenze deportiert. Goebbels, der von Raths Tod erfahren hatte, bat Hitler auf einem Treffen der Naziführung in München zum Gedenktag des Hitler-Putsches, die SA loslassen zu dürfen. Hitler stimmte zu. Für Rudi Bamber und seine Familie begann die Kristallnacht damit, dass die Haustür eingeschlagen wurde. »In den frühen Morgenstunden sind sie durch die Tür hereingebrochen und haben angefangen, alles klein zu schlagen, die Leute von der SA. Zu uns kamen sie zweimal, der erste Haufen hat nur alles kurz und klein geschlagen und ging dann und dann kam der zweite.« Er wollte die Polizei anrufen, doch dann sah er, dass die Schläger selber Uniform trugen. »Bei uns im ersten Stock lebten noch drei ältere Frauen und die eine wurde herausgezerrt und zusammengeschlagen, wahrscheinlich nur aus dem Grund, weil sie im Weg war oder so etwas. Und ich wurde hin und her geworfen und landete schließlich im Keller, wo die Küchen waren… Dann wurde ich verhaftet und vor der Haustür bewacht, bis die anderen mit dem fertig waren, was sie drinnen taten.« Bezeichnend für ihre Willkür, änderten die SA-Männer plötzlich ihre Meinung und ließen Rudi Bamber wieder frei. »In dieser Nacht wurden viele Menschen verhaftet und sie wollten ganz offensichtlich auch mich verhaften. Aber nach einer Weile merkten sie, dass ihr Anführer nach Hause gegangen war. Er hatte offenbar genug und das ärgerte sie sehr. Sie wollten keine Zeit mehr verschwenden, also gaben sie mir noch einen Stoß, sagten, ich solle abhauen oder so was, und gingen dann und ließen mich stehen.« Rudi Bamber kehrte ins Haus zurück und dort erwartete ihn ein schrecklicher Anblick. »Ich ging hinauf und da lag mein Vater im Sterben. Ich habe versucht ihn zu beatmen, so gut ich konnte, aber ich glaube, ich habe es nicht besonders gut gemacht, außerdem war es wahrscheinlich sowieso zu spät… Ich stand absolut unter Schock. Ich begriff nicht, wie es dazu hatte kommen können… diese plötzliche Gewalt gegen Menschen, die sie nicht kannten.«

Für Deutsche wie Erna Kranz war die Kristallnacht »ein Schock, weil ich möchte fast behaupten, dass man von dem Zeitpunkt an etwas mehr gedacht hat. Sehen Sie, zuerst hat man sich mitschwimmen lassen, man ist getragen worden von einer Welle der Hoffnung, weil's uns besser ging. Wir haben Ordnung im Land gehabt und Sicherheit, doch da hat man eigentlich zu denken angefangen.« Wir fragten, ob sie darüber zu einer Gegnerin des Regimes geworden sei. »Nein, nein«, erwiderte sie hastig, »das nein. Wenn die Massen ›Heil‹ schreien – was konnte der Einzelne abrechnen? Man ist halt mit. Wir waren die Mitläufer, so war's. Wir waren die Mitläufer.«

Die breite Bevölkerung reagierte auf die Kristallnacht unterschiedlich. Viele waren angesichts der Gewalt und Zerstörung schockiert, angewidert oder entsetzt. Viele kritisierten auch die angerichteten materiellen Schäden. Einige schämten sich, dass eine Kulturnation so tief sinken konnte, und hinter vorgehaltener Hand wurde auch Mitgefühl mit den Betroffenen laut. Die meisten schienen allerdings damit einverstanden, dass die Juden aus Deutschland vertrieben werden sollten. Die Juden hatten keine Freunde.

Am Morgen nach der Kristallnacht zeigten Einwohner von Nürnberg, was sie von den Rudi Bamber und seiner Familie zugefügten Leiden hielten: Sie warfen mit Steinen auf die Fenster jüdischer Häuser.

Verlässliche Zeugnisse darüber, wie viele Juden infolge der Kristallnacht ermordet wurden oder wie viel jüdisches Eigentum zerstört wurde, existieren nicht. Neuere Forschungen von Meier Schwarz, einem Biologen aus Tel Aviv, dessen Vater von den Nazis getötet wurde, sprechen davon, dass über tausend Synagogen zerstört wurden und mindestens vierhundert deutsche Juden starben. Die Umstände der Kristallnacht zeigen erneut, wie spontan und ungeplant in Nazideutschland Dinge geschehen konnten und wie die immer dicht unter der Oberfläche lauernde Gewalt explodieren konnte, sobald Hitler zustimmte. Hitlers eigener Ruf litt kaum unter der Kristallnacht. Er sprach öffentlich nie davon und wer wollte, konnte glauben, dass auch für diese Gewaltakte Goebbels und der Mob der Partei verantwortlich waren.

Im Jahr der Kristallnacht, 1938, wurde die pompöse, von Albert Speer geplante neue Reichskanzlei als Symbol der Nazimacht und -herrschaft erbaut. Doch auch in ihren Mauern führte Hitlers Regierungsstil immer wieder nur zu Chaos. Für Günter Lohse vom Außenministerium war das grundsätzliche Problem, dass Hitler zwei Menschen in zwei verschiedenen Abteilungen mit ähnlichen Aufgaben betraute, ohne klarzumachen, wer für wen arbeitete. In der Folge bekämpften die beiden einander. Oder Hitler erteilte einen Auftrag und »jeder machte aus dem Auftrag eben eine Institution«. Wenn der unvermeidliche Streit dann geschlichtet werden musste, entschied Hitler selten nach dem jeweiligen Verdienst oder gab einer Seite Recht. Stattdessen sagte er zu seinen Ministern: »Jetzt setzt ihr euch zusammen. Und wenn ihr euch vertragen habt, kommt ihr zu mir.«

Die von Albert Speer entworfene neue Reichskanzlei in Berlin.
Sie symbolisierte eine Fiktion –
nämlich die des nationalsozialistischen Ordnungssinnes.

Philipp Bouhler, Leiter der Kanzlei des Führers. Er war für die Kindereuthanasie verantwortlich.

Dementsprechend wurde Hitlers Arbeitstag in der Reichskanzlei nicht von einem, sondern gleich von *fünf* Ämtern organisiert. Da gab es einmal die Reichskanzlei unter Hans-Heinrich Lammers, sodann die Kanzlei des Führers unter Philipp Bouhler, die Präsidialkanzlei unter Otto Meißner, die Adjutantur des Führers unter Wilhelm Brückner und den Stab des Stellvertreters des Führers unter Martin Bormann. Da jeder der Genannten beanspruchte, Hitler zu vertreten, verbrachten sie einen großen Teil der Zeit mit juristischem Gezänk. Sie alle suchten nach Wegen, dem Führer zu gefallen, um ihren Einfluss zu vergrößern. In dem daraus entstehenden System konnten Zufallsereignisse radikale Maßnahmen auslösen. Das furchtbarste Beispiel dafür ist eines der widerwärtigsten Programme des Dritten Reiches – die Kindereuthanasie.[9]

Irgendwann Ende 1938 oder Anfang 1939 hatte der Vater eines missgebildeten Kindes ein Gesuch an Hitler eingereicht, wie sie in der Kanzlei des Führers jede Woche zu hunderten

Gerda Bernhardt
mit ihrem jüngeren
Bruder Manfred,
einem Euthanasie-
Opfer.

eingingen. (An den Führer zu schreiben war in einem System
ohne demokratische Vertretung ähnlich der Petition an den
mittelalterlichen König eine der wenigen Möglichkeiten, mit
denen der Einzelne versuchen konnte, sein Schicksal zu beeinflussen.) Der Vater schrieb, sein Kind sei blind geboren und
geistig behindert, außerdem fehle ihm ein Fuß und ein Teil
eines Armes; er wollte, dass ihm »das Leben genommen«
würde. Beamte der Kanzlei des Führers unter dem ehrgeizigen
Philipp Bouhler entschieden, dass das Gesuch als eines von
wenigen Hitler selbst vorgelegt werden sollte, statt von ihnen
beantwortet oder an eine andere Abteilung weitergeleitet zu
werden. (Bei der Auswahl der Briefe ging es stets darum, »dem
Führer entgegen zu arbeiten«, anders ausgedrückt im Voraus
zu entscheiden, welche Bittschriften bei Hitler am ehesten

Gefallen finden würden.) Angesichts von Hitlers Besessenheit mit pseudodarwinistischen Gedanken muss klar gewesen sein, dass dieses Gesuch ihn in seinen Vorurteilen bestätigen würde (die Nazis hatten bereits Gesetze zur Zwangssterilisation von Geisteskranken erlassen). Hitler las das Gesuch und forderte seinen Leibarzt Dr. Karl Brandt auf, das Kind zu untersuchen und, wenn sich die Angaben des Vaters als richtig herausstellten, zu töten. Dr. Hans Hefelmann, ein hoher Funktionär aus der Kanzlei des Führers, sagte nach dem Krieg, der Fall Knauer, wie er später genannt wurde, habe Hitler veranlasst, Brandt und Bouhler anzuweisen, mit ähnlichen Fällen genauso zu verfahren.

In der Folgezeit stellten Ärzte und Funktionäre der Gesundheitsbehörden detaillierte Kriterien auf, welche Kinder der neuen »Behandlung« unterzogen werden sollten. Zu den so zu behandelnden Krankheiten gehörten »Idiotie sowie Mongolismus… Mißbildungen jeder Art, besonders das Fehlen von Gliedmaßen, schwere Spaltbildungen des Kopfes und der Wirbelsäule usw.« Ausgefüllte Meldebögen wurden an einen Reichsausschuss geschickt und von dort an drei als Gutachter fungierende Kinderärzte. Sie machten ein Pluszeichen auf dem Meldebogen, wenn das betreffende Kind sterben sollte, und ein Minuszeichen, wenn es weiterleben durfte. Keiner der drei Ärzte sah jemals eines der Kinder, sie entschieden allein aufgrund der Informationen auf den Meldebögen.

In den ersten Kriegsjahren war das Euthanasieprogramm in vollem Gang. Gerda Bernhardts Familie gehörte zu den tausenden betroffener Familien. Ihr kleiner Bruder Manfred war in seiner geistigen Entwicklung zurückgeblieben. Mit zehn konnte er erst wie ein Dreijähriger sprechen. Er konnte »Mama« und »Papa« sagen, aber sonst kaum etwas außer »Heil Hitler« – worauf er besonders stolz war. Einige unfreundliche Nachbarn im selben Haus meinten, es sei am besten, wenn der Junge weggegeben würde, aber Manfreds Mutter widerstrebte diese Vorstellung. Ihr Mann konnte sie schließlich davon überzeugen, ihren Sohn in ein nahe gelegenes Kinderkrankenhaus namens Aplerbeck in Dortmund zu bringen.

Manfred war inzwischen zwölf und eine zunehmende Belastung für die Familie. In Aplerbeck gab es einen Bauernhof und Herr Bernhardt tröstete seine Frau damit, dass Manfred mit Tieren zu tun haben würde.

Also wurde Manfred in das Krankenhaus aufgenommen und seine Eltern besuchten ihn einmal alle zwei Wochen – mehr war nicht erlaubt. Auch Gerda besuchte ihren Bruder, so oft sie konnte, und brachte ihm als Geschenk immer eine Kleinigkeit zu essen mit. Dann, um Weihnachten in Manfreds erstem Jahr in Aplerbeck, bemerkte Gerda eine Veränderung an ihm. Als er in das Vorzimmer gebracht wurde, in dem sie sich immer trafen, hatte er nur seine Unterhose an und er wirkte abwesend und geschwächt. Zum Abschied umarmte Gerda ihn. Es war das letzte Mal, dass sie ihn lebend sah.

Die Krankenhausverwaltung ließ wissen, Manfred sei eines natürlichen Todes an Masern gestorben, aber Gerda fiel auf, dass in Aplerbeck damals eine Menge Kinder starben. Sie bat, ihren toten Bruder noch einmal sehen zu dürfen, und sah dabei in einem Zimmer fünfzehn in weiße Leintücher eingewickelte Leichen kleiner Kinder. Die Krankenschwester ging mit ihr von Leiche zu Leiche und fragte: »Ist das Ihr Bruder?« Jedes Mal verneinte Gerda. Manfred war bei den fünfzehn Kindern nicht dabei, er lag in einem anderen Zimmer auf einer fahrbaren Liege.

Nach der Beerdigung sagte Gerdas Vater im Familienkreis: »Sie haben unseren Sohn umgebracht.« Doch er hatte keine Beweise. Erst vor einigen Jahren wurde es möglich, die wahre Geschichte zu rekonstruieren, sodass man jetzt mit Sicherheit sagen kann, dass das Personal von Aplerbeck die seiner Obhut anvertrauten Kinder ermordet hat.

Zur selben Zeit wie Manfred war auch Paul Eggert Patient in Aplerbeck. Sein Vater trank und war gewalttätig, Paul hatte noch elf Geschwister. Mit dieser Familiengeschichte galt er den Nazis automatisch als Krimineller; er wurde mit elf in einem Bielefelder Krankenhaus zwangssterilisiert und dann zur »Begutachtung« nach Aplerbeck geschickt. Da er nicht geistig behindert war, übertrug man ihm verschiedene Arbeiten, wie neue Leintücher zu holen oder Wagen mit dreckiger Wäsche zu schieben. Einmal kam ihm der Wagen, den er schob, ungewöhnlich schwer vor; als er in einem unbemerkten Augenblick die oben liegende Wäsche zur Seite zog, sah er darunter die Leichen zweier Mädchen und eines Jungen. Auch das Abendessen der Kinder in Aplerbeck glich einem Alptraum. Dr. Werner Sengenhof, einer der leitenden Ärzte, kam mit einer Schwester in den Speisesaal. Dort wählten sie Kinder aus, die am folgenden Morgen ins Sprechzimmer des Arztes kommen mussten, um eine »Immunisierungs«-Spritze zu bekommen; die Kinder hatten allerdings bemerkt, dass zur Immunisierung gerufene Kinder nie zurückkehrten. Einmal klammerte sich vor dem Sprechzimmer ein um Hilfe schreiendes Kind an Paul Eggert, bis die Schwester es wegzerrte. »Diese Bilder«, sagt Paul Eggert, »standen mir dann auch vor Augen, wenn ich abends im Bett lag, so als Siebzehnjähriger, und sie stehen mir heute noch vor Augen.«

Anhand von historischen Quellen zu rekonstruieren, was in Krankenhäusern wie Aplerbeck geschah, ist äußerst schwer. Fast alle Unterlagen, die als Beweise hätten dienen können, wurden in den letzten Kriegsmonaten verbrannt. Weder Täter noch Zeugen der schrecklichen Geschehnisse meldeten sich nach 1945 zu Wort. Dr. Theo Niebel, der Arzt, der unter den Nazis die Kinderfachabteilung in Aplerbeck leitete, war dort noch bis zu seiner Pensionierung in den sechziger Jahren als Arzt tätig. »Dass man so was hat aufdecken können«, sagt der Lokalhistoriker Uwe Bitzel, »wurde erst dann möglich, als die direkt Beteiligten nicht mehr hier waren.« Und er fügt hinzu: »Was ich jedoch ganz schlimm finde, ist, dass niemand von diesen Personen sich nach 1945 hingestellt hat und gesagt hat: ›Ich habe etwas Fürchterliches gemacht und ich bekenne, dass alle das getan haben.‹ Sondern die haben alle geschwiegen, geleugnet, gelogen, bestenfalls verharmlost.«

Uwe Bitzel führte uns in den staubigen Keller von Aplerbeck und zeigte uns die wenigen noch existierenden Spuren, aus denen er mühsam die wahre Geschichte zusammengesetzt hat. Die Todesurkunden des Krankenhauses zeigen, dass viele Kinder an unauffälligen Krankheiten wie Masern oder »allgemeiner Schwäche« starben. Am selben Tag wie Manfred Bernhardt starben noch zwei andere Kinder, in der Woche davor waren es elf gewesen, in der Woche danach neun. »Das ist eine Todesrate«, sagt Bitzel, »die ist dermaßen hoch, dass es auszuschließen ist, dass all diese Kinder eines natürlichen Todes gestorben sind.« Wie sich herausstellte, war die Ursache der Masern oder der »allgemeinen Schwäche« in Aplerbeck entweder eine massive Überdosis Luminal (ein starkes Beruhigungsmittel) oder Morphium.

So furchtbar Ursprung und Praxis der Kindereuthanasie im Dritten Reich sind, sie machen zugleich Verschiedenes deutlich. Wie wir gesehen haben, entsprang die Kindereuthanasie nicht allein dem Rassismus der Nazis, sondern auch der chaotischen Weise der Entscheidungsfindung im Dritten Reich. Ein zufälliger Brief an den Führer zu einem ihm wichtigen Thema zog letztlich den Tod von über fünftausend Kindern nach sich. Als Manfred Bernhardt sterben musste, zwei Jahre nach Beginn der Aktion, brauchten Ärzte in Kliniken wie Aplerbeck den Meldebogen Bouhlers nicht mehr auszufüllen. Sie konnten die Kinder, die sie töten wollten, eigenständig aussuchen, ein typisches Beispiel dafür, wie eine Maßnahme außer Kontrolle geriet. Der dem NS-System innewohnende chaotische Radikalismus bedeutete, dass der deutsche Faschismus anders als der Faschismus in Italien und Spanien nie zu einer – noch so schrecklichen und abstoßenden – festen Form fand. Angesichts eines in Visionen sprechenden Führers und begeisterter Anhänger, die ihm unbedingt gefallen wollten, konnte jeder beliebige Gedanke fast über Nacht in ein Extrem ausarten. Die Folgen nicht nur für Deutschland, sondern für die ganze Welt waren ungeheuerlich.

Natürlich wussten 1939 nur ganz wenige Deutsche von dem entsetzlichen Programm der Kindereuthanasie. Die weitaus meisten Deutschen erkannten auch nicht die chaotische Organisation der nationalsozialistischen Regierung und ihre Gründe, noch hätten sie verstanden, warum die Gestapo so

Hakenkreuz-Fahnen am Brandenburger Tor in Berlin. Zur Feier von Hitlers Geburtstag am 20. April 1939 wehten überall die Fahnen des Dritten Reiches.

effektiv war. Was sie sehen wollten, war ein dynamisch aufwärts strebendes Land – zu dem sie dazugehörten.

Weder Quellenstudium noch historische Darstellungen ermöglichten mir, zu verstehen, wie man in der Zeit vor dem Zweiten Weltkrieg gern in Nazideutschland leben konnte. Erst als ich die Zeitzeugen, allesamt keine fanatischen Nazis, einen nach dem anderen erzählen hörte, wie positiv ihre Erfahrungen gewesen seien, dämmerte mir eine Art Verstehen. Wer Zeiten der Unruhe und Demütigung durchleben musste, heißt Ordnung und Sicherheit willkommen. Wenn der Preis dafür ein »kleines Übel« ist, findet man sich damit ab. Nur dass es kein »kleines Übel« gibt. Das erinnert mich an den alten Witz von dem Mann, der zu einer Frau sagt: »Schläfst du für 10 Millionen Pfund mit mir?« Die Frau bejaht, worauf der Mann sagt: »Über das Prinzip sind wir uns also einig, lass uns jetzt über den Preis verhandeln.«

Der Preis, den die Deutschen dafür zahlten, dass sie sich mit einem »kleinen Übel« abfanden, war wirklich sehr hoch.

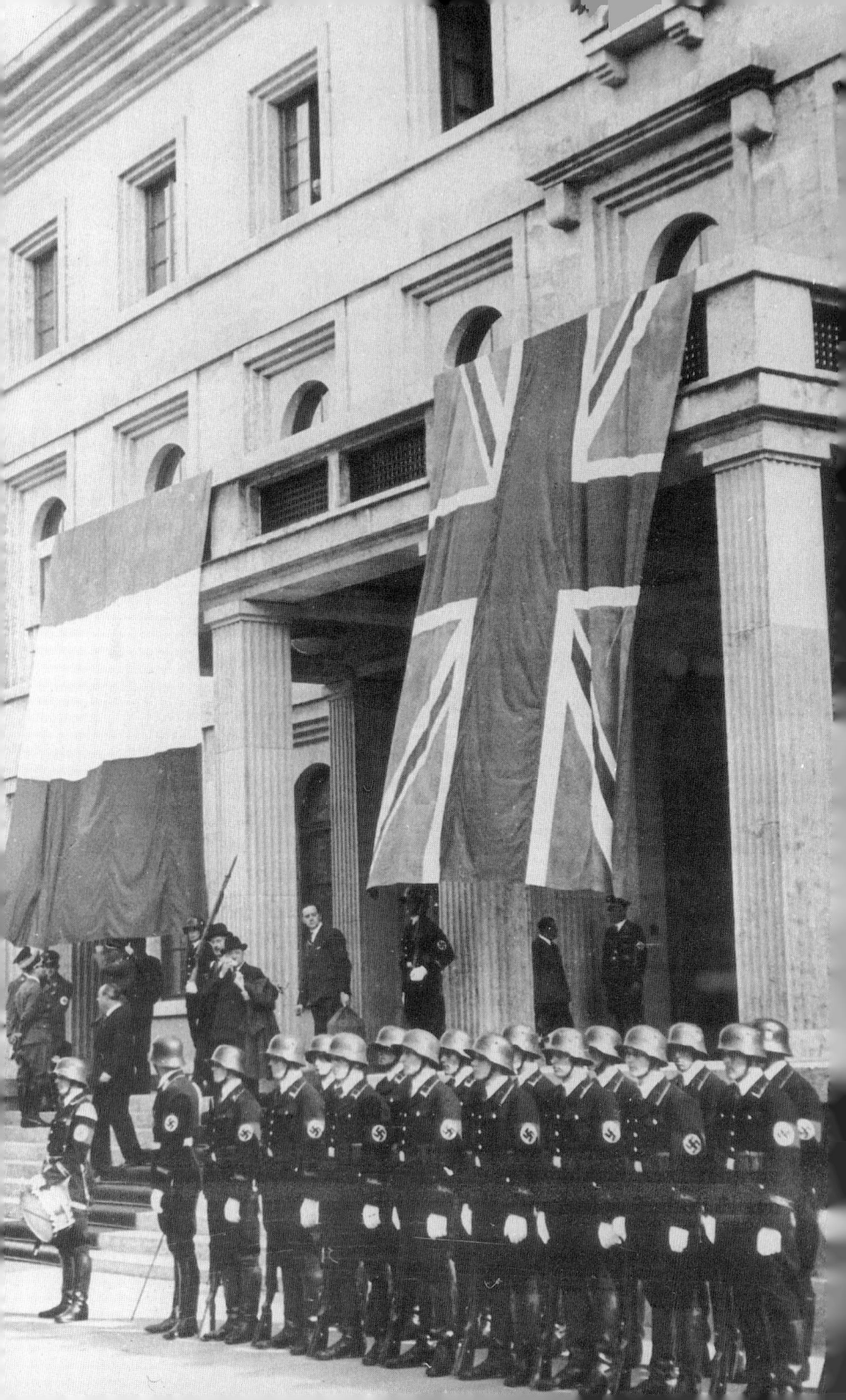

3. KAPITEL

Der falsche Krieg

Auf dem Berghof, seinem Haus im Schatten der bayrischen Berge, schaute sich Hitler zur Entspannung immer Spielfilme an. Einer seiner Lieblingsfilme war das in den dreißiger Jahren gedrehte Hollywood-Epos *Bengali*. Dieser Abenteuerfilm hatte eine Botschaft, die Hitler gefiel: Er zeigte die Unterwerfung eines zahlenmäßig überlegenen, aber rassisch minderwertigen Volkes durch ein arisches Volk. »Schauen wir uns nur die Engländer an«, sagte Hitler am 27. Juli 1941 beim Abendessen, »die mit insgesamt 250 000 Menschen – Wehrmacht von etwa 50 000 Mann – 400 Millionen Inder regieren.«[1] Dies war für Hitler ein klarer Beweis für die Überlegenheit der arischen Rasse. Die Engländer konnten Indien mit einer relativ kleinen Streitmacht beherrschen, weil sie das bessere Blut hatten. »Was für England Indien war«, sagte Hitler 1941, »wird für uns der Ostraum sein. Wenn ich dem deutschen Volk nur eingeben könnte, was dieser Raum für die Zukunft bedeutet!«[2] Als Hitler 1933 Reichskanzler wurde, strebte er eine enge Freundschaft mit England an (womit er Großbritannien meinte). »Er wollte England als Bündnispartner, als echten Bündnispartner«, sagt Dr. Günter Lohse vom Auswärtigen Amt. Andere Diplomaten stimmen mit ihm überein; Herbert Richter bestätigt, dass Hitler die Engländer als Mitglieder im erlesenen Club der Herrenvölker betrachtete.

Links: Der Union Jack und die Trikolore hängen während der Konferenz im September 1938 über einer Ehrenwache der SS vor dem Führerbau in München.

Doch 1939 sah sich Hitler in einen Krieg mit Großbritannien verstrickt, dem einzigen Land auf der Welt, das er als Bündnispartner hatte gewinnen wollen, und er war mit Russland verbündet, wie wir sehen werden, dem einzigen Land, mit dem er unbedingt Krieg führen wollte. Der Krieg gegen Großbritannien war nicht geplant. Doch das Zusammenwirken von Hitlers Charakter, der internationalen Spannungen jener Zeit und der Institutionen des NS-Staats hatte den Krieg unvermeidlich gemacht. Nur dass der Krieg von 1939 aus Hitlers Sicht der falsche war. Wie kam es, dass Hitler, ein Mann, dessen politisches Gespür oft gerühmt wurde, mit seiner Außenpolitik so katastrophal Schiffbruch erlitt?

Als Hitler 1933 an die Macht kam, verkündete er der Welt, er wolle Deutschland aus den Fesseln des Versailler Vertrags befreien und es wieder stark machen. Um dieses Ziel zu erreichen, war eine massive Wiederaufrüstung erforderlich. Seine Antwort vom Februar 1933 auf einen Antrag des Reichsverkehrsministeriums, ein Staubecken zu bauen, lässt erkennen, dass ihm die Politik der Wiederaufrüstung wichtiger war als alles andere: »Die nächsten fünf Jahre in Deutschland müßten der Wiederwehrhaftmachung des deutschen Volkes gewidmet sein. Jede öffentlich geförderte Arbeitsbeschaffungsmaßnahme müsse unter dem Gesichtspunkt beurteilt werden, ob sie notwendig sei vom Gesichtspunkt der Wiederwehrhaftmachung des deutschen Volkes.«[3]

Die Wiederaufrüstung war nur möglich, wenn die erforderlichen Mittel aus der deutschen Volkswirtschaft flossen. Doch Hitler verstand nichts von Wirtschaftstheorie. »Die Nazibewegung ist doch im Grunde ziemlich primitiv gewesen«, sagt Johannes Zahn, der den Mann kannte, der die deutsche Wirtschaft in den dreißiger Jahren wieder aus der Krise führte Hjalmar Schacht. Hitler wusste vielleicht nicht, wie man eine Volkswirtschaft führt, aber Schacht dachte, er wüsste alles darüber. »Es ist offensichtlich«, sagt Zahn beiläufig, »dass Schacht sehr von sich überzeugt war.« Hjalmar Schacht war 1923 im Alter von 46 Jahren zum Reichswährungskommissar

Hjalmar Schacht, der brillante deutsche Ökonom, der Deutschlands wirtschaftlichen Wiederaufschwung organisierte.

ernannt worden und hatte die durch die Hyperinflation schwer geschädigte deutsche Volkswirtschaft stabilisieren sollen; noch im selben Jahr wurde er Reichsbankpräsident. 1930 trat er aus Protest gegen den Youngplan, der die deutschen Reparationszahlungen an die Siegermächte des Ersten Weltkriegs regelte und dem die deutsche Regierung zugestimmt hatte, als Reichsbankpräsident zurück. Von nun an erwartete er von Hitler und den Nazis eine Lösung der deutschen Probleme. Er ersehnte »ein großes und starkes Deutschland«, sagte er, und zu diesem Zweck würde er sogar »einen Bund mit dem Teufel schließen«.[4]

Hitler ernannte Schacht 1934 zum Reichswirtschaftsminister und erließ ein Gesetz, das ihm diktatorische Vollmachten über die Wirtschaft verlieh. Die Arbeitslosigkeit war dank gewaltiger Arbeitsbeschaffungsprogramme wie dem Bau von Autobahnen bereits stark gesunken und die Wirtschaft erholte sich langsam von den Folgen der Weltwirtschaftskrise. Schacht gelang es, die Wiederaufrüstung über so genannte Mefo-Wechsel zu finanzieren – eine Form des *deficit spending*, die zwei Vorteile hatte: Sie erlaubte es, die Wiederauf-

Hitler schrieb *Mein Kampf* 1924. Das Buch wurde zwar viel gekauft,
aber nicht viel gelesen und von noch weniger Leuten ernst genommen.

rüstung in ihren relativ riskanten Frühstadien gehcim zu hal
ten, und ermöglichte es den Nazis, sie über Kredite zu finanzieren. Zusätzlich profitierte das Regime von einem Auf-
schwung der Weltwirtschaft und der faktischen Beendigung
der Reparationszahlungen, die Reichskanzler Brüning 1932
auf der Lausanner Konferenz ausgehandelt hatte.

Hitler muss die wirtschaftliche Wende wie ein Wunder erschienen sein – das er wieder einmal durch seine schiere Willenskraft bewirkt hatte. Er interessierte sich ganz gewiss nicht dafür, *wie* Schacht dieses Wunder erreicht hatte. Im August 1942 sagte er:»Ich habe niemals mit Schacht mich unterhalten darüber, welche Mittel endgültig bewilligt werden. Ich habe ihm gesagt, diese Mittel sind notwendig.«[5]

Die Wehrmacht stand Hitlers Politik denkbar positiv gegenüber. Er befreite Deutschland endlich von der »Schmach« der Abrüstung.»Das wurde durchaus begrüßt, nicht wahr, und nach dem Geld fragte er gar nicht«, berichtet Graf Kielmansegg, damals Offizier bei der Wehrmacht.»Dass nun endlich eine Armee aufgebaut werden sollte, die in der Lage war, nun wirklich Deutschland zu verteidigen, das war die Vorstellung von allen und nichts anderes, das möchte ich betonen. Dazu war die Reichswehr nämlich nicht in der Lage mit ihren 100 000 Mann. Und vergessen Sie nicht, Deutschland war ja mehr oder weniger von den Hauptfeinden des Ersten Weltkrieges umgeben.« Für viele Soldaten, mit denen wir sprachen, war die Wiederaufrüstung auch von symbolischer, fast spiritueller Bedeutung: Sie war das Mittel, mit dem das Land seine Mannhaftigkeit wiedergewann. Andere fanden es ganz in Ordnung, wenn die wiederaufgerüsteten Streitkräfte genutzt würden, um Deutschlands Nachbarn durch Drohungen zur Aufhebung einiger der als ungerecht empfundenen Bestimmungen des Versailler Vertrags zu bringen. Keiner der Interviewten erkannte in den dreißiger Jahren, dass er an der Vorbereitung eines Eroberungskriegs beteiligt war. Und doch hatte Hitler schon 1924 in *Mein Kampf* klare außenpolitische Ziele formuliert:»Wir setzen dort an, wo man vor sechs Jahrhunderten endete. Wir stoppen den ewigen Germanenzug nach dem Süden und Westen Europas und wenden den Blick nach dem Land im Osten… Wenn wir aber heute in Europa von neuem Grund und Boden reden, können wir in erster Linie nur an Rußland und die ihm untertanen Randstaaten denken. Das Schicksal selbst scheint uns hier einen Fingerzeig zu geben.« Und wie sollte Deutschland dieses neue Land gewinnen? Die Antwort war klar: »Denn die Dinge liegen doch heute noch so, daß auf dieser Erde zur Zeit noch immer Boden in ganz ungeheuren Flächen ungenützt vorhanden ist und nur des Bebauens harrt. Ebenso aber ist es auch richtig, daß dieser Boden nicht von der Natur an und für sich einer bestimmten Nation oder Rasse als Reservatfläche für die Zukunft aufgehoben wurde, sondern er ist Land und Boden für das Volk, das die Kraft besitzt, ihn zu nehmen, und den Fleiß, ihn zu bebauen.«

Nur wenige hatten *Mein Kampf* überhaupt gelesen und die es gelesen hatten, nahmen es nicht ernst. »Niemand hielt *Mein Kampf* für wichtig«, sagt der Diplomat Manfred Freiherr von Schröder. »Was würden heutige Politiker von einem Werk halten, das sie zwanzig Jahre zuvor geschrieben haben?«

»Aber ich darf mal etwas ausholen«, sagt Johannes Zahn. »Wenn Sie das Christentum nehmen, die Forderungen der Bibel, die Forderungen der Katechismen, kennen Sie dann einen Menschen, der die Forderungen des Christentums zu hundert Prozent erfüllt oder auch behauptet, ich erfülle das zu hundert Prozent? Und genauso hat man auch gedacht. Das Buch *Mein Kampf*, ja das sind Forderungen, das sind Ideen, aber niemand ist auf die Idee gekommen, dass man das wörtlich nehmen müsste.« Und Herbert Richter, der früher im Auswärtigen Amt arbeitete, sagt: »Ich muss mich tadeln. Ich hab die ersten fünfzig Seiten gelesen und fand sie so verrückt, dass ich nicht weitergelesen habe.«

Hätten diese Herren ernst genommen, was sie in *Mein Kampf* lasen, hätten sie erkannt, dass es Deutschland Hitlers Ansicht nach an Lebensraum fehlte. Wenn das Leben ein Kampf zwischen den stärksten Rassen war, dann brauchte Deutschland, um den Kampf zu gewinnen, das richtige Gleichgewicht zwischen Bevölkerungszahl und Ackerland. Doch Deutschland fehlte es Hitlers Analyse zufolge an Land, um eine große Bevölkerung zu ernähren. Die Deutschen waren ein »Volk ohne Raum«.

Hitler sah sich um und sein Blick fiel auf ein Land, das das Problem des Lebensraums gelöst hatte – England. In seinen ersten Jahren als Reichskanzler verfolgte er den Traum, England als Bündnispartner zu gewinnen, ein Traum, der auch gut zu seinem Bestreben passte, mit den europäischen Nationen einzeln zu verhandeln und nicht über die Organisation des Völkerbunds.

Parallel zu seiner Politik der Freundschaft mit England versuchte Hitler, sich von den Fesseln des Versailler Vertrags zu befreien. Deutschland trat aus dem Völkerbund aus, als auf einer Abrüstungskonferenz im Oktober 1933 keine Einigung über die Aufhebung der Deutschland betreffenden Rüstungsbeschränkungen im Versailler Vertrag erzielt wurde. In der Folge versuchte Hitler ein separates Abkommen mit England zu schließen. An diesem Punkt der Geschichte betritt einer der seltsamsten Nazis die politische Bühne – Joachim von Ribbentrop. Hitler war von diesem früheren Weinhändler, der durch seine Heirat zu Geld und gesellschaftlichem Ansehen gekommen war, so beeindruckt, dass er ihn zu seinem persönlichen Botschafter ernannte und nach London schickte, um die Idee eines Nichtangriffspakts zwischen England und Deutschland ins Gespräch zu bringen. Der unausgesprochene Zweck dieser Annäherungsversuche bestand, wie der frühere Diplomat Reinhard Spitzy es formulierte, darin, »dass Großbritannien und Deutschland praktisch die Welt regieren sollten. Britannien sollte die Meere beherrschen und Deutschland sollte vom Rhein bis zum Ural regieren.«

Im Jahr 1935 schien es, als sei die Strategie, Großbritannien zu umwerben, von Erfolg gekrönt. Nach Gesprächen zwischen dem britischen Außenminister Sir John Simon, seinem Staatssekretär Anthony Eden und Hitler und Ribbentrop wurde ein Flottenabkommen unterzeichnet, das es Deutschland erlaubte, seine Flotte so auszubauen, dass es bei den Überwasserschiffen 35 Prozent der britischen Stärke und bei den U-Booten 100 Prozent erreichte. Für die Briten spielte bei der Unterzeichnung des Abkommens eine wichtige Rolle, dass Deutschland ihrer Ansicht nach durch den Versailler Vertrag zu sehr gestraft worden war und man mit Adolf Hitler eine vernünftige Übereinkunft erreichen wollte.

Im März 1935 hatte Deutschland erklärt, dass es die Rüstungsbeschränkungen des Versailler Vertrags künftig nicht mehr beachten werde. Im April hatte der Völkerbund eine Resolution zur Verurteilung Deutschlands verabschiedet. Die Briten zeigten durch das Flottenabkommen, wie wenig Wert sie der kollektiven Reaktion des Völkerbunds auf die deutsche Aufrüstung beimaßen. Hitler bezeichnete den Tag, an dem er vom Abschluss des Flottenabkommens erfuhr, als den glücklichsten seines Lebens.[6]

Im folgenden Jahr wurde Ribbentrop zum deutschen Botschafter in Großbritannien ernannt. Er machte keinen guten ersten Eindruck. Als er dem König sein Akkreditierungsschreiben überreichte, hob er den Arm zum Hitlergruß. Die britische Presse machte ihn dafür lächerlich, doch nachdem er einmal so gegrüßt hatte, hatte er Angst, das Gesicht zu verlieren, wenn er den König nicht jedes Mal auf diese Weise grüßte. »Er hat nachgetragen«, sagt Dr. Lohse, damals Mitarbeiter Ribbentrops. »Und er konnte und wollte den Engländern nicht vergessen, was er selbst für einen Fehler gemacht hat.«

Die Atmosphäre in der Londoner Botschaft war nicht gut. Laut Reinhard Spitzy, der dort diente, war Ribbentrop ein unmöglicher Vorgesetzter, der ständig Termine verschob; er war »aufgeblasen, eitel und nicht sonderlich intelligent«. Noch mehr schadete seinem Ruf, dass er britische Handwerker schlecht behandelte. So ließ er seinen Schneider stundenlang warten, ohne zu bedenken, dass dieser seinen adligen Kunden vom Verhalten des deutschen Botschafters erzählen würde. »Er verhielt sich sehr dumm und sehr arrogant«, sagt Reinhard Spitzy, »und die Briten mögen keine arroganten Leute.«

Ribbentrop war bei vielen, die seinen Weg kreuzten, extrem unbeliebt. Goebbels sagte, er »habe seinen Namen gekauft, sein Geld erheiratet und sich den Weg in sein Amt er-

113

schwindelt«.[7] Der italienische Außenminister Graf Ciano erzählte, der Duce habe einmal gesagt, man brauche nur Ribbentrops Kopf zu betrachten, um zu sehen, dass er ein kleines Gehirn habe.[8] Sein Name war der Einzige, auf den unsere Interviewpartner immer negativ reagierten. So sagt Herbert Richter: »Ribbentrop habe ich immer für einen Fainéant, für einen Non-valeur gehalten.« Und Manfred von Schröder fand ihn »eitel und ehrgeizig«. Kein anderer Nazi war bei seinen Kollegen so verhasst.

Hitler wusste genau, wie unbeliebt Ribbentrop war. Laut Spitzy sagte Göring einmal zu Hitler, Ribbentrop sei ein »dummer Esel«. Hitler gab zu bedenken: »Aber er kennt doch eine ganze Menge wichtiger Leute in England.« Darauf versetzte Göring: »Das mag stimmen, mein Führer, aber das Schlimme ist, dass sie ihn kennen.«

Warum wurde Ribbentrop dann trotzdem von Hitler gefördert? Die Antwort ist im Grunde einfach: weil Ribbentrop mit Hitler umzugehen verstand. In bestimmter Hinsicht war Ribbentrop nur ein Speichellecker. »Und der Ribbentrop war bekannt dafür, dass er eigentlich gar nichts Richtiges verstand von Außenpolitik«, sagt dazu Herbert Richter. »Und dass er keinen anderen Wunsch hatte, als nur Hitler zu gefallen. Dass er gute Beziehungen zu Hitler hatte, das war seine Politik.« In Verfolgung dieser Politik war Ribbentrop jedes Mittel recht, sogar der Einsatz von Informanten. Er bat Leute, die mit Hitler zu Mittag aßen, ihm zu berichten, was dieser gesagt hatte. Dann vertrat er am nächsten Tag dieselben Ansichten wie Hitler, tat aber so, als ob es sich um seine eigenen handelte. Kein Wunder, dass Hitler von Ribbentrops gutem Urteilsvermögen schwärmte. Doch es gibt noch einen weiteren, komplizierteren Grund, warum Ribbentrop damals so hoch in Hitlers Gunst stand. Reinhard Spitzy brachte ihn folgendermaßen auf den Punkt: »Wenn Hitler ›grau‹ sagte, dann sagte Ribbentrop ›schwarz, schwarz, schwarz‹. Er sagte es immer dreimal und er vertrat immer die radikalere Ansicht. Und ich hörte Hitler einmal über Ribbentrop reden, als dieser nicht da war, und er sagte: ›Mit Ribbentrop ist es so leicht; er ist immer so radikal.

Dagegen all die anderen Leute. Ich bestelle sie zu mir, sie haben Probleme, sie fürchten sich, sie finden, wir sollten vorsichtig sein, und dann muss ich sie aufrichten, damit sie stark sind. Und Ribbentrop richtet selbst den ganzen Tag auf und ich muss nichts tun. Ich muss bremsen – viel besser!‹« Trotz seiner offensichtlichen Schwächen hatte Ribbentrop den Schlüssel gefunden, wie er sich bei Hitler beliebt machen konnte, eine Möglichkeit, die seinen begabteren Kollegen entgangen war. Ribbentrop hatte gemerkt, dass der Führer einer radikalen Lösung immer wohlwollend gegenüberstand. Diese Tatsache allein bedeutete, dass die Außenpolitik der Nazis in die Krise führen musste. Für Hitler war die aufregendste Lösung für jedes Problem immer die radikalste. Es spielte keine Rolle, ob der radikale Lösungsvorschlag angenommen wurde, allein der Vorschlag wies den, der ihn machte, schon als echten Nationalsozialisten aus. Die logische Folge war, dass Eigenschaften wie Intelligenz und Kompetenz bei Hitler weniger zählten als Loyalität und Radikalität. Eine Wahrheit, die Schacht, der intelligenteste unter den führenden Politikern des NS-Regimes, noch erkennen sollte.

»Die Nazi-Bewegung wendete sich gegen die Übelstände, die offensichtlich waren«, sagt Johannes Zahn. »Das war Arbeitslosigkeit, das war Entwaffnung. Alle diese Dinge sind im Grunde keine Wirtschaftsfragen.« Und über Schachts Politik zwischen 1933 und 1935 sagt Zahn: »Dieses Problem hatten die Nazis damit gelöst, dass einfach der Notenumlauf erhöht wurde, ohne ein wirkliches Verständnis für den Begriff Inflation zu haben.« Die Schwierigkeiten bei der NS-Politik der Wiederbewaffnung und öffentlich finanzierter Projekte wie etwa dem Autobahnbau brachte Zahn wie folgt auf den Punkt: »Nun, eine Autobahn liegt nicht im Schaufenster, eine Autobahn ist nicht zu verkaufen, aber die Kaufkraft bleibt. Eine Aufrüstung ist nicht zu verkaufen, aber die Kaufkraft, die dafür ausgegeben ist, die bleibt.« Als Wirtschaftswissenschaftler sah Zahn das Problem dieser Politik ganz klar – Geld ist Kaufkraft und man geht ein hohes Risiko ein, wenn man Kaufkraft erzeugt, ohne dass man Güter zu verkaufen hat.

Ribbentrop und Himmler 1938 in Nürnberg. Himmler war einer
der wenigen führenden Nazis, der Ribbentrop nicht offen verachtete.
Beide waren ähnlich radikal.

Johannes Zahn zufolge äußerte sich Schacht sehr klar über die destabilisierende und inflationäre Wirkung, die seine kurzfristige Lösung für das Problem der Rüstungsfinanzierung auf die deutsche Volkswirtschaft haben konnte. Schacht wusste, dass Deutschland unerbittlich auf den Ruin zusteuerte, wenn die Industrie nicht bald Güter herstellte, die die Leute in den Läden kaufen oder die exportiert werden konnten. Er verdeutlichte diese Tatsachen in einer Rede vom November 1938, in der er ganz ähnlich wie Zahn darauf hinwies, dass in der Volkswirtschaft eine nicht zu befriedigende Nachfrage geschaffen wurde, weil viele Menschen Geld hatten, es aber nicht ausgeben konnten. Und er zog die einfache Schlussfolgerung, dass der Lebensstandard umgekehrt proportional zum Umfang der Rüstungsproduktion sei.[9]

Johannes Zahn enthüllt, dass Schacht 1938 nicht der Einzige war, der dachte, dass die Wirtschaftspolitik der Nazis scheitern müsse. Aber »wir alle – ich auch – wir haben unterschätzt, was man mit der Staatsgewalt über Lohnstopp, Preisstopp, Devisenbewirtschaftung und KZ erreichen kann«. Nachdem das *deficit spending* bereits mehrere Jahre gedauert hatte (viel länger als die Initialzündung für die gelähmte Volkswirtschaft, wie sie Wirtschaftswissenschaftler befürwortet hätten), muss Schacht sich die Frage gestellt haben, wie Deutschland wieder aus diesem Schlamassel herauskommen konnte. Die Antwort war, zumindest für Johannes Zahn, erschreckend klar: »Und dann blieb kein Ausweg mehr, das Naziregime wäre wirtschaftlich eines Tages zusammengebrochen und Hitler dachte dann – jetzt mal primitiv ausgedrückt –, was ich freiwillig nicht zugestanden bekomme, versuche ich mir jetzt über Krieg zu holen. Und so brach der Krieg aus und wurde verloren.«

Wie aus Dokumenten hervorgeht, war sich Hitler der durch die Rüstungsfinanzierung verursachten Probleme durchaus bewusst, doch für ihn waren alle innenpolitischen Schwierigkeiten völlig nebensächlich im Vergleich zu dem überwältigenden außenpolitischen Problem Deutschlands, das er nur durch Wiederaufrüstung lösbar glaubte. So schrieb er in einer 1936 in Berchtesgaden verfassten Denkschrift: »Deutschland wird immer als Brennpunkt der abendländischen Welt gegenüber den bolschewistischen Angriffen anzusehen sein. Ich fasse dies nicht als eine erfreuliche Mission auf, sondern als eine … Erschwerung und Belastung unseres völkischen Lebens … Das Ausmaß und das Tempo der militärischen Auswertung unserer Kräfte können nicht groß und nicht schnell genug gewählt werden … Wenn es uns nicht gelingt, in kürzester Frist die deutsche Wehrmacht in der Ausbildung, in der Aufstellung der Formationen, in der Ausrüstung und vor allem auch in der geistigen Erziehung zur ersten Armee der Welt zu entwickeln, wird Deutschland verloren sein!« Hitler empfand es als lächerlich, dass er sich angesichts der Notwendigkeit, das Land gegen die von ihm gesehene bolschewistische Bedrohung zu rüsten, mit der drögen Realität der wirtschaftswissenschaftlichen Erkenntnisse befassen sollte. »Es haben sich daher dieser Aufgabe [der Aufrüstung] alle anderen Wünsche bedingungslos unterzuordnen. Denn diese Aufgabe ist das Leben und die Lebenserhaltung, und alle sonstigen Wünsche – und mögen sie in anderen Zeitläuften noch so verständlich sein – sind demgegenüber belanglos oder gar lebensgefährdend und mithin abzulehnen.«[10]

Zur gleichen Zeit, als Hitler mit dieser Denkschrift die Einführung des Vierjahresplans rechtfertigte, beschloss er, Schacht kaltzustellen und die Kampagne zur Maximierung der Rüstungsproduktion einem Mann anzuvertrauen, der sich weniger für die Feinheiten der Wirtschaftstheorie und mehr für die krude Philosophie des Nationalsozialismus interessierte – Hermann Göring. Schacht hatte in Hitlers Regierung keine Zukunft mehr. Er gab schließlich auf und trat am 26. November 1937 als Wirtschaftsminister zurück.

Schacht steht für jene Unterstützer der Nazis, die in dem Regime eine willkommene Veränderung gegenüber den Unsicherheiten und Fehlern der Weimarer Zeit sahen und eine stabile Regierung herbeisehnten. Sie wollten ein starkes und blühendes Deutschland. Und wenn dies nur in einer Diktatur zu erreichen war, dann nahmen sie das eben in Kauf. Die kurze Erfahrung der Demokratie hatte Deutschland offensichtlich nicht gutgetan. Doch Schacht wurde es unbehaglich, als das Regime sich entwickelte und er allmählich das wahre Gesicht des Nationalsozialismus erkannte. In der Wiederaufrüstung als solcher sah er nichts Verwerfliches. Tatsächlich war sie in gewissem Umfang eindeutig wünschenswert, um die Wirtschaft wieder anzukurbeln und um das Trauma des Versailler Vertrags zu überwinden, durch den Deutschland militärisch kastriert und vor aller Welt gedemütigt worden war. Doch Hitler schien nun außer der Aufrüstung kein anderes Ziel mehr zu kennen und er schien bereit, für die Kriegsbereitschaft Deutschlands jeden Preis zu zahlen.

Als ich die Fernsehserie drehte, auf der dieses Buch basiert, traf ich viele Männer, die dasselbe böse Erwachen erlebt hatten wie Schacht – wenn sie auch meistens erst später aufgewacht waren. Viele hatten erwartet, der Nationalsozialismus werde Deutschland guttun, und in den ersten Jahren des Regimes, die mit den Olympischen Spielen von 1936 ihren Höhepunkt fanden, waren sie mit der Entwicklung sehr zufrieden. Heute versuchen viele dieser Erfahrung einen Sinn abzugewinnen, indem sie von »mehreren« Hitlers sprechen. Da war der Hitler der dreißiger Jahre (der »gute« Hitler), der Hitler der ersten Kriegsjahre (der »kriegerische« Hitler) und der Hitler des Holocaust (der »böse« Hitler). Diese Haltung ist verständlich, da kaum jemand eingestehen kann, dass er von Anfang an bei etwas Bösem mitgemacht hat; und doch war es so. Die »Nacht der langen Messer«, Dachau und andere Konzentrationslager, der Rassismus und der Antisemitismus, die den Kern der NS-Ideologie ausmachten, all dies war schon in den ersten Jahren vorhanden. Nach meinen Gesprächen mit diesen Menschen dachte ich mehr als einmal, dass ihre Reise

Nächste Doppelseite: Hitler und die führenden Nazis marschierten jedes Jahr den Weg, den die Aufständischen beim Hitlerputsch in München zurückgelegt hatten. Dieses Bild stammt vom November 1936. Die Nazis versuchten nie, die radikalen und gewalttätigen Ursprünge ihrer Bewegung zu verbergen.

durch den Nationalsozialismus wie der Flug mit einer Rakete gewesen war: Sie wagten die Reise, weil sie sich nach einer neuen, aufregenden Erfahrung sehnten. Dann, als die Rakete die Wolkendecke durchbrach und immer höher stieg, wurde ihnen unheimlich zumute. »Das hat Spaß gemacht, aber jetzt müssen wir zurückkehren«, sagten sie vielleicht. Doch die Rakete kehrte nicht zurück. Sie flog immer weiter und weiter in die Nacht hinaus, an einen finsteren und entsetzlichen Ort. »Aber wir wollten doch nur mit einer Rakete fliegen«, sagten sie am Ende der gesamten schrecklichen Reise. »Wir wollten nie in der Finsternis landen.« Doch die Rakete war immer auf dem Weg in die Finsternis gewesen und sie hätten nur nach vorn schauen müssen, um es zu erkennen.

Schacht war nicht der Einzige, der noch vor Kriegsbeginn ein böses Erwachen erlebte, denn dieses Regime konnte nicht »zur Ruhe kommen«. Der Grund lag nicht nur in den visionären Wünschen, die Hitler in *Mein Kampf* formuliert hatte, sondern auch darin, dass Hitlers eigenes Gefühl von Macht und Prestige durch immer neue Erfolge genährt werden musste. Nach einigen seiner wichtigsten politischen Coups – dem Austritt aus dem Völkerbund (1933), der Wiederbesetzung des Rheinlands (1936) und dem Anschluss Österreichs (1938) – hielt Hitler jeweils eine Volksabstimmung ab, um die öffentliche Zustimmung für seine Taten zu messen, und diese Zustimmung war wie erwartet gewaltig. Hitler war kein üblicher Politiker, der sich um seine Wiederwahl sorgte, dennoch fürchtete er ständig, dass es dem Regime und dem ganzen Land an Aufregung und Bewegung fehlen könnte. So sagte er im November 1937, statt Wachstum setze Sterilität ein, in deren Folge Spannungen sozialer Art nach einer Reihe von Jahren auftreten müssten.

Bedeutete dies, dass Hitler schon in den dreißiger Jahren den Krieg plante? Keine einzelne Frage über das NS-Regime

Rechts: Ein Kind überreicht dem Führer Blumen. Das Foto stammt aus dem Jahr 1938, als Hitler im Zenit seiner Popularität stand.

in den dreißiger Jahren ist heißer diskutiert worden. Und im Mittelpunkt der Debatte stand ein bestimmtes Dokument, die so genannte Hoßbachniederschrift. Oberst Friedrich Hoßbach war Adjutant der Wehrmacht bei Hitler und er machte sich Notizen bei einer Besprechung in der Reichskanzlei am 5. November 1937, an der die Oberbefehlshaber der Luftwaffe (Göring), des Heeres (Fritsch) und der Marine (Raeder) sowie der Reichskriegsminister (Blomberg) und der Reichsaußenminister (Neurath) teilnahmen.

»Der Führer stellte einleitend fest«, protokollierte Hoßbach, »daß der Gegenstand der heutigen Besprechung von derartiger Bedeutung sei, daß dessen Erörterung in anderen Staaten wohl vor das Forum des Regierungskabinetts gehörte, er – der Führer – sähe aber gerade im Hinblick auf die Bedeutung der Materie davon ab, diese in dem großen Kreise des Reichskabinetts zum Gegenstand der Besprechung zu machen. Seine nachfolgenden Ausführungen seien das Ergebnis eingehender Überlegungen und der Erfahrungen seiner viereinhalbjährigen Regierungszeit; er wolle den anwesenden Herren seine grundlegenden Gedanken über die Entwicklungsmöglichkeiten und -notwendigkeiten unserer außenpolitischen Lage auseinandersetzen, wobei er im Interesse einer auf weite Sicht eingestellten deutschen Politik seine Ausführungen als seine testamentarische Hinterlassenschaft für den Fall seines Ablebens anzusehen bitte.«

Schon diese wenigen Sätze vermitteln einen authentischen Eindruck von Hitlers politischem Charakter; seinem Misstrauen gegen Kabinettssitzungen, seiner Furcht vor einem frühen Tod, der ihn des verdienten Ruhms berauben würde, und seiner festen Überzeugung, eine bedeutende Gestalt der Geschichte zu sein.

Laut Hoßbach skizzierte Hitler anschließend, dass die »Autarkie [Deutschlands] sowohl auf dem Ernährungsgebiet als auch in der Totalität hinfällig« sei innerhalb der bestehenden Grenzen. Deshalb müsse Deutschland in Europa nach neuem Lebensraum suchen.[11] Ein Feldzug gegen Russland wurde jedoch nicht erwähnt. Stattdessen forderte Hitler,

Deutschland müsse spätestens 1943–1945 gegen die Tschechoslowakei vorgehen und selbst mit dem Risiko eines Krieges gegen die Westmächte den Anschluss Österreichs erreichen, denn danach könne sich die relative Stärke Deutschlands nur verringern.

Im Nürnberger Prozess wurde die Hoßbachniederschrift als Beweis dafür angeführt, dass Hitlers expansionistische Pläne im Entwurf damals bereits komplett vorlagen. Diese These hat sich, nicht zuletzt weil Russland in dem Dokument nicht erwähnt ist, als nicht haltbar erwiesen. Einige Historiker vertreten die Ansicht, Hitler habe die Auslassung bewusst gemacht, um seine Zuhörer nicht zu alarmieren.[12] A. J. P. Taylor schrieb, die Hoßbachniederschrift sei eigentlich »ein Tagtraum gewesen, ohne Verbindung zu den späteren Ereignissen im wirklichen Leben«. Und das Protokoll solle »wie eine heiße Kartoffel« angefasst werden.[13] Neuere Untersuchungen von Material, das Taylor nicht zugänglich war (etwa der kompletten Goebbels-Tagebücher), führen jedoch eindeutig zu dem Schluss, dass Hitler wusste, dass er seine Ziele nicht ohne einen Konflikt erreichen konnte. Aber auch bei der Lektüre der gesamten Hoßbachniederschrift hat man nicht den Eindruck, mit den Hirngespinsten eines Tagträumers konfrontiert zu sein. Formulierungen wie die folgenden lassen an Deutlichkeit nichts zu wünschen übrig: »Das Ziel der deutschen Politik sei die Sicherung und die Erhaltung der Volksmasse und deren Vermehrung. Somit handele es sich um das Problem des Raumes… Für Deutschland laute die Frage, wo größter Gewinn unter geringstem Einsatz zu erreichen sei… Zur Lösung der deutschen Frage könne es nur den Weg der Gewalt geben, dieser niemals risikolos sein.« Der von Hoßbach protokollierten Rede lag vielleicht kein »kompletter Entwurf« für den Krieg zugrunde, doch sie war eine eindeutige Äußerung expansionistischer Absichten. Sie ist der Beweis für eine Außenpolitik, die den Rest der Welt vor eine einfache Wahl stellte, nämlich zu kapitulieren oder zu kämpfen.

Noch eine weitere politische Entscheidung ist aus der Hoßbachniederschrift klar ersichtlich: Die Liebesaffäre mit Großbritannien war vorbei. In der gesamten Rede wird Großbritannien zusammen mit Frankreich als potenzieller Feind behandelt, dessen mögliche Reaktionen auf eine deutsche Aggression sorgfältig analysiert werden müssen. Ribbentrop hatte begonnen, Hitler gegen Großbritannien zu beeinflussen, und tat dies auch weiterhin. »Ich habe seit Jahren für eine Freundschaft mit England gearbeitet«, schrieb er im Januar 1938 in einer »Notiz für den Führer«, »und wäre über nichts froher, als wenn sie herzustellen wäre. Als ich den Führer bat, mich nach London zu schicken, war ich skeptisch, ob es gehen würde, aber im Hinblick auf Eduard VIII. schien ein letzter Versuch geboten. Heute glaube ich nicht mehr an die Verständigung. England will kein übermächtiges Deutschland in seiner Nähe, das eine ständige Bedrohung seiner Inseln wäre.«[14]

Dass sich die Briten Deutschland gegenüber kühl verhielten, war Hitler auch aus anderen Quellen berichtet worden. Karl Boehm-Tettelbach begleitete Feldmarschall Blomberg 1937 zur Krönung Georges VI. nach London. Die deutsche Delegation nahm die Gelegenheit wahr, mit führenden britischen Politikern zu sprechen. Blomberg erzählte seinem Adjutanten, wie enttäuscht er von den Ergebnissen seiner Gespräche mit Baldwin, Chamberlain und Eden sei – insbesondere Eden sei »unfreundlich« gewesen. Doch die königliche Familie war netter, obgleich der für seine Deutschfreundlichkeit berüchtigte Edward VIII. nach seiner Abdankung nicht mehr in ihren Reihen weilte. Beim Krönungs-Dinner im Buckingham Palace wurde Blomberg die Ehre zuteil, am Tisch des Königs und der Königin zu sitzen. Blomberg gewann den Eindruck, dass die königliche Familie Freundschaft mit Deutschland wollte. Bedauerlicherweise schienen die verantwortlichen Politiker Deutschland nicht so gewogen und dies berichtete Blomberg Hitler in Berchtesgaden. Boehm-Tettelbach folgte den beiden auf einem langen Spaziergang in den Bergen, als Blomberg dem Führer die schlechten Nachrichten mitteilte. Auf dem Rückweg nach Berlin fragte Boehm-Tettelbach seinen Chef, was Hitler zu seinem Bericht gesagt habe. »Nichts«, antwortete Blomberg. Doch kurz danach wurden noch mehr Ressourcen für die Aufrüstung verplant, und zwar, wie Boehm-Tettelbach glaubt,»als Antwort und Reaktion auf die Krönung«. Auch Blomberg war natürlich ein wichtiger Teilnehmer der Hoßbachkonferenz. In seinen Memoiren schreibt Hoßbach, weder Blomberg noch Fritsch, der Oberbefehlshaber des Heeres, seien von Hitlers Plänen übermäßig begeistert gewesen:»Seiner ganzen Einstellung nach mußte das Verhalten Blombergs und Fritschs dem Führer deutlich gemacht haben, daß seine politischen Gedankengänge nur nüchterne, sachliche Gegenäußerungen anstatt Beifall und Zustimmung gefunden hatten. Und er wußte zur Genüge, daß die beiden Generäle jeder unsererseits herausgeforderten kriegerischen Verwicklung ablehnend gegenüberstanden.«[15]

Die beiden führenden Militärs verhielten sich anders, als Hitler es gern gehabt hätte. Der Kontrast zwischen ihrem nüchternen Pragmatismus und Ribbentrops aggressivem Radikalismus hätte kaum größer sein können. Pech für die Militärs, dass Hitler die radikale Einstellung bei weitem vorzog. »Meine Generäle sollen sein wie Bullterrier«, hatte er laut Reinhard Spitzy einmal gesagt. »Wie Kettenhunde, die Krieg, Krieg und noch einmal Krieg wollen. Und ich muss dann das Ganze bremsen. Aber was passiert? Ich will mit meiner Politik der Stärke vorankommen und die Generäle versuchen, mich zu bremsen, das ist eine falsche Situation.«

Innerhalb weniger Monate nach der Hoßbachkonferenz verloren die hohen Militärs, die Hitlers Plänen nicht begeistert zugestimmt hatten, ihre Posten. Blomberg und Fritsch wurden zum Rücktritt gezwungen und Neurath, der Außenminister, wurde kaltgestellt, indem man ihn zum machtlosen »Präsidenten« eines Geheimen Kabinettsrats ernannte. Die Verbindung zwischen diesen Vorgängen und der Hoßbachkonferenz scheint offensichtlich und man ist stark versucht, sie als schlichten Kausalzusammenhang zu werten: so als wäre Hitler einfach zu dem Schluss gekommen, dass ihm diese Männer nun missfielen und ihre Posten verlieren sollten. Tatsächlich verhielt es sich jedoch anders. Eine sorgfältige

Analyse der Umstände bei der Entlassung von Blomberg und Fritsch zeigt deutlich, wie Hitler und die NS-Elite politisch arbeiteten; sie hatten keinen vorgefassten Plan, sondern nutzten eine sich bietende Gelegenheit.

Als Blomberg verkündete, dass er das bürgerliche Fräulein Erna Gruhn heiraten wolle, stimmte Hitler der Heirat freudig zu. Ihm gefiel die Idee, dass der große Blomberg ein einfaches deutsches Mädel und keine Adlige heiraten würde. Die Trauung wurde am 12. Januar 1938 mit Hitler und Göring als Trauzeugen in aller Stille vollzogen. Blombergs Adjutant Karl Boehm-Tettelbach war konsterniert, weil die Hochzeit so bescheiden gefeiert wurde und er selbst nicht eingeladen war. »Ich bestellte meine anderen Adjutanten zu mir und sagte: ›Ist das nicht seltsam? Er wird morgen heiraten und wir bekommen nicht mal ein Glas Champagner! Ist das nicht seltsam?‹«

Unmittelbar nach der Hochzeit erlaubte Blomberg auf einigen Druck seiner Offizierskollegen, dass eine kleine Heiratsanzeige, die auch den Geburtsnamen seiner Angetrauten enthielt, in die Zeitung gesetzt wurde. Am nächsten Morgen las ein Polizist die Anzeige. Der Name kam ihm bekannt vor, er sah in den Akten nach und stellte fest, dass die Frau für pornographische Aufnahmen Modell gestanden hatte; einige der obszönen Bilder befanden sich sogar in der Akte. Die Akte wurde an den Berliner Polizeichef Graf von Helldorf weitergegeben. Er rief Karl Boehm-Tettelbach an und verlangte, sofort mit Blomberg zu sprechen. Nach der Unterredung sagte er zu Boehm-Tettelbach: »Nun, junger Mann, Sie werden sich wohl einen neuen Arbeitsplatz suchen müssen.«

Am Nachmittag des 26. Januar 1938 nahm Hitler in Berchtesgaden Blombergs Rücktrittsgesuch an. Blomberg blieb keine andere Wahl, als zu gehen, denn er hatte gegen den strengen Ehrenkodex des deutschen Offizierskorps verstoßen. Er kehrte noch einmal ins Reichswehrministerium zurück, kam in Boehm-Tettelbachs Büro und bat ihn, den Safe zu öffnen. »Hier ist Hitlers Testament«, sagte er. »Nehmen Sie es und geben Sie es morgen dem Führer, zusammen mit meinem Marschallstab.« Dann sagte er weinend und zitternd »Auf Wiedersehen, mein Freund« und umarmte Boehm-Tettelbach. Für Boehm-Tettelbach »brach eine Welt zusammen, denn ich glaubte an ihn und sah, dass er einen großen Fehler gemacht hatte, weil er eine Frau geheiratet hatte, die eines Marschalls nicht würdig war«. Dass Blomberg den Marschallstab zurückgab, ist interessant, denn ein Feldmarschall behält normalerweise seinen Stab, wenn er in den Ruhestand tritt. Vielleicht war die Schande einfach zu groß.

Hitler hatte diese Umstände nicht voraussehen können, aber als sie eintraten, wurden sie von ihm und den Falken in seiner Umgebung genutzt. Wenige Tage nach Blombergs Rücktritt wurde Fritsch zum Rücktritt gezwungen, indem Himmler und Göring einen falschen Zeugen auftrieben, der Fritsch der Homosexualität bezichtigte. Außerdem wurden 16 ältere Generäle in den Ruhestand geschickt und 44 weitere versetzt.[16] Zeitgleich mit diesen Veränderungen ersetzte Hitler auch seinen Außenminister Neurath durch Ribbentrop.

Diese radikale Ausschaltung aller Kräfte, die auf Hitler mäßigend einzuwirken suchten, hing direkt mit dem Rücktritt Blombergs zusammen, der nicht vorauszusehen gewesen war. Es gehörte zu den politischen Stärken Hitlers, dass er neue Situationen zu nutzen verstand, wenn sie eintraten. Dies hatte er schon im Juli 1924 hervorgehoben, als er sagte, der Theoretiker müsse die reine Idee predigen und diese immer vor Augen haben. Der Politiker jedoch dürfe nie nur an das große Ziel denken, sondern immer auch an den Weg, der dorthin führe. Ein Grund, warum die deutsche Außenpolitik in dieser Zeit so widersprüchlich erscheint, besteht darin, dass Hitler immer bestrebt war, die unmittelbare Situation zu nutzen, manchmal auch (wie bei dem Bündnis mit der Sowjetunion) unter kurzfristigem Verzicht auf die Verfolgung langfristiger »theoretischer« Ziele. Bei einem Mittagessen, an dem auch Reinhard Spitzy teilnahm, sagte Hitler einmal:»Wenn jemand ein kleines Feuer brennen hat, werde ich mein Süppchen für das gute deutsche Volk darauf kochen und ein bisschen ins Feuer blasen.« Für Spitzy war die Bedeutung dieses Satzes klar:»Er wollte die Gelegenheiten beim Schopf packen, wenn sie kamen, er war nicht festgelegt.«

Befreit von den Fesseln der alten Garde, wie es Hitler erschien, verfolgte er nun eine radikalere Außenpolitik und Österreich war sein erstes Ziel.»Führer [will] die Scheinwerfer von der Wehrmacht ablenken«, schrieb Jodl am 31. Januar 1938 in sein Tagebuch,»Europa in Atem halten und durch Neubesetzung verschiedener Stellen nicht den Eindruck eines Schwächemoments, sondern einer Kräftekonzentration erwecken. Schuschnigg soll nicht Mut fassen, sondern zittern.«[17] Kurt Schuschnigg, der österreichische Bundeskanzler, hatte dem nationalsozialistischen Einfluss in seinem Land tapfer widerstanden. 1936 war ein Abkommen unterzeichnet worden, in dem Österreich erklärte, ein deutscher Staat zu sein, aber seine Freiheit in inneren Angelegenheiten behielt. Nur wenige Tage nach der Kabinettssitzung, bei der die Umbesetzungen nach dem Rücktritt Blombergs verkündet wurden, übte Hitler Druck auf Österreich aus, sich enger an Deutschland zu binden. Im Januar 1938 übergab Papen, inzwischen Botschafter in Österreich, Schuschnigg eine Einladung Hitlers zu einer Besprechung in Berchtesgaden. Bei der Unterredung tat Hitler alles, um Schuschnigg einzuschüchtern. Dr. Otto Pirkham, ein Mitglied der österreichischen Delegation, erinnert sich, dass»Schuschnigg schon im Treppenhaus von Hitler gepackt und in dessen Räume geführt wurde«. Hitler verlangte die Ernennung des österreichischen Nazis Arthur Seyss-Inquart zum österreichischen Innenminister und die Abstimmung der österreichischen Wirtschafts- und Außenpolitik mit der des Deutschen Reiches. Schuschnigg war über diese Forderungen offensichtlich entsetzt. Beim Mittagessen am selben Tag verwandelte sich Hitler abrupt in einen liebenswerten Gastgeber und sprach ruhig über nebensächliche Dinge, während Schuschnigg nur noch stumm dasaß. Als die Zusammenkunft beendet war, hatte Hitler von dem eingeschüchterten Schuschnigg bekommen, was er wollte. Der österreichische Bundeskanzler war, wie Pirkham berichtet, deprimiert, niedergeschlagen und immer noch stumm. »Sein Schweigen«, sagt Pirkham, »rührte daher, dass das, was er bei dem Treffen mit Hitler erfahren hatte, alles andere als erfreulich war.«

Kurz nach der Berchtesgadener Zusammenkunft lernte Jutta Rüdiger Hitlers persönliche Einschätzung von Schuschnigg kennen. Sie nahm in ihrer Eigenschaft als Führungsmitglied des Bundes Deutscher Mädel (BDM) an einem offiziellen Essen der NSDAP teil. Hitler setzte sich zu ihr an den Tisch und es wurde über den Charakter des österreichischen Bundeskanzlers gesprochen. »Und Hitler sagte dann, er wirkt wie ein Schmetterlingsjäger auf mich, es fehlt nur noch die Botanisiertrommel.« Danach berichtete Hitler, mit welchem Bild er verdeutlicht hatte, dass Österreich und Deutschland zusammengehörten. »Und dann hat er uns so angesehen, die beiden BDM-Führerinnen, und hat gesagt: ›Ich hab dem erzählt, wir hätten schon immer gesagt, ein guter Motor alleine nützt nichts, er muss auch ein gutes Chassis haben, das gute Chassis alleine macht es auch nicht.‹ Er ging dann etwas schmunzelnd.«

Schuschnigg versuchte sich dem zu widersetzen, was er als Endziel der Nazis deutlich vor Augen hatte – die vollständige Unterwerfung seines Landes. Am 8. März 1938 kündigte er für den 13. März eine Volksabstimmung an, bei der die Österreicher über den Anschluss an das Deutsche Reich entscheiden sollten. Er wurde durch deutschen Druck gezwungen, auf das Plebiszit zu verzichten, doch Hitler verstärkte den Druck immer weiter. Ribbentrop hatte ihm berichtet, dass England nicht für Österreich kämpfen werde und das einzige Hindernis für eventuelle Gewaltmaßnahmen gegen das Nachbarland Italien sei.

Am 10. März schickte Hitler Prinz Philipp von Hessen mit einem Brief nach Rom, in dem er versicherte, Italien habe von etwaigen deutschen Maßnahmen gegen Österreich nichts zu

Hermann Göring in einer Runde von Biertrinkern 1935 in Berlin.
Seine aggressive Entschlossenheit sollte in der Österreichkrise
drei Jahre später entscheidend sein.

befürchten. Hitler werde den Brennerpass immer als Grenze
zu Italien betrachten. Einen Tag später berichtete der Prinz
seinem Führer telefonisch über Mussolinis Haltung zu einer
potenziellen deutschen Invasion in Österreich:
»Ich komme eben zurück aus dem Palazzo Venezia. Der
Duce hat die ganze Angelegenheit sehr, sehr freundlich aufgenommen. Er läßt Sie sehr herzlich grüßen...«
»Dann sagen Sie Mussolini bitte, ich werde ihm das nie
vergessen«, antwortete Hitler. »Nie, nie, nie, es kann sein,
was sein will... Wenn die österreichische Sache jetzt aus dem
Weg geräumt ist, bin ich bereit, mit ihm durch dick und dünn
zu gehen, das ist mir alles gleichgültig.«[18]
Hitlers Reaktion zeigt, wie besorgt er damals war, und sie
erklärt auch, warum er sich bis zum Kriegsende Mussolini ge-

genüber loyal verhielt. Der Historiker Joachim Fest schildert »die Atmosphäre der Hysterie und Unschlüssigkeit«, die während der Krise in Hitlers Umgebung herrschte. Er schreibt:»Alle Berichte aus der Umgebung Hitlers sprechen von dem außerordentlichen Entscheidungswirrwarr, dem kopflosen Durcheinander, in das Hitler im Verlauf dieser ersten expansiven Aktion seiner Laufbahn geriet. Eine Vielzahl überhasteter Fehlentscheidungen, cholerischer Ausbrüche, sinnloser Telefonate, von Anordnungen und Widerrufen wechselten im Laufe der wenigen Stunden zwischen Schuschniggs Aufruf [zu einer Volksabstimmung] und dem 12. März ab… Keitel [Chef des Oberkommandos der Wehrmacht] hat später von einem ›Martyrium‹ gesprochen.«[19]

Dies ist ein ungewohntes Bild von Hitler. Nach der volkstümlichen Mythologie (und insbesondere nach der Mythologie des NS-Staats) zeichnete sich Hitler gerade durch besondere Entschlusskraft aus. Doch es war Göring, nicht Hitler, der kühl für die radikalste Möglichkeit – den Einmarsch – plädierte und auch tatsächlich den Invasionsbefehl gab. Göring verhielt sich so, wie sich ein General Hitlers Ansicht nach verhalten sollte: wie ein »Bullterrier«. (Görings Verhalten war vielleicht auch durch den Wunsch beeinflusst, die Wehrmacht durch den Einmarsch in Österreich von einer Untersuchung der Fritsch-Affäre und der Rolle, die er dabei gespielt hatte, abzuhalten.)

Am 12. März 1938 zog Hitler im Triumph in sein Geburtsland Österreich ein. Die heftige emotionale Reaktion der Österreicher ist filmisch dokumentiert. Sie weinen, sie schreien und sie singen:»Ein Reich, ein Volk, ein Führer!« Die deutschen Soldaten werden mit Blumen überhäuft und mit Küssen bedeckt. Wenn man das rohe, noch unkommentierte Filmmaterial betrachtet und die Rufe und Schreie der begeisterten Österreicher hört, kann man sich dem damaligen Ge-

Links: Österreicher begrüßen Hitler bei seiner Ankunft in Linz am 12. März 1938. Wie muss das auf Hitlers schon zuvor maßloses Selbstvertrauen gewirkt haben?

fühlsüberschwang auch heute noch nicht ganz entziehen. Auf die Deutschen, Ziel dieser frenetischen Begeisterung, wirkte das Ereignis überwältigend. »Es war der schönste Tag in meinem Leben, als wir nach Österreich kamen«, sagt Reinhard Spitzy. »Ich fuhr im sechsten Wagen hinter Hitler. Ich hatte Tränen in den Augen.«

Bei Österreichern und Österreicherinnen wie Susi Seitz löste der Anblick Hitlers nur einen Wunsch aus: »Alle Leute reagierten in derselben Weise auf Hitler: ›Hol uns ins deutsche Land, hol uns nach Deutschland, lass uns bei dir sein.‹ Und es war, als hätte Hitler von all den Menschen die Antwort auf eine Frage bekommen, die zu stellen er gar nicht vorgehabt hatte, denn damals wussten wir sehr genau, dass Hitler Österreich nicht heimholen wollte.« Wir wissen heute, dass auch Hitler über die Reaktion der Österreicher tief gerührt war. Er war so bewegt, dass er seine Pläne für die politische Zukunft Österreichs änderte. Vor dem Einmarsch hatte er geplant, in Österreich ein Marionettenregime zu installieren. Nun, nach dem begeisterten Empfang in seiner Heimatstadt Linz, änderte er ganz einfach seine Meinung. Er beschloss, dass eine Marionettenregierung zu wenig sei, Österreich hatte es verdient, ganz zum Reich zu gehören; Deutschland und Österreich sollten vereinigt werden.

Heute ist die frenetische Begeisterung schwer zu verstehen, mit der viele Österreicher die Nazis im Allgemeinen und Hitler im Besonderen begrüßten. Doch das Motiv dieser Freude war klar – die Deutschen machten ein Unrecht wieder gut, das den Österreichern durch die Friedensregelung nach dem Ersten Weltkrieg zugefügt worden war. Nur 20 Jahre zuvor war Österreich noch eine Weltmacht gewesen und hatte sich in der Größe des Österreichisch-Ungarischen Reiches gesonnt, die Niederlage im Weltkrieg hatte es auf den Status der Schweiz reduziert. Nun hatten die Österreicher das Gefühl, ihre alte Größe in einem germanischen Reich wiedererlangen zu können.

Susi Seitz gelang es auf der triumphalen Massenveranstaltung in Linz, Hitler die Hand zu schütteln. Sie war damals ein vierzehnjähriges Schulkind und sie hat diesen Augenblick nie vergessen.»Er kam. Alles wurde ruhig. Und wir waren so aufgeregt, ich konnte mein Herz bis in den Hals hinauf schlagen spüren. Und als er zu mir kam, vergaß ich fast, ihm die Hand zu geben, ich sah ihn einfach nur an und ich sah gute Augen. Und in meinem Herzen versprach ich ihm: ›Ich werde dir immer treu sein, weil du ein guter Mann bist...‹ Und es war eine traumhafte Zeit. Und später hielt ich mein Versprechen. Meine ganze Freizeit neben der Schule widmete ich der Arbeit, weil er uns gerufen hatte. ›Ihr alle‹, sagte er zu uns, ›ihr werdet mir helfen, aus meinem Reich ein gutes Reich zu machen mit glücklichen Menschen, die sich anstrengen und versprechen, gute Menschen zu sein.‹«

Doch es sollte eine brutale Vereinigung werden. Hitler wurde bei seiner Ankunft in Österreich von Heinrich Himmler empfangen, der in der Nacht zuvor die Grenze überschritten hatte, um das Land von allen oppositionellen Elementen zu »säubern«. Die österreichischen Juden hatten sofort zu leiden. Walter Kammerling, ein damals 15-jähriger Wiener Jude, berichtet: »Wir hören, wie der Lärm auf der Straße näher kommt, die ganze Bevölkerung, das heißt offensichtlich die nichtjüdische Bevölkerung, jubelte und war außer sich vor Freude. Und dann bekamen wir die Probleme: Die jüdischen Geschäfte wurden demoliert und wenn man am nächsten Tag, es war der Samstag, auf die Straße ging, dann wurde man belästigt... Man war vollständig geächtet und bekam nirgends Schutz. Sie konnten einem alles antun, was sie wollten; und Leute kamen einfach in Wohnungen, die sie haben wollten, und nahmen sie sich.« Die SS hieß alle Demütigungen gut, die sich die österreichischen Nazis einfallen ließen, und besonders gefiel ihr, dass die Juden die Straße scheuern mussten.

Nächste Doppelseite: Ermutigt von ihren deutschen Gesinnungsgenossen, zwingen österreichische Nazis nach dem Anschluss Wiener Juden, die Straßen zu scheuern. Es drängten sich so viele Zuschauer, dass sie zurückgehalten werden mussten.

»Und ich weiß noch, dass ich einmal selber die Straße schrubben musste«, sagt Walter Kammerling. »Ich kann mich an nichts mehr erinnern, außer dass ich in der Menge eine gutgekleidete Frau sah – sie war nicht aus dem ungebildeten Proletariat – und sie hatte ein kleines Mädchen auf dem Arm, ein blondes, hübsches Mädchen mit Locken, und sie hielt es hoch, damit es besser sehen konnte, wie ein 20 oder 22 Jahre alter Mann (ein SA-Mann) einen alten Juden trat, der umgefallen war, weil er nicht hatte knien dürfen. Er hatte die Straße irgendwie gebückt schrubben müssen und war hingefallen und der junge Mann trat ihn. Und alle lachten und die Frau lachte auch – es war eine herrliche Unterhaltung – und das erschütterte mich.«

Susi Seitz gibt zu, dass der Antisemitismus in Österreich weit verbreitet war: »Ich muss sagen, dass die Juden in Österreich nicht gerade sehr beliebt waren... Wir hatten nie das Gefühl, dass sie gleich waren wie wir, sie waren anders, völlig anders... Wir wussten nur, dass unsere Familien Witze über sie machten und sie nicht leiden konnten. Das wussten wir. Aber wir dachten nicht viel darüber nach, weil wir andere Sachen zum Nachdenken hatten, und wir machten gern Spiele und Sport und wanderten gern in unserem Land herum. Und wir wussten, dass die Juden für unser Heimatland nicht das gleiche Gefühl hatten.« Angesichts solcher Vorurteile fühlte sich die SS sehr wohl in ihrer neuen Heimat Österreich. Viele österreichische Juden wurden zur Auswanderung gezwungen. Innerhalb von sechs Monaten nach dem Anschluss hatten eifrige SS-Offiziere, organisiert von Adolf Eichmann, ein Drittel der Wiener Juden vertrieben. Die Emigranten mussten ihr Vermögen zurücklassen. Die Nazis stahlen es einfach.

Heinrich Himmler erkannte, dass die territoriale Expansion des Reichs das Potenzial für einen ungeheuren Machtzuwachs der SS in sich barg. »...Was Deutschland in der Zukunft vor sich hat«, erklärte er im November 1938 vor SS-Gruppenführern, »ist entweder das großgermanische Imperium oder das Nichts. Ich habe den Glauben, wenn wir in dieser

Himmler und zwei weitere SS-Offiziere pflücken Blumen. Himmler, der frühere Geflügelzüchter, hatte schon immer gesagt, dass Helden auf dem Land geboren würden. Nun hoffte er, dass Hitlers Außenpolitik seinem Vaterland neue Gebiete einbringen würde – Gebiete, die seiner Verwaltung unterstünden.

Schutzstaffel unsere Pflicht tun, daß dann der Führer dieses großgermanische Imperium, das großgermanische Reich, schaffen wird, das größte Reich, das von dieser Menschheit errichtet wurde und das die Erde je gesehen hat. In diesem Sinne gehen Sie an Ihre Pflicht und Arbeit.«[20] Die Brutalität, mit der die SS 1938 in Österreich hauste, war nur ein Vorgeschmack, wie die Nazis ihr Großreich regieren würden. Die SS gedachte sich außerhalb der deutschen Grenzen so gut wie keine Beschränkungen aufzuerlegen.

Das deutsche Auswärtige Amt schwelgte im Ruhm des Anschlusses. »Die Vereinigung mit Österreich war wirklich wie ein nationaler Traum«, erzählte uns Manfred von Schröder. »Sie war der Höhepunkt von Hitlers Popularität und das hat damals in Deutschland alle beeinflusst.« Laut von Schröder wurde auch Hitler von der Euphorie erfasst: »Es muss ein gewaltiges Gefühl des Erfolgs gewesen sein und wahrscheinlich ließ es seinen Größenwahnsinn wachsen.«

Angespornt von dem unblutigen Erfolg des Anschlusses, wandte sich Hitler nun der Tschechoslowakei zu. Dank ihrer strategischen Lage in Europa war Hitler überzeugt, dass er nicht weiter expandieren konnte, ohne ihre Armee zu neutralisieren. Der naheliegendste Weg zur Destabilisierung der Tschechoslowakei bestand darin, die über drei Millionen Deutschen im Sudetenland aufzuhetzen; sie hatten als ethnische Gruppe schon zuvor mehr Rechte in der Tschechoslowakei gefordert. Keine drei Wochen nach seinem triumphalen Einmarsch in Österreich sprach Hitler in Berlin auf einer Versammlung von Studenten der Sudetendeutschen Partei und kündigte an, dass er das Sudetenproblem in nicht allzu ferner Zukunft zu lösen gedenke. Da Hitler wusste, dass ihm die Weltöffentlichkeit nicht verzeihen würde, wenn er die Tschechoslowakei ohne einen Vorwand angriff, unterstützte er die Taktik der Sudetendeutschen, gegen die tschechoslowakische Regierung zu agitieren, und wartete, bis der Konflikt ohne sein direktes Eingreifen eskalierte.

Die tschechoslowakische Regierung hatte darunter zu leiden, dass ihr Land eine Schöpfung der Friedensregelung nach dem Ersten Weltkrieg war. Nicht nur wurde das Land deshalb von den Nazis verachtet, sondern es hatte seiner Entstehungsgeschichte auch eine Reihe von Minderheiten zu verdanken, die sich zum großen Teil misstrauisch gegenüber-

Rechts: Hitler zieht nach dem Münchner Abkommen vom September 1938 im Sudetenland ein. Die drei Millionen Sudetendeutschen begrüßen ihn ähnlich begeistert wie zuvor die Österreicher.

standen. Für außenstehende Beobachter wie die Briten schien die deutsche Abneigung gegen die Tschechoslowakei eine gewisse Berechtigung zu haben und sie fanden es verständlich, dass Deutschland die Sudetendeutschen unterstützte. Ein Leitartikel in der *Times* vom 7. September 1938 forderte sogar, das Sudetenland an Deutschland abzutreten.

Die Probleme mit den Sudetendeutschen eskalierten, bis der britische Premierminister Neville Chamberlain intervenierte und versuchte, eine Lösung für die Krise zu finden. Er machte zunächst zwei Besuche in Deutschland und traf am 15. und 22. September mit Hitler zusammen. Auf der Münchner Konferenz am 29. September wurde der Konflikt schließlich beigelegt, indem Vertreter Italiens, Großbritanniens und Frankreichs der schrittweisen Abtretung des Sudetenlands zwischen dem 1. und dem 10. Oktober zustimmten. Die tschechoslowakische Krise erlaubte es den Briten, den Staatsmann Hitler kennen zu lernen. Chamberlain nannte ihn »den gewöhnlichsten kleinen Hund«[21], den er je gesehen habe. Briten und Franzosen wurden Zeugen der Streitigkeiten, der Unschlüssigkeit, der Einschüchterung und der plötzlichen Meinungsumschwünge, die für Hitlers Diplomatie kennzeichnend waren. Nicht dass Hitler mit dem Münchner Abkommen zufrieden gewesen wäre. Er hatte die ganze Zeit gezweifelt, dass Frankreich und Großbritannien wegen der Tschechoslowakei wirklich alles riskieren würden, und nun glaubte er, er sei schlecht beraten worden. Er argwöhnte, dass Göring und Mussolini auf der Konferenz unnötigerweise einen Kompromiss vorgeschlagen hatten. »Sie haben mich um meinen Krieg betrogen«, hörte ihn Manfred von Schröder, der die Unterzeichnung des Münchner Abkommens miterlebt hatte, nur einen Tag später sagen.

Doch Hitler war mit der Tschechoslowakei noch nicht fertig. Auch wenn die Deutschen jetzt das Sudetenland besaßen und die Tschechoslowakei ihrer von Menschen geschaffenen Befestigungen und ihres natürlichen Schutzes, der Berge, beraubt hatten, betrachtete Hitler die Rumpf-Tschechoslowakei doch noch immer als eine Bedrohung. Er bediente sich erneut der Taktik, mit der er bereits das Sudetenland gewonnen hatte, und stachelte eine Minderheit zum Aufstand an. Diesmal setzte er die Führer der Slowaken unter Druck, ihre vollständige Unabhängigkeit von der Tschechoslowakei zu erklären. Der slowakischen Führung wurde die Entscheidung, Hitlers Wünschen zu folgen, durch die Drohung erleichtert, dass Deutschland, wenn sie nicht spurte, die ungarischen Ansprüche auf *ihr* Territorium unterstützen würde. Dies war Diplomatie der sozialdarwinistischen Art: Wir sind stärker als ihr und wenn ihr nicht tut, was wir wollen, dann werdet ihr zermalmt. Verträge, das Völkerrecht, der »Völkerbund« als Weltpolizei – all das waren Mittel, mit denen sich die Schwachen vor den Starken versteckten. Hitler praktizierte nicht die Diplomatie eines Bismarck, sondern eine Diplomatie der Einschüchterung. Bis dahin hatte er seine brutale Einschüchterungspolitik so gut getarnt, dass man sie immer auch anders hatte interpretieren können – der Anschluss war auf Österreichs Wunsch zustande gekommen, die Sudetendeutschen wurden in der Tschechoslowakei schlecht behandelt –, doch jetzt demonstrierte er offen den wahren Kern der NS-Weltsicht, wonach die Starken die Schwachen einfach »übernehmen«.

Am 14. März 1939 erklärten die Slowaken ihre Unabhängigkeit (indem sie einen von Ribbentrop vorbereiteten Text verlasen). In derselben Nacht traf der alternde tschechoslowakische Staatspräsident Emil Hácha zu Gesprächen in Berlin ein. Hitler tat alles, um ihn zu demütigen. Zunächst ließ er ihn und seine Begleiter stundenlang warten, dann ließ er die Gäste durch sämtliche Hallen der neuen Reichskanzlei zu seinem Büro marschieren und schließlich verkündete er, als er sie um ein Uhr morgens endlich empfing, dass um sechs Uhr, also in fünf Stunden, deutsche Truppen in ihr Land einmarschieren würden. Hitler amüsierte sich köstlich, Hácha hatte nichts zu lachen. Als der tschechoslowakische Staatspräsident nach Prag telefonieren wollte, gönnte sich auch Göring seinen Spaß und beschrieb ihm, wie deutsche Flugzeuge die tschechoslowakische Hauptstadt bombardieren würden.

Manfred von Schröder erlebte, was weiter geschah. »Hácha brach mit einem Herzanfall zusammen.« Schröder rief Hitlers Leibarzt Dr. Morell und der gab Hácha eine Spritze. Der tschechoslowakische Präsident erholte sich gerade so weit, dass er um vier Uhr ein Abkommen unterzeichnen konnte, in dem er das tschechische Volk unter Hitlers »Schutz« stellte.

Manfred von Schröder wurde auch Zeuge der Feier, die nach der Niederwerfung der Tschechoslowakei in Hitlers riesigem Büro in der neuen Reichskanzlei stattfand. »Es war eine Art Siegesparty mit Champagner – Hitler trank sein Mineralwasser. Und dann bekam ich einen sehr intimen Eindruck von diesem Mann. Es war verblüffend, wie er sich benahm, wenn er nur mit seinen Freunden zusammen war und sich nicht aus Rücksicht auf die Öffentlichkeit wie ein Staatsmann verhalten musste. Zunächst einmal saß er ungefähr so da...« An dieser Stelle zerzauste Herr von Schröder sein Haar, machte die obersten Knöpfe seines Hemdes auf und setzte sich quer in den Sessel, sodass seine Beine auf der einen Seite herabbaumelten. »Er redete unaufhörlich und diktierte zwei Sekretärinnen – eine Proklamation an das tschechoslowakische Volk und einen Brief an Benito Mussolini. Ich dachte, er benehme sich wie ein Genie, aber das war natürlich falsch. Wenn ich heute daran zurückdenke und das Bild klar vor mir habe, wie er aufstand und wieder hinsaß, finde ich, dass er sich absolut wie ein Wahnsinniger verhielt.«

Hitler mochte vielleicht als kurzfristigen Erfolg die Tschechoslowakei gewonnen haben, doch er hatte selbst seinen eigenen loyalen Diplomaten demonstriert, dass er ein ungemein schlechtes Urteilsvermögen besaß. »Das war das Dümmste, was er je getan hat, und er hat damit alles ruiniert«, sagt Reinhard Spitzy. »Es bestand nicht die geringste Notwendigkeit, in der Tschechoslowakei einzumarschieren, da wir sämtliche Bahnlinien sowie die Strom- und die Wasserversorgung an der ethnischen Grenze hätten blockieren können. Wir hatten die Tschechen nach der Münchner Konferenz völlig in der Hand und wenn wir sie gut behandelt hätten, hätten wir sie alle gewonnen.« Für Manfred von Schröder kamen Hitlers Maßnahmen einem diplomatischen Selbstmord gleich:»Das änderte den ganzen Lauf der Geschichte, denn von diesem Augenblick an war klar, dass Hitler ein Imperialist war und erobern wollte – es hatte nichts mit der Selbstbestimmung des deutschen Volkes zu tun.«

Hitler sah seine Handlungen natürlich nicht so negativ. Die Beseitigung jeglicher potenzieller Bedrohung durch ein Land, das strategisch eine so zentrale Lage hatte wie die Tschechoslowakei, war von entscheidender Wichtigkeit, wenn die deutsche Armee im Zuge eines Eroberungskrieges weiter nach Osten marschieren sollte. Noch immer konnte er jedoch nichts erreichen, ohne über eine gemeinsame Grenze mit Russland zu verfügen. Noch stand ein Land im Weg, das durch den Versailler Vertrag wiedererstanden war – Polen.

Es ist, da der Einmarsch in Polen den Krieg auslösen sollte, paradox, dass Hitlers Forderungen an Polen nicht ganz so unberechtigt waren wie seine Forderungen an Prag und die Rest-Tschechoslowakei. Danzig, eine ehemals deutsche Stadt, war im Versailler Vertrag zur»Freien Stadt« erklärt worden und lag nun im so genannten polnischen Korridor zwischen dem deutschen Ostpreußen und dem restlichen Deutschland. Es war leicht zu vertreten, dass Deutschland durch diese Regelung Unrecht geschehen war.

Anfangs bat Ribbentrop Polen um die Rückgabe Danzigs und einer schmalen Landverbindung durch den polnischen Korridor, auf dem Deutschland eine eigene Straße und eine Bahnlinie zwischen Ostpreußen und dem restlichen Deutschland hätte bauen können. Diesmal stieß Hitler auf echten Widerstand. Am 31. März 1939 gaben Großbritannien und Frankreich eine Garantieerklärung für die polnischen Grenzen ab. Dadurch ermutigt, waren die Polen nicht gewillt, einen Kompromiss zu schließen. Dann, im weiteren Verlauf des Jahres 1939, gewann die Position der Sowjetunion entscheidende Bedeutung. Sollte Stalin ein Bündnis mit Großbritannien schließen, würden die Deutschen einen Zweifrontenkrieg ris-

Der Beweis, dass die Geschichte viel seltsamer sein kann als jeder Roman: Ribbentrop schüttelt Josef Stalin die Hand, dem Mann, der die Ideologie des Kommunismus repräsentierte, die den Nazis so verhasst war. Der Hitler-Stalin-Pakt wurde am 23. August 1939 in Moskau unterzeichnet. Beide Seiten schlossen ihn aus rein pragmatischen Gründen.

kieren, wenn sie die Welt in einen Konflikt stürzten. Doch die britischen Versuche, mit der Sowjetunion zu verhandeln, waren aus ideologischen und praktischen Gründen eher halbherzig (Stalin hatte in der Roten Armee eine Säuberung durchgeführt, der tausende von Offizieren zum Opfer gefallen waren, und die Sowjetunion galt nun als drittklassige Militärmacht). Außerdem war Stalin nicht gewillt, sich in einen Krieg verwickeln zu lassen, der seinen unmittelbaren Interessen nicht zu dienen versprach. Dann machten die Nazis einen laut Manfred von Schröder »mutigen« und »genialen« Schachzug: Sie schlossen selbst einen Vertrag mit der Sowjetunion, ihrem größten ideologischen Gegner.

Im deutschen Auswärtigen Amt hatte man Stalins Rede vom März 1939 aufmerksam registriert, in der er mit klarem Bezug auf Großbritannien gesagt hatte, er werde sein »Land nicht von Kriegshetzern in einen Konflikt hineinziehen lassen, die die Gewohnheit haben, andere für sie die heißen Kastanien aus dem Feuer holen zu lassen«.

»Das war der Wendepunkt«, sagt Hans von Herwarth, damals Diplomat in der deutschen Botschaft in Moskau. Nach Stalins Rede begannen Deutschland und die Sowjetunion über engere wirtschaftliche Beziehungen zu verhandeln. Und mit Beginn des Sommers trieb Ribbentrop mit Hitlers Segen auch Verhandlungen über einen politischen Vertrag voran, jenen Nichtangriffspakt, der schließlich am 23. August unterzeichnet wurde. Auf den ersten Blick erscheint es unglaublich, dass der Vertrag zustande kam; er stand in absolutem Widerspruch zu Hitlers unverhohlen geäußerter ideologischer Sicht der Sowjetunion und zu dem Misstrauen, das die Sowjetunion dem NS-Regime entgegenbrachte. Doch der Vertrag hatte einen geheimen Teil, von dem damals niemand erfuhr, und daraus wird ersichtlich, warum beide Länder – beutegierig, wie sie waren – befanden, das Abkommen entspreche ihren nationalen Interessen. Hans von Herwarth, der bei der Unterzeichnung des Geheimprotokolls anwesend war, bestätigt, dass Hitler »versprach, der Sowjetunion alles zurückzugeben, was sie infolge des Ersten

Weltkriegs verloren hatte. Und natürlich war das ein Preis, den Frankreich und Großbritannien nicht bezahlen konnten, denn es bedeutete, die Freiheit der baltischen Staaten, Polens und vielleicht sogar Finnlands zu opfern.«

Hans von Herwarth verhehlte damals nicht, welche Folgen der Nichtangriffspakt haben würde. »Jetzt haben wir den Krieg verloren«, sagte er in jenem Sommer zu seinen Kollegen. »Ich war der Ansicht, dass die Amerikaner intervenieren und wir den Zweiten Weltkrieg verlieren würden.« Doch Herwarth war mit seiner Einschätzung absolut in der Minderheit. Allgemein erschien der Nichtangriffspakt mit der Sowjetunion als ein großer außenpolitischer Coup. Großbritannien und Frankreich erkannten, dass er eine nationalsozialistische Invasion in Polen wahrscheinlicher machte. Notizen zufolge, die Admiral Wilhelm Canaris (der Chef der Abwehr, des militärischen Geheimdienstes des Oberkommandos der Wehrmacht) am 22. August in Berchtesgaden von einer Ansprache Hitlers an die Oberbefehlshaber machte, sagte dieser, Polen sei jetzt in der Lage, in der er es immer hätte haben wollen. Die Bekanntgabe des Nichtangriffspakts mit Russland an diesem Tag sei wie eine Bombe eingeschlagen. Die Konsequenzen seien unabsehbar. Auch Stalin habe gesagt, dieser Kurs werde beiden Ländern nützen. Die Wirkung auf Polen werde gewaltig sein.

Auf dieser Berchtesgadener Konferenz vom 22. August zeigte sich Hitler von seiner furchterregendsten Seite. Alle Stränge des nationalsozialistischen Denkens wurden hier miteinander verknüpft: Ein überwältigendes Gefühl des bevorstehenden darwinistischen Kampfes (»Kampf auf Leben und Tod... Auf der Gegenseite schwächere Menschen«), die Bedeutung des individuellen Mutes (»Nicht Maschinen ringen miteinander, sondern Menschen«) und eine absolute Zurückweisung »schwächlicher« Werte wie Mäßigung und Mitgefühl (»Herzen verschließen gegen Mitleid. Brutales Vorgehen«).

Und doch hatte Hitler sich, als er diese erschreckende Rede hielt, mit Russland verbündet, dem einzigen Land auf der Welt, das er zum Feind haben wollte, und er stand kurz vor einem Krieg gegen Großbritannien, das einzige Land in Europa, das er anfangs als Freund hatte gewinnen wollen. Ein Teil der Interviewten reagierte vorwurfsvoll, als wir sie mit dieser Realität konfrontierten: »Bitte vergessen Sie nicht«, sagte der damalige Wehrmachtsoffizier Graf Kielmansegg, »England und Frankreich haben den Krieg erklärt, nicht Deutschland.«

Und Karl Boehm-Tettelbach meinte: »Ich habe immer gehofft, dass England – ich spreche jetzt zu Ihnen als Engländer –, dass England sehen würde, was Deutschland plante, und damit einverstanden wäre, Europa mitzugestalten, unabhängig von der politischen Linie.«

Selbst in diesem späten Stadium – August 1939 – hatten Offiziere wie Karl Boehm-Tettelbach noch immer nicht das Gefühl, dass sie auf einen Weltkrieg zusteuerten. »Hitlers Geschichte war, dass er den Deutschen helfen wollte«, sagt Karl Boehm-Tettelbach allen Ernstes. »Er wollte nicht in der Tschechoslowakei einmarschieren. Er wollte die Tschechoslowakei nicht haben, er wollte den Deutschen dort helfen. Und dasselbe gilt auch für Polen. Er wollte das Versailler Diktat annullieren, das Danzig und Königsberg von Deutschland getrennt hatte. Also hatte er gute Absichten. Er wollte den Deutschen helfen und Deutschland vereinigen… Politisch war ich damit einverstanden.«

Die NS-Führung wusste, dass Hitler sich nicht darauf beschränken würde, »Deutschland« wieder »zu vereinigen«. Der Ton auf der Konferenz vom 22. August hatte gezeigt, dass seine Eroberungsgier dadurch keineswegs zu befriedigen war. Am 29. August flehte Hermann Göring Hitler an, nicht alles auf eine Karte zu setzen. Hitler antwortete, er habe sein ganzes Leben lang immer alles auf eine Karte gesetzt.

Am 1. September 1939 marschierten die deutschen Truppen in Polen ein. Zwei Tage später erklärten Großbritannien und Frankreich den Krieg. Dieser Krieg war nicht geplant, aber irgendein Krieg war angesichts der von Hitler und seinem Regime verfolgten Politik unvermeidlich geworden.

Das so sehr von Chaos und Rivalitäten geprägte NS-Regime war nun den Spannungen und Anforderungen eines Weltkonflikts ausgesetzt. Als Dr. Goebbels die Nachricht vom Kriegsausbruch hörte, wandte er sich seinem verhassten Rivalen Ribbentrop zu und sagte: »Das ist Ihr Krieg, Herr von Ribbentrop. Einen Krieg zu beginnen ist leicht. Ihn zu beenden ist schwieriger.«[22]

4. KAPITEL Der Wilde Osten

Am 20. Juni 1946 gab es im westpolnischen Posen (Poznan) ein festliches Ereignis. Eine große Menschenmenge hatte sich versammelt, Schaulustige kletterten auf Zäune und Bäume – jeder wollte einen guten Platz haben, um die heiß ersehnte Hinrichtung Arthur Greisers mitzuerleben, der für die Nazis den Warthegau regiert hatte. Anna Jeziorkowska hatte eine Freundin mitgebracht. »Ich kann nur sagen«, berichtet sie, »dass die Leute, als Greiser am Galgen hing, so außer sich waren vor Freude, dass sie einander küssten, wild in die Luft sprangen, schrien und Lieder anstimmten.« Anna ging wie verjüngt nach Hause. »Wenn man solche Leiden hat erdulden müssen, dann will man einfach irgendeine Art von Sühne, nicht wahr?«

Während des gesamten Krieges erging es keinem von Deutschland besetzten Land so schlimm wie Polen. Polen war das Epizentrum der NS-Brutalität, der Ort, wo der Nationalsozialismus seine reinste und bestialischste Form annahm. Sechs Millionen Polen – etwa 18 Prozent der Bevölkerung – kamen während des Krieges um, dagegen verloren etwa die Briten »nur« knapp 400 000 Menschen.

Arthur Greiser war einer der Hauptverantwortlichen für die entsetzlichen Leiden der Polen. Neben Hans Frank, der das von den Nazis so genannte Generalgouvernement regierte, und Albert Forster, dem Gauleiter von Danzig-Westpreußen, war Greiser der dritte absolute Herrscher in Polen. Als er vor dem Kriegsverbrechertribunal stand, war von persönlicher Macht indes keine Rede. Er sagte, er sei in Wahrheit ein Freund der Polen und Hitler sei an allem schuld.

Auch er sei ein Opfer von Hitlers Politik gewesen und werde nun zum Sündenbock für die Verbrechen seiner Herren gemacht. Im Kern behauptete er, nur Befehle ausgeführt zu haben. Tatsächlich hatten Männer wie Arthur Greiser jedoch kaum »Befehle« (im Sinne bindender Instruktionen) erhalten.

Hitler nannte solche Männer »richtige Herrennaturen... Vizekönige«[1]. Diesen Herrschern des Ostens wurde ein gewaltiger Entscheidungsspielraum zugestanden. Als »Befehl« erhielten sie von Hitler lediglich die Anweisung, ihm nach Ablauf von zehn Jahren mitzuteilen, dass die Germanisierung ihrer Provinzen abgeschlossen sei, dann werde er nicht nach ihren Methoden fragen.[2] Der Terror und das Chaos im nationalsozialistisch besetzten Polen waren die logische Folge eines Regimes, in dem führenden Parteimitgliedern gesagt wurde, sie sollten die Macht einfach »übernehmen« (siehe S. 65), und in dem die Funktionäre, da von oben keine konkreteren Befehle kamen, »dem Führer entgegen arbeiteten« (siehe S. 72). In Greisers Prozess wurde ein Brief des Angeklagten an Himmler zitiert. Daraus ging deutlich hervor, dass Greiser glaubte, er dürfe die polnischen Juden behandeln, wie er wolle. Er persönlich, schrieb er, glaube nicht, dass der Führer in dieser Angelegenheit noch einmal konsultiert werden müsse, insbesondere da dieser ihm erst kürzlich in einem Gespräch über die Juden gesagt habe, er könne mit ihnen nach Belieben verfahren.[3]

Hitler hatte für den Osten eine »neue Ordnung« angekündigt. Was geschah, war tatsächlich neu, aber es hatte herzlich wenig mit Ordnung zu tun.

Als die deutschen Truppen am 1. September 1939 die polnischen Grenzen überschritten, hatten ihre politischen Herren die grundlegenden Entscheidungen über die künftige politische Struktur der eroberten Gebiete noch nicht getroffen.

Links: Eine polnische Bauernfamilie flieht während der Besatzungszeit aus ihrem Haus. Eine Szene der Angst und des Leidens, wie sie sich damals in Polen hunderttausendfach abspielte.

Hitler mit deutschen Soldaten in Polen, unmittelbar nach der Invasion im September 1939. Es gibt kaum Fotos, auf denen er lächelt (das einzige andere Beispiel in diesem Buch siehe S. 55). In diesem Augenblick des militärischen Erfolgs muss er glücklich und erleichtert gewesen sein.

Welcher Anteil sollte ins Reich integriert werden? Sollte man überhaupt etwas übrig lassen, das noch den Namen »Polen« trug? Dagegen war bereits klar, was die Nazis mit den Polen selbst tun wollten – sie wollten sie versklaven und ihnen nur noch so viel Bildung zugestehen, dass sie Verkehrsschilder lesen und damit den deutschen Lastwagen und Panzern ausweichen konnten, die ihre Straßen hinunterrasten. Polen sollte der Schauplatz des größten rassischen Experiments werden, das die Welt je gesehen hatte, eines Experiments, das den Glauben zerstörte, dass im Europa des 20. Jahrhunderts nur zivilisierte Völker lebten.

Einzelne Ereignisse deuteten von Anfang an darauf hin, dass es sich nicht um eine normale Invasion handelte. Die SS-Einheiten, die mit den regulären Truppen in Polen

Arthur Greiser, der nationalsozialistische Herrscher über den polnischen Warthegau. Die Nazis und insbesondere Greiser regierten Polen mit einer Menschenverachtung, die für das moderne Europa beispiellos war.

einmarschierten, wüteten mit entsetzlicher und willkürlicher Brutalität. Wilhelm Moses diente während des Einmarschs bei einer regulären Transporteinheit des Heeres. Er fasste seine Eindrücke in den Worten zusammen: »Ein Tier ist nicht so gefährlich, wie es die Nazis seinerzeit in Polen waren.«

Auf der Fahrt durch ein polnisches Dorf wurde er Zeuge, wie sieben oder acht Menschen erhängt wurden, die Kapelle des SS-Regiments Germania spielte dazu. Er sah, dass die SS den Opfern zuerst die Füße zusammengebunden und dann Steine daran gehängt hatte, eine Methode, die einen besonders langsamen Tod zur Folge hatte. Die Zungen der Opfer hingen heraus und ihre Gesichter waren grün und blau. »Bin ich auf der Welt oder bin ich irgendwie wo?«, sagt Wilhelm Moses.

»Das kann man eigentlich nicht so schildern, wie ich das gesehen habe… die Musik hat nur g'spielt, weil die Leute so g'schrien haben und alles Mögliche.«

Später im Verlauf der Invasion wurde Wilhelm Moses mit seinem Lastwagen der SS unterstellt und musste polnische Juden von einer SS-Einheit zur anderen transportieren. Das Flehen der jüdischen Familien auf seinem Lastwagen verfolgt ihn bis heute. »Lass uns doch herunter«, schrien sie. »Lass uns doch, nehmt uns doch nicht mit, die bringen uns doch um!«

»Ja wer sagt denn das, dass die euch umbringen?«, fragte er.

»Ja freilich bringen sie uns um, die haben die anderen auch umgebracht, meine Mutter, meinen Vater, meine Kinder haben's alle umgebracht, die bringen uns auch um!«

»Ja seid's ihr Juden?«, fragte er.

»Ja, wir sind Juden«, antworteten sie.

»Ja, was soll ich da machen?«, sagt Wilhelm Moses. »Da bin ich ein gequälter Mensch. Als Deutscher kann ich nur eins sagen, ich habe mich geschämt für alles, was geschehen ist. Und ich hab mich nicht mehr als Deutscher gefühlt… Und ich war schon so weit, dass ich gesagt hab: ›Da wenn mich mal a Kugel treffen tät, na da brauch ich mich später, wenn der Krieg aus ist, nicht zu schämen, dass ich sage, ich bin ein Deutscher.‹«

Wilhelm Moses weiß nicht genau, warum die Hinrichtungen stattfanden, deren Zeuge er wurde, oder nach welchen Kriterien die Familien ausgewählt wurden, die er transportierte. Bis heute geben die Dokumente wenig Aufschluss, warum der Terror dort stattfand, wo er stattfand. Im Gegensatz zu den systematischen Tötungsaktionen, die die berüchtigten Einsatzgruppen unter Reinhard Heydrich beim Einmarsch in die Sowjetunion im Jahr 1941 durchführten, erfolgten die Morde unmittelbar nach dem Einmarsch in Polen sporadisch. Vermutlich töteten die SS-Leute einfach jeden, dessen Aussehen ihnen nicht gefiel – insbesondere jedoch alle polnischen Juden, von denen sie sich irgendwie »beleidigt« fühlten. Es gab kein Gesetz, das ihre willkürlichen Gräueltaten verhindert hätte.

Neben den Juden oder »Partisanen«, die der Invasion Widerstand geleistet hatten und Opfer unsystematischer Terrorakte wurden, hatten die Nazis noch einen anderen, ihnen besonders verhassten Teil der polnischen Bevölkerung im Visier – die Intelligenz. Ähnlich wie es der Kommunist Pol Pot dreißig Jahre später in Kambodscha versuchen sollte, wollten auch die Nazis die Bevölkerung eines Landes durch Massenmord genetisch manipulieren. Sie glaubten den Widerstand gegen die geplante Schaffung eines Staates, der aus unwissenden Sklaven bestand, reduzieren zu können, indem sie die Intellektuellen ausschalteten. Und wenn man den intelligenten Teil der Bevölkerung an der Fortpflanzung hinderte, würden in der nächsten Generation nur noch Dumme übrig sein. Ein praktischer Schritt zur Umsetzung dieses irren Plans wurde im November 1939 an der Jagellonischen Universität in Krakau (Krakow) unternommen.

Die deutschen Besatzer forderten die Professoren der alten Universität auf, sich in einem Hörsaal im zweiten Stock des Universitätsgebäudes zu versammeln. Einer der Männer, die

Von den Deutschen während der Besatzung erhängte Polen.

an jenem Tag den Vorlesungsraum betraten, war der Assistenzprofessor der Philologie Mieczyslaw Brozek. Er erwartete, dass die Vertreter der neuen deutschen Behörden die anwesenden polnischen Hochschullehrer über die Fortsetzung ihrer Lehrtätigkeit instruieren würden. Stattdessen ließ man sie einige Minuten warten und dann marschierte eine Reihe Soldaten hinter ihnen auf. Die Soldaten befahlen den Professoren, die Treppe hinunterzugehen, und schlugen unterwegs mit ihren Gewehrkolben auf sie ein. Brozek war entsetzt, als er sah, wie ein älterer Professor von den jungen deutschen Soldaten geschlagen wurde. »Ich war sehr katholisch erzogen«, sagt er, »und es wäre mir nie in den Sinn gekommen, dass etwas Schlimmes passieren könnte... Es lag weit jenseits unserer Lebenserfahrung.«

Professor Stanislaus Urbanczyk war ein weiteres Opfer dieses diabolischen Plans, der, wie er sagt, darauf abzielte, »die Polen nur noch auf denkbar niedrigstem Niveau existieren zu lassen... als Sklaven«. Er berichtet über die Konzentrationslager, in denen die Professoren interniert wurden: »Wirklich schwierig war es, den Hunger und die Kälte zu überleben. Es war ein besonders kalter Winter und im Lauf eines einzigen Monats starben mehr als zwölf Professoren.« Wer auch nur gegen die nebensächlichste Lagerregel verstieß, wurde gefoltert. »Einer meiner Kollegen hatte einen Brief seiner Mutter in der Tasche«, sagt Professor Urbanzyc, »und als er bei einer Durchsuchung gefunden wurde, hat man ihn eine Stunde oder länger mit nach hinten gefesselten Armen an einem Pfosten aufgehängt. Eine andere Strafe waren Stockschläge.«

Für diese hochintelligenten Männer, die es gewohnt waren, den Vorgängen in ihrer Umgebung einen Sinn abzugewinnen, war die unfassliche Ungerechtigkeit ihrer Leiden unerträglich. Mieczyslaw Brozek erinnert sich, dass er sah, wie ein deutscher KZ-Wächter sein Kind auf den Arm nahm, und dachte: »Sie haben Unmassen von Leichen im Keller und gleichzeitig hat dieser Mann ein Herz für sein Kind, seine Frau und so weiter. Dieses Nebeneinander ist einfach unglaublich.« Mieczyslaw Brozek litt noch viele Jahre danach unter

Generaloberst Johannes Blaskowitz, der sich beschwerte,
es sei »abwegig, einige 10 000 Juden und Polen,
so wie es augenblicklich geschieht, abzuschlachten«.

den Folgen dieser psychischen Folter. Seine Zeit im Lager hatte »eine völlige Auslöschung aller Werte zur Folge. Nach den Erfahrungen, die ich im Lager gemacht hatte, gab es keine Werte mehr. Ich hatte die Vorstellung, dass alles wertlos war. Alles war sinnlos. Das trieb mich zur Verzweiflung, an den Rand des Selbstmords.«

Vierzehn Monate nach ihrer Festnahme auf der Versammlung wurden fast alle überlebenden Professoren entlassen. Die Nachricht von ihrer Internierung war ins Ausland gedrungen und von dort, insbesondere von Italien und dem Papst, wurde wachsender Druck für ihre Freilassung ausgeübt. Dass die Nazis auf solchen äußeren Druck reagierten, mag angesichts der Ereignisse während der Operation Barbarossa und danach vielleicht verwundern, doch die Professoren hatten das große »Glück«, ganz zu Anfang des Krieges und noch vor dem Fall Frankreichs Opfer des Regimes zu werden, als die Nazis noch durch äußeren Druck zu beeinflussen waren.

In jenen ersten Kriegsmonaten empörte sich auch ein Teil der deutschen Wehrmachtsführung über die hauptsächlich von der SS verübten Exzesse. So protestierte der Oberbefehlshaber Ost, Generaloberst Johannes Blaskowitz, mit zwei Denkschriften gegen die Morde. Hier ein Auszug aus der zweiten Denkschrift vom 6. Februar 1940: »Es ist abwegig, einige 10 000 Juden und Polen, so wie es augenblicklich geschieht, abzuschlachten… Die sich in aller Öffentlichkeit abspielenden Gewaltakte gegen Juden erregen bei den religiösen Polen nicht nur tiefsten Abscheu, sondern ebenso großes Mitleid mit der jüdischen Bevölkerung… Die Einstellung der Truppe zur SS und Polizei schwankt zwischen Abscheu und Haß. Jeder Soldat fühlt sich angewidert und abgestoßen durch diese Verbrechen, die in Polen von Angehörigen des Reiches und der Staatsgewalt begangen werden.«[4]

Hitler blieb von solchen Argumenten unbeeindruckt. Sein Heeresadjutant Major Engel hielt in einer Notiz vom 18. November 1939 Hitlers Reaktion auf Blaskowitz' ersten Beschwerdebrief fest: »[Hitler] beginnt… mit schweren Vorwürfen gegen ›kindliche Einstellungen‹ in der Führung des

Die Zerschlagung Polens

Lettland

Litauen

Kaunas (Kovno)

Vilnius (Wilna)

Danzig

Ost-preußen

Minsk

Westpreußen

Bydgoszcz (Bromberg)

Grodno

Bialystok

Poznan (Posen)

Warthegau

Warschau

Ukraine

Lodz

Radom

Lublin

DEUTSCHES REICH

Katowice

General-gouvernement

Krakau

Lvov (Lemberg)

UdSSR

TSCHECHOSLOWAKEI

Galizien

RUMÄNIEN

——— Polnische Grenze vor dem 1.9.1939

——— Deutsch-sowjetische Interessengrenze bis zum 22.6.1941

vom Deutschen Reich angegliederte Gebiete

unter deutscher Verwaltung

N

100   200 km

0   100 Meilen

Himmler begutachtet ein Kind im Hinblick auf seine rassischen Eigenschaften. Er sah diese Kinder nicht anders als ein Bauer, der seine Tiere begutachtet – und entscheidet, welche aufwachsen und sich fortpflanzen dürfen und welche jung geschlachtet werden sollen.

164

Heeres. Mit Heilsarmeemethoden führe man keinen Krieg. Auch bestätigte sich eine lang gehegte Aversion. Er habe Gen. Bl. nie das Vertrauen geschenkt.«[5] Es stand immer völlig außer Zweifel, für welche Seite Hitler in solchen Auseinandersetzungen Partei ergriff. Die schiere Tatsache, dass Generäle wie Blaskowitz sich noch in der Lage fühlten, gegen die Gräueltaten zu protestieren, deren Zeuge die Wehrmacht wurde, kann vielleicht ein Stück weit erklären, warum die Morde und Repressalien in Polen damals noch willkürlich erschienen. Keine zwei Jahre später, nach der Invasion in der Sowjetunion, verhielt sich die Armeeführung sehr viel willfähriger angesichts der nationalsozialistischen Gräueltaten.

Sechs Wochen nach dem anfänglichen Chaos des Einmarsches hatten die Pläne des Regimes für die Verwaltung Polens Gestalt angenommen. Das Land war in Übereinstimmung mit dem im August 1939 von Molotow und Ribbentrop unterzeichneten Geheimprotokoll des Hitler-Stalin-Pakts zwischen Deutschland und der Sowjetunion aufgeteilt worden.

Vom deutsch besetzten Teil (188 000 Quadratkilometer polnischen Territoriums mit einer Bevölkerung von 20,2 Millionen Polen) wurden einige kleinere Gebiete bereits existierenden Reichsteilen wie etwa Ostpreußen angegliedert und drei große Gebiete wurden je einem überzeugten Nazi unterstellt. Albert Forster wurde Gauleiter von Danzig-Westpreußen, Arthur Greiser übernahm den Warthegau mit der Stadt Posen (Poznan) im Zentrum und Hans Frank wurde zum Generalgouverneur des dritten Gebiets ernannt, das von den deutschen Besatzern die Bezeichnung »Generalgouvernement« erhielt. Danzig-Westpreußen und der Warthegau wurden in das Reich eingegliedert und das Generalgouvernement war, wenigstens zunächst, als Müllhalde für unerwünschte Juden und Polen vorgesehen.

Hitler hatte zwar eine »Vision« für Polen, nämlich die einer rassischen Neuordnung, bei der Westpreußen und der Warthegau »deutsch« und das Generalgouvernement der Abfalleimer für alle unerwünschten Bevölkerungsgruppen werden sollte. Doch die Vision war so ungeheuerlich, ihre Verwirklichung in der Kriegszeit so schwierig und das Chaos in den Entscheidungsprozessen der NS-Hierarchie so immens, dass die mit der Umsetzung der Vision Beauftragten einen riesigen Entscheidungsspielraum hatten – so riesig, dass sie, wie unten geschildert, dem Geist der Vision sogar radikal zuwiderhandeln konnten.

Die »rassische Neuordnung« Polens erforderte eine gewaltige Bevölkerungsverschiebung. Die Nazis wollten die polnischen Bevölkerungsgruppen wie eine Unzahl von Paketen so lange von einem Ort zum anderen werfen, bis ihnen die Verteilung gefiel. Mit dieser administrativen Aufgabe wurde Heinrich Himmler betraut. Zunächst einmal musste in den eingegliederten Territorien Raum für hunderttausende von ethnischen Deutschen oder »Volksdeutschen« gefunden werden, die nach dem geheimen Zusatzprotokoll des Hitler-Stalin-Pakts die baltischen Staaten und andere Gebiete hatten verlassen dürfen, bevor sie von der Sowjetunion besetzt wurden. Um den Raum zu schaffen, sollten »ungeeignete« Polen (wie die Intelligenz oder andere Gruppen, die für die Deutschen eine potenzielle Bedrohung darstellten) nach Süden ins Generalgouvernement deportiert werden. Zugleich wurde die polnische Bevölkerung nach ihrem rassischen Wert beurteilt und eingestuft. Manche Polen wurden als »zusätzliche Bevölkerung« für geeignet befunden, andere als »ungeeignet« klassifiziert. Die Juden (die in den Augen der Nazis selbstverständlich »ungeeignet« waren) wollte man in Ghettos konzentrieren, bis die Entscheidung über ihr endgültiges Schicksal gefallen war. In einem Regime, das ohnehin zu institutionellem Chaos neigte, musste diese gigantische Bevölkerungsverschiebung zu anarchischen Zuständen führen.

Um uns ein Bild davon zu machen, wie sich dieses wahnwitzige Projekt auf das konkrete Leben auswirkte, spürten wir Menschen aus allen Klassen der nationalsozialistischen Rassenhierarchie auf und sprachen mit ihnen – vom im Warthegau geborenen Deutschen bis zum Juden aus Lodz, vom enteigneten Polen aus Posen bis zum hereingeholten Volks-

Deutsche Truppen ziehen im September 1939 in Lodz ein.
Die Volksdeutschen in den Gebieten Polens, die vor dem Ersten Weltkrieg
deutsch gewesen waren, begrüßten sie begeistert.

deutschen aus den baltischen Staaten. Sie alle bezeugen die
Folgen eines inhumanen Projekts.

Teile von Polen waren vor dem Versailler Vertrag natürlich
deutsch gewesen und dort lebte eine große Anzahl Volksdeutscher. Ihre Klassifizierung stellte für die Verwaltungs-
behörden der Nazis kein Problem dar – sie galten als deutsch
und standen damit an der Spitze der Rassenhierarchie. Charles Bleeker-Kohlsaat entstammte einer einflussreichen deutschen Familie im Bezirk Posen. Seine Großeltern hatten ein
Gut von über 600 Hektar und ein prächtiges Herrenhaus besessen. Sie hielten 54 Pferde und beschäftigten 28 polnische
Familien, alles in allem fast dreihundert Personen. Die Familie Bleeker war stolz auf ihre deutsche Tradition und hatte daran festgehalten, nachdem Posen durch den Versailler Vertrag
polnisch geworden war. Charles' Großmutter, die absichtlich

nie mehr als ein paar Worte Polnisch gelernt hatte, war schon lange vor dem deutschen Einmarsch überzeugt, dass die Deutschen den Polen überlegen waren. »Also sie sagte: ›Wir sind eben die Deutschen und wir sind höher entwickelt und das sind die Polen und deren Sprache braucht man nicht zu lernen‹«, erzählt Charles Bleeker. »Man war reich und das ließ man die auch irgendwie fühlen.«

Die Bleekers waren außer sich vor Freude, als sie vom Einmarsch der Deutschen erfuhren. »Die Älteren freuten sich, weil sie ja nun wieder Deutsche waren«, sagt Charles Bleeker. Er erinnert sich, wie er als Elfjähriger einen deutschen Soldaten auf einem Motorrad ankommen sah – den ersten Soldaten einer Armee, die die Familie als Befreier betrachtete. »Ich kuckte den an und sagte: ›Guten Tag!‹ Und der kuckte mich an und sagte: ›Guten Tag, Junge, du kannst ja so gut Deutsch!‹ Ich sagte: ›Na, ich bin doch Deutscher!‹ Das konnte der Soldat nun wiederum nicht fassen, weil der glaubte, er wäre jetzt in Polen und es gebe nur Polen dort. Ich wiederum war fasziniert von seiner Uniform, von seinem Deutschsprechen – er war auch freundlich zu mir –, von seinem schönen Motorrad, also ich war hin- und hergerissen.« Schon Tage später mischte sich das Gefühl der Begeisterung jedoch mit Furcht. Die Bleekers als Volksdeutsche durften ihren großen Besitz behalten – ja die Nazis benannten sogar das ganze Gebiet in »Bleekersdorf« um –, doch die benachbarten polnischen Landbesitzer traf ein ganz anderes Schicksal. »Sie wurden dann sehr bald evakuiert und die kamen zu uns und machten also einen Kniefall bei uns«, sagt Charles Bleeker. »Wir sollten uns für sie verwenden, dass sie auf ihrem Besitz bleiben könnten. Das haben wir nicht gemacht, weil wir einfach nicht den Mut dazu hatten… Man hörte also jetzt, der ist enteignet, da ist jemand als Geisel erschossen worden; da sagte man sich, mein Gott noch mal, diejenigen, die jetzt enteignet worden sind, die jetzt erschossen worden sind, die müssen ganz einfach was gemacht haben, sonst hätte die deutsche Regierung die doch nicht enteignet oder als Geiseln erschossen. Die müssen doch irgendetwas getan haben.«

Während die Bleekers noch damit beschäftigt waren, Gründe für das Leiden um sie herum zu finden, gingen sie zum Bahnhof, um die Volksdeutschen aus den baltischen Staaten, aus Bessarabien und den anderen von Stalin besetzten Gebieten willkommen zu heißen. Doch sie wurden enttäuscht: Viele deutsche Neuankömmlinge waren nicht die überlegene Rasse, die sie erwartet hatten. »Die standen bei uns ganz schlecht im Kurs, in unserer Familie jedenfalls. Denn diese Leutchen konnten meistens sehr schlecht Deutsch. Sie sprachen also ein miserables Deutsch, sprachen einen fürchterlichen Akzent, den kein Mensch verstehen konnte, und wir hielten sie also praktisch für Polen.«

Die Eigis waren eine solche deutschstämmige Familie. Sie hatten sich von den Nazis aus Estland evakuieren lassen, als sie hörten, dass Stalin im Anmarsch war. Irma Eigi war siebzehn, als sie sich mit ihrer Familie auf einem Schiff wiederfand, das sie nach Polen bringen sollte. »Wir waren überhaupt nicht glücklich«, sagt sie. »Vorherrschend war das Gefühl des Abschiednehmens. Es war so, als wenn man neben sich stand. Man begriff es nicht. Das war ein bisschen wie ein Schock, unter dem man stand.« Irma Eigi hatte sehr gerne in Estland gelebt; sie und ihre Familie hatten es als ein tolerantes und wunderschönes Land empfunden. Doch sie meinten, keine Wahl zu haben, als die deutschen Schiffe eintrafen. Die einzigen Alternativen waren Stalin und, wie man ihnen warnend sagte, das Risiko, nach Sibirien geschickt zu werden. Stattdessen, so dachten sie, würden die deutschen Schiffe sie nach Deutschland bringen. Doch genau wie die Bleekers wurden auch sie von der harten Realität der nationalsozialistischen Umsiedlung der Rassen enttäuscht. Als sie hörten, dass ihr Bestimmungsort Polen sei und nicht Deutschland, waren sie empört. »Damit hatten wir nicht gerechnet. Es hieß ja, wir kommen in den Warthegau... Ja, das war vielleicht wieder ein Schock.« Der Schock war noch größer, als das Schiff anlegte und die Eigis feststellen mussten, dass ihr erstes Zuhause in der neuen Heimat ein Durchgangslager war, eine mit Stroh ausgestreute Schule. Doch das war nichts im Vergleich zu ihrem

Schrecken, als sie erleben mussten, wie die Nazis für die ankommenden Volksdeutschen Wohnraum organisierten. »Dass unseretwegen«, sagt Irma Eigi, »eben damit wir in Wohnungen hineinkamen, Polen aus ihren Häusern, aus ihren Wohnungen mussten, das ahnten wir ja vorher alles gar nicht.« Irma Eigi erinnert sich bis heute mit Entsetzen an den Tag kurz vor Weihnachten 1939, als sie mit ihrer Familie die nationalsozialistische Wohnraumvermittlungsstelle in Posen aufsuchte, um nach einer freien Wohnung zu fragen. Die Beamten sagten, sie hätten eine. Die Eigis erhielten die Schlüssel, die Adresse und einen Stadtplan und man sagte ihnen, sie sollten die Wohnung selbst suchen. »Und ich weiß noch, dass wir, als wir die erste Wohnung aufsuchten, ein schreckliches Gefühl hatten«, berichtet sie. »Es war dann auch ein hohes Mietshaus, unverputzt und mit so merkwürdigen Fenstern.« Sie stiegen die Treppe hinauf und öffneten die Wohnungstür. Drinnen herrschte ein fürchterliches Durcheinander. »Man merkte, hier sind Menschen gewesen, die sehr schnell heraus mussten. Die Schränke standen zum Teil offen. Die Schubladen waren offen. Und ja, dann dieser Tisch mit den Essensresten. Dann diese ungemachten Betten, zerwühlt.« Irma Eigis Vater weigerte sich, in der Wohnung zu bleiben, und kehrte mit seiner Familie zur Wohnraumvermittlungsstelle zurück. Dort hieß es, so kurz vor Weihnachten stehe keine andere Wohnung zur Verfügung, also mussten die Eigis doch einziehen. Sie belegten jedoch nur ein Zimmer, um in ihrer Angst möglichst nahe beieinander zu sein. »Diese erste Wohnung sehe ich merkwürdigerweise heute noch vor mir«, sagt Irma Eigi. »Und jedes Mal, wenn ich an sie denke, dann überfällt mich heute noch etwas Angst. Es ist so, als ob eine Gänsehaut einem über den Rücken läuft. Immer wenn ich Angst habe, sehe ich eigentlich diese Wohnung vor mir, also auch in anderen Angstsituationen. So stark war der Eindruck damals.«

Nach der Versorgung mit einer Wohnung bestand der nächste Schritt im Umsiedlungsprogramm der Nazis darin, für das Familienoberhaupt eine Arbeitsstelle zu finden. Herr

Eigi hatte in Estland ein Hotel geführt. In Posen ließ sich zwar kein Hotel für ihn finden, aber es gab noch immer einige Restaurants, die die Nazis nicht übernommen hatten. Also wurde er angewiesen, durch die Stadt zu gehen und nach einer Gaststätte Ausschau zu halten, die ihm gefiel und die noch von Polen geführt wurde. Eigi machte sich mit seiner Frau und seiner Tochter auf den Weg und suchte nach einem passenden Restaurant. »Die meisten Gaststätten waren in deutschen Händen«, sagt Irma Eigi. »Wir kamen relativ spät. Und sowohl die Reichsdeutschen als auch die Baltendeutschen hatten schon Besitz ergriffen von einigermaßen guten Gaststätten.« Trotzdem gelang es der Familie, ein kleines Restaurant zu finden, das noch von Polen geführt wurde. Also suchte ihr Vater wieder die zuständige NS-Behörde auf und bat um die Genehmigung, das Restaurant zu führen. Er bekam die erforderlichen Papiere und hatte die Gaststätte einfach zu übernehmen. (»Übernehmen« war ein wichtiger Begriff in der Ideologie der Nazis. Irma Eigis Vater hatte zu handeln, wie es nach Ansicht der Nazis alle deutschen Herrenmenschen tun: Er wollte das Restaurant – also musste er es sich nehmen.)

Irma Eigi kann sich nicht erinnern, was mit dem polnischen Besitzer geschah, ja nicht einmal, ob sie oder ihr Vater ihm überhaupt je begegneten. »Es kann auch sein, dass dieser polnische Inhaber sich schon abgesetzt hatte«, sagt sie. »Man lebt in Trance. Wenn man immerzu nur daran denkt, dann muss man sich das Leben nehmen. Mit dieser Schuld kann man gar nicht leben. Da kann man auch nicht die Schuld abwälzen auf die Regierung. Aber andererseits, jeder Mensch hat ja auch einen Selbsterhaltungstrieb. Was blieb uns anderes? Wohin sollten wir gehen?«

Irma Eigi versucht, sich die Leiden der Familie vorzustellen, die aus der ersten Wohnung vertrieben wurde, die sie mit ihrer Familie bewohnte. Anna Jeziorkowska muss sich dieses

Nächste Doppelseite: Ein Kind aus Litauen (auf dem Arm seiner Mutter) trifft im Herbst 1939 im Zuge der Umsiedlungspolitik der Nazis in Polen ein.

Leiden nicht vorstellen – sie hat es erlebt. Sie und ihre Familie saßen am Abend des 8. November 1939 ruhig daheim in ihrer Wohnung in Posen. Auf einmal sprang ihre Mutter auf, schaute aus dem Fenster und rief:»Deutsche!« Vor dem Mietshaus hielten Busse und Autos und einen Augenblick später hämmerten deutsche Soldaten an die Tür.»Sie stürmten ins Zimmer, dann in die Küche, sie waren überall«, sagt Anna Jeziorkowska.»Natürlich gab es eine große Verwirrung, Schreien, Weinen. Die Deutschen stießen uns herum; sie schlugen meinem Vater ins Gesicht und wir hatten so Angst, dass wir in Tränen ausbrachen. Mein jüngerer Bruder, der sehr zart war, musste sich erbrechen.« Die deutschen Soldaten verlangten Geld und Schmuck von Annas Eltern und warfen sie dann aus der Wohnung. Die Mutter gab ihnen all ihren Schmuck einschließlich des Eherings.»Ich hatte schreckliche Angst«, sagt Anna Jeziorkowska,»so viel Angst, wie man nur als Kind haben kann.« Die Familie wurde zusammen mit ihren Nachbarn aus dem Mietshaus in ein Durchgangslager gebracht. Sie mussten auf Stroh schlafen.»Die Bedingungen waren unerträglich für Kinder«, sagt Anna.»Das Essen war kalt. Es gab Rübensuppe. Wir Kinder konnten sie nicht essen.«

Nach ein paar Tagen erfuhren sie, dass Deutsche in ihre Wohnung gezogen waren.»Ich weinte«, sagt Anna.»Wir weinten gemeinsam, meine Schwester und ich, eng aneinander geschmiegt; und wir dachten an unser Spielzeug, an die schöne alte Zeit, die wir verloren hatten. Und es war schrecklich, es ist kaum zu beschreiben. Selbst heute tut es noch weh, wenn ich daran denke.« Nach fünf Monaten im Durchgangslager wurden sie hinausgetrieben und in Viehwaggons gepfercht. Sie mussten acht Tage in den kalten, dunklen Waggons verbringen, bis der Zug seinen Bestimmungsort erreicht hatte, die Stadt Golice im Generalgouvernement. Dort sah sie ein alter Mann, wie sie im Schockzustand auf dem Marktplatz saßen, und hatte Mitleid mit ihnen. Er nahm sie mit in sein altes, heruntergekommenes Haus und bot ihnen ein Zimmer an.»Dort waren die Bedingungen ebenfalls schwierig«, erinnert sich Anna.»Es gab keine Betten, keinen Komfort, kein fließend Wasser; wir schliefen auf dem Boden und auch alles andere war schwierig, aber wir hatten wenigstens ein Zimmer, ein sehr kleines Zimmer.«

Räumungen und Deportationen wie die der Familie Jeziorkowska gab es nicht nur in der Stadt, sondern auch auf dem Land. In den ländlichen Gebieten konnten mit einer einzigen Aktion ganze Dörfer entvölkert werden. Franz Jagemann ist Deutscher mit polnischen Vorfahren und er diente den Nazis bei ihrer furchtbaren Arbeit als Dolmetscher. Er erinnert sich lebhaft an eine bestimmte Aktion, die ihn in ein abgelegenes Dorf in dem polnischen Distrikt Gnesen (Gniezno) führte. 20 oder 25 Polizeibeamte fuhren mit Lastwagen hinüber zu dem Dorf und wurden kurz vor dem Dorfrand von lokalen SA-Männern gestoppt. Die SA-Männer hatten Wache gehalten und die Dorfbewohner waren ahnungslos. Kurz darauf trafen weitere Lastwagen mit Mitgliedern der SS-Totenkopfverbände ein. Kurz nach drei Uhr morgens schwärmten die Polizisten und die SS-Männer auf der Hauptstraße des Dorfes aus und drangen in die Häuser ein, während die SA-Männer das Dorf von außen bewachten. »Es wurde geschlagen, es wurde getreten, es gab Blut«, sagt Franz Jagemann. »Am entsetzlichsten war für mich, was einem alten Ehepaar geschah, das offenbar überhaupt nichts verstand – die müssen so über siebzig gewesen sein. Sie wurden, weil sie nicht verstanden, zusammengeschlagen und auf den Wagen geworfen. Ein SS-Mann, ein gebürtiger Oberschlesier, sprach auch Polnisch – demzufolge waren wir Hilfsdolmetscher völlig überflüssig. Er führte sich auf wie ein Berserker, wie ein Räuberhauptmann, schrie die Bevölkerung an, trieb sie zusammen, wendete Gewalt an.«

Stefan Kasprzyk, der Sohn eines polnischen Bauern, denkt an die Nacht zurück, als die SS kam: »Sie umzingelten die Höfe, damit niemand wegrennen konnte. Die Leute nahmen mit, was sie tragen konnten. Nur ein paar sind je zurückgekehrt. Mein Großvater wurde gefoltert und starb, nachdem sie ihn deportiert hatten. Unser Nachbar verlor zwei Kinder.«

Die Nazis, die das kleine Dorf terrorisierten, brauchten Raum für die Deutschen, die am Nachmittag ankommen würden, also wurden sämtliche Dorfbewohner deportiert. Franz Jagemann erlebte auch die Ankunft der umgesiedelten Deutschen mit:»Man kann im übertragenen Sinne sagen, die Betten waren zum Teil noch warm, die die ankommenden Deutschen vorfanden.« Einige Deutsche waren überrascht, dass sie einfach fremde Häuser in einem fremden Dorf »übernehmen« sollten. Sie sagten: »Und das sollen wir übernehmen? Das gehört uns doch gar nicht!«»Solche Äußerungen habe ich durchaus gehört«, meint Jagemann,»aber ich würde sagen, die Mehrheit war davon überzeugt, dass das nun ihr neues Eigentum sei, weil der Krieg ja gewonnen war, gegen Polen, und dass das alles seine Ordnung hätte.«

Jagemann beobachtete entsetzt das brutale Vorgehen der SS und versuchte von da an, zur Deportierung vorgesehene Dorfbewohner zu warnen. Trotzdem sieht er sich nicht als Held. »Selbstverständlich, das, wozu ich zur Verfügung stand, war ja eine Beihilfe zu einer, wie man heute sagt, ethnischen Säuberung, in euphemistischer Form, nicht, also der Austreibung einer Bevölkerung... [Also ich meine,] dadurch, dass ich nun meinetwegen nicht gleich untergetaucht bin, weggelaufen bin oder gleich in den Untergrund gegangen bin, dadurch habe ich einen Mangel an Courage gezeigt.«

Die von den gewaltsamen Deportationen betroffenen Dorfbewohner hatten keine Chance, ihrem Schicksal zu entgehen, indem sie sich als Volksdeutsche ausgaben und eine Reklassifizierung beantragten. Für viele tausend anderer Polen bestand jedoch diese Möglichkeit. Bei der »Germanisierung« der nicht zum Generalgouvernement gehörenden polnischen Gebiete hatten die nationalsozialistischen Statthalter großen Spielraum bei der Entscheidung, wer Pole blieb und wer Deutscher werden durfte. Dieser Spielraum führte zum Konflikt zwischen den beiden Gauleitern der neu ein-

Rechts: Albert Forster (rechts im Bild) 1939 neben Arthur Greiser, als dieser in Danzig noch für Forster arbeitete. Sobald Greiser seinen eigenen Herrschaftsbereich hatte, beschwerte er sich ständig über seinen früheren Chef.

gegliederten Gebiete – Arthur Greiser vom Warthegau und Albert Forster von Danzig-Westpreußen. Der Konflikt zeigt, dass die Vorgabe, »dem Führer entgegen« zu arbeiten, in der Kriegszeit sehr willkürlich und widersprüchlich ausgelegt werden konnte.

Arthur Greiser fiel selbst unter den Nazis durch seine besondere Härte auf. Sein Mentor war Heinrich Himmler und er hatte sich zum Ziel gesetzt, den Warthegau zu einem Mustergau zu machen. Er brachte den einheimischen Polen nichts als Verachtung entgegen und gab sich alle Mühe, die Kriterien für die Germanisierung buchstabengetreu zu erfüllen. Dies bedeutete eine Politik der radikalen, skrupellosen Rassentrennung. Albert Forster, der Leiter des angrenzenden Gaus Danzig-Westpreußen, war zwar ebenfalls ein überzeugter Nazi, hatte jedoch eine völlig andere Haltung zur rassischen Klassifizierung. So soll er einmal gesagt haben, wenn er »wie Himmler aussähe«, würde er nicht so viel über Rasse reden.

Der Streit zwischen Forster und Greiser hatte seine Auswirkungen auf das Schicksal von Romuald Pilaczynski aus Bydgoszcz, einer Stadt, die damals zu Albert Forsters »Königreich« gehörte. Forster gab sich nicht mit der zeitraubenden Klassifizierung von Einzelpersonen ab. Er entschied sich dafür, einen Teil der Polen massenweise als Deutsche zu klassifizieren, ohne genauere Nachforschungen anzustellen. Schließlich hatte Hitler ausdrücklich gesagt, dass er, was die Germanisierung betreffe, nicht nach den Methoden fragen werde. »Aus den mir bekannten Materialien«, sagt Romuald Pilaczynski, »geht hervor, dass 80 Prozent der Bevölkerung von Bydgoszcz auf Forsters Aufruf ›Wenn Sie in Deutschland bleiben wollen, tragen Sie sich auf der Germanisierungsliste ein‹ positiv reagierten.« Auch die Familie Pilaczynski trug sich ein, die Familienmitglieder wurden damit Deutsche der dritten Kategorie. Das brachte ihnen wichtige Vorteile, die normalen Polen versagt blieben: das Recht auf höhere Lebensmittelrationen, das Recht auf eine Ausbildung und das Recht, in den eingegliederten Gebieten zu bleiben. Obwohl Pilaczynski auf der Liste stand, fühlte er sich trotzdem nicht

Deutsche Funktionäre in Albert Forsters Gau entscheiden über die Germanisierung der Polen, die ihnen gegenübersitzen. Angesichts der Haltung, die Forster zur Germanisierung einnahm, kann die Entscheidung nicht lange gedauert haben.

als Deutscher: »Wir lebten wie Polen, wir sprachen polnisch... Die 80 Prozent, die Personalausweise der dritten Gruppe erhielten, betrachteten sich keineswegs als Deutsche.« Romuald Pilaczynski hatte einen Onkel, der in Posen und damit in Arthur Greisers Herrschaftsbereich lebte. »Der Onkel aus Posen durfte sich nicht auf der Volksliste eintragen (und germanisieren lassen), sondern wurde deportiert.« Natürlich hatte diese Ungleichbehandlung, wie die Pilaczynskis schon damals erkannten, keinen logischen Grund. Beide Männer kamen aus derselben Familie und hatten denselben ethnischen Hintergrund. Der eine war nicht weniger deutsch als der andere und doch entgingen die Pilaczynskis aus Bydgoszcz der Deportation, während sie ihren Verwandten aus Posen nicht erspart blieb.

Im Gegensatz zu Forster tat Greiser aus rein ideologischen Motiven alles, um den Polen zu schaden und die polnische

Kultur zu zerstören. So brachte er im September 1940 einen Erlass heraus, in dem es hieß, es werde lange dauern, bis alle deutschen Bürger gelernt hätten, den Polen gegenüber eine Haltung einzunehmen, die der nationalen Würde und den Zielen der deutschen Politik entspräche.[6] Mit anderen Worten: Die Deutschen waren zu den Polen noch immer zu freundlich und wenn sie die Polen nicht aus Überzeugung wie Sklaven behandelten, dann sollten sie es aus Furcht tun. Alle Personen, die andere Beziehungen zu Polen aufrechterhielten, als sich aus Dienstleistungen oder wirtschaftlichen Gründen ergäben, seien in Schutzhaft zu nehmen, hieß es weiter in dem Erlass. Wiederholte freundschaftliche Kontakte zu Polen seien in jedem Fall als Missachtung der vorgeschriebenen Distanz zu werten.

In seinem Landhaus in der Umgebung von Posen gab sich Greiser alle Mühe, nach seinen Idealen zu leben. Danuta Pawelczak-Grocholska arbeitete als Dienstmädchen in seinem Haushalt. Sie hat ihn als »Mann von mächtiger Gestalt« in Erinnerung. »Er war sehr groß und man konnte ihm seine Arroganz und seinen Dünkel ansehen. Er war so eitel, so von sich überzeugt, als ob niemand über ihm stünde – fast wie ein Gott. Alle versuchten, ihm aus dem Weg zu gehen; die Leute mussten sich vor ihm verbeugen, ihm salutieren. Und die Polen behandelte er mit großer Verachtung. Für ihn waren die Polen Sklaven, zu nichts gut außer für Arbeit.« Danuta Pawelczak-Grocholska war entsetzt, als sie erfuhr, dass sie in Greisers Haus arbeiten sollte. »Schon beim Klang seines Namens zitterten die Leute vor Furcht, denn sie wussten, wer Greiser war.« Greiser war als Pole deutscher Abstammung aufgewachsen, er sprach Polnisch und hatte eine polnische Schule besucht und doch trug er jetzt den Spitznamen »der Polenhasser«. Danuta hatte bereits erlebt, wozu er fähig war, als sie Zeugin wurde, wie er als Vergeltungsmaßnahme auf einem Dorfplatz 20 Polen erschießen ließ. »Sie erschossen sie aus dem einzigen Grund, dass sie Polen waren«, sagt sie. »Es war unglaublich. Dieses Bild hat mich so lange begleitet, dass ich es jedes Mal sehe, wenn ich über den Platz gehe, vorbei an

dem Ort, wo es geschah. Und Greiser war allein dafür verantwortlich.«

»Jetzt kommst du in die Höhle des Löwen«, hatte Danutas
Vater gesagt, als er den Namen ihres neuen Arbeitgebers ver-
nahm. »Wer weiß, ob du sie lebend wieder verlassen wirst.«
Danuta war weinend die sechs Kilometer von ihrem Zuhause zu Greisers Haus marschiert. Sie musste als Putzfrau
arbeiten – nach Greisers »deutschen« Maßstäben: »Es durfte
nicht ein Stäubchen liegenbleiben. Die Fransen der Teppiche
mussten gekämmt werden! Gnade uns Gott, wenn eine nicht
gerade lag! Alles musste perfekt sein, von übertriebenem
Glanz. Am kältesten Tag des Winters befahl uns die Dame des
Hauses, die Fenster für den Silvesterabend zu putzen. Unsere
Hände froren an den Fensterscheiben fest. Wir durften in die
Hände hauchen, aber wir mussten weiterputzen.« In den siebzig Räumen des Palastes und auf dem Grundstück musste
alles makellos sein. Nur für Greiser und seine Frau. »Die
Orangerie, die Fischteiche, der Wildhüter. Die ganze Bewirt-
schaftung des Gutes war einzig auf die Bedürfnisse dieser zwei
Personen abgestimmt. Es war Luxus, in jeder Hinsicht der rei-
ne Luxus.«

Greiser war nicht bloß ein typischer Eroberer, der die Be-
siegten ausbeutet, um ein bequemes Leben zu führen. Er
glaubte, als Deutscher ein Recht auf dieses Leben zu haben.
Er stand an der Spitze der rassischen Stufenleiter und betrachtete es als ein Naturgesetz, dass er als Angehöriger der
überlegenen Rasse besser lebte als die rassisch minderwertigen Polen. Andere Völker, so sollte er später seine Philosophie
erklären, hätten sich in vergangenen Zeiten jahrhundertelang
ihrer Geschichte erfreut und gut gelebt, weil sie andere Völker für sich hätten arbeiten lassen, ohne sie entsprechend zu
entlohnen oder gerecht zu behandeln, und nun sollten die
Deutschen ihrem Beispiel folgen. Sie bräuchten nicht mehr in
Wartestellung zu verharren, sondern müssten sich im Gegenteil als echte Herrenrasse erweisen.[7]
Dementsprechend betrachtete Greiser es als entscheidend
für die Zukunft des Reiches, dass die rassische Klassifizierung

in den eingegliederten Gebieten sorgfältig und systematisch durchgeführt wurde. Und so war er sehr verärgert, dass sein Nachbar Albert Forster die ganze Frage der rassischen Klassifizierung so nachlässig behandelte. In einem Brief vom 16. März 1943 beklagte er sich bei Himmler über Forsters Haltung: »Ich habe von vornherein darauf verzichtet, durch eine Eindeutschung von Menschen, die ihre deutsche Abstammung nicht klar nachweisen konnten, einen billigen Erfolg zu erzielen… Meine Volkstumspolitik ist, wie ich mit Ihnen bereits mehrfach besprochen habe, durch diejenige im Reichsgau Danzig-Westpreußen insofern gefährdet, als der dort laufende Versuch für manchen oberflächlichen Beobachter zunächst erfolgversprechend aussieht.«[8]

Himmler antwortete Greiser, er freue sich »ganz besonders« über dessen Germanisierungspolitik. An Forster hingegen hatte Himmler 16 Monate zuvor, am 26. November 1941, einen zurechtweisenden Brief geschrieben, in dem es hieß: »Ich wünsche bei den Ostgauen keinen Wettbewerb der Gauleiter in der Richtung, daß einer mir als der erste nach zwei oder drei Jahren meldet ›Mein Führer, der Gau ist eingedeutscht‹, sondern ich wünsche eine Bevölkerung rassisch einwandfreier Art und bin zufrieden, wenn ein Gauleiter das in zehn Jahren melden kann… Sie sind selbst ein so alter Nationalsozialist, daß Sie wissen, daß ein Tropfen falsches Blut, der einem einzelnen Menschen in die Adern kommt, niemals wieder herauszubringen ist.«[9]

Dass Himmler im November 1941 einen solchen Brief an Forster geschrieben hatte und sich 1943 noch immer Greisers Klagen über Forsters Haltung anhören musste, zeigt deutlich, dass selbst Himmler nicht allmächtig war. Was Forster anging, so folgte er nur der vagen Anweisung des Führers, seinen Gau zu germanisieren. Wie er dies tat, war seine Angelegenheit. In seinen Augen verwirklichte er damit die Vision des Führers lediglich auf die Art, die er für die beste hielt. Dass diese Art der Germanisierung in Himmlers Augen nicht der Rassentheorie entsprach, war ihm herzlich gleichgültig; er wusste, dass Himmler wenig dagegen unternehmen konnte.

Himmler (vorne links im Auto) besucht das Ghetto von Lodz.

Und so hatte das Fehlen klarer Befehle und einer klaren Ab-
grenzung der Aufgabenbereiche, charakteristisches Merkmal
der NS-Verwaltung, das für die Partei schon seit den zwanziger Jahren typisch gewesen war, krass unterschiedliche Auswirkungen auf der gewaltigen polnischen Landkarte.

Nichts illustriert besser den Konflikt zwischen den nationalsozialistischen Herren Polens und das Fehlen eines klaren
Konzepts für die NS-Herrschaft in Polen als ein Streit, der
schon bald nach dem Einmarsch zwischen dem Führer des Generalgouvernements, Hans Frank, und Arthur Greiser aus-
brach. Himmler und Greiser wollten den Warthegau so schnell
wie möglich von »unerwünschten Elementen« säubern und so
ließen sie massenweise unerwünschte Polen – wie etwa Anna
Jeziorkowska und ihre Familie – in Güterzüge pferchen und im
Generalgouvernement wieder abladen. Hans Frank protestierte gegen dieses Verfahren. Die Züge kamen an und spuckten
ihre menschliche Fracht aus, aber Frank wusste nicht, wo er
diese unterbringen sollte. »Nacht für Nacht kamen Evakuier-
tenzüge, die die so genannte Umsiedlungszentrale losschick-
te«, sagt Dr. Fritz Arlt, SS-Sturmbannführer und 1940 Leiter der

Abteilung für Bevölkerungswesen und Fürsorge im General-gouvernement. (Er wurde übrigens nie wegen Kriegsverbrechen verurteilt.) »Die Leute wurden rausgeschmissen aus den Zügen. Ob auf dem Marktplatz, ob auf dem Bahnhof, oder wo es sonst war. Und es kümmerte sich niemand darum ... So bekamen wir also einen Telefonanruf von dem Kreishauptmann. Der sagte jetzt: ›Ich weiß nicht mehr, was ich machen soll. Da sind wieder so und so viel Hunderte dahergekommen. Ich hab weder Wohnungen noch zu essen, noch sonst was ...‹ Ohne Zweifel kamen dabei auch die übelsten Erscheinungen mit vor.« Die gegenseitige Abneigung zwischen Hans Frank und Obergruppenführer Friedrich Wilhelm Krüger, dem führenden SS-Mann im Generalgouvernement, trug nicht dazu bei, die Lage zu bessern. Frank vertrat die Ansicht, dass Krüger ihm als Chef des Generalgouvernements unterstellt sei. Doch Himmler konterte, Krüger sei Frank lediglich »zugewiesen«, aber nicht »unterstellt«. Hitler entschied nie, welche Interpretation die richtige war.

Bei dem Konflikt, in dem Frank auf der einen und Himmler und Greiser auf der anderen Seite standen, ging es nicht nur um das Verwaltungsproblem unangekündigter Züge, die tausende von Deportierten in der Kälte zurückließen. Es ging auch um grundsätzliche Dinge. Frank wollte das Generalgouvernement zur »Kornkammer« des Reiches machen. Er wollte, dass die Bauern auf ihren Höfen blieben, und er wollte eine möglichst reibungslose maximale Ausbeutung des Gebiets erreichen, die nicht durch seiner Ansicht nach unnötige Transporte gestört werden sollte. Greiser und Himmler hatten hochfliegendere Pläne; für sie standen nicht prosaische wirtschaftliche Bedürfnisse im Vordergrund, sondern das rassische und ideologische Ziel eingegliederter Territorien mit rein deutschblütiger Bevölkerung. Wenn das Generalgouvernement zu diesem Zweck der Müllkübel für alle unerwünschten Elemente aus dem Reich werden musste, dann nahmen sie das gerne in Kauf.

Am 12. Februar 1940 fand auf Görings Gut Karinhall bei Berlin eine Besprechung statt, um den Konflikt beizulegen.

Alle Schlüsselfiguren des Streits waren anwesend: Himmler, Frank, Greiser und Göring. Frank verbündete sich mit Göring und dieser ergriff bei der Besprechung für ihn Partei. Das Generalgouvernement solle die »Kornkammer« des Reiches werden, sagte Göring, denn vor allem müsse das Kriegspotenzial des Reiches gesteigert werden. Himmler argumentierte, dass er Raum brauche, um die ankommenden Volksdeutschen anzusiedeln. Alles schien auf einen Kompromiss hinzudeuten, als Himmler sagte, er und Frank würden sich über das Vorgehen bei künftigen Deportationen einigen.[10] Frank war entzückt. Er dachte, Himmlers rassistische Vision eines neu geordneten Polen habe einen schweren Schlag erhalten. Görings Argument, dass die Erfordernisse des Krieges in Frankreich erste Priorität haben müssten, schien entscheidend.

Doch Himmler ließ sich seinen Traum nicht so leicht zerstören. Wie Frank sich an Göring gewandt hatte, so wandte er sich nun an Hitler. Die Art, wie er dies tat, ist besonders interessant, denn es gab keinen größeren Manipulator des NS-Systems als Himmler. Zunächst einmal wählte er den idealen Zeitpunkt für seine Intervention und legte Hitler seine Denkschrift mit dem unschuldigen Titel »Einige Gedanken zur Behandlung der Fremdvölkischen im Osten« am 15. Mai 1940 vor, als sich der große Sieg der Nazis in Frankreich bereits deutlich abzeichnete. In der Denkschrift forderte er erneut, das Generalgouvernement als Müllabladeplatz für unerwünschte Polen zu verwenden, und da es nun klar war, dass die Nazis Frankreich und seine Kolonien einnehmen würden, schlug er für das Problem der polnischen Juden eine neue Lösung vor. Anstatt sie ebenfalls ins Generalgouvernement zu verschicken, regte er an, sie in eine Kolonie in Afrika zu deportieren. Die Denkschrift skizzierte auch die Methoden, mit denen die verbliebenen »nichtdeutschen« Polen in ein »führerloses Arbeitsvolk« verwandelt werden sollten.

Himmler notierte später, Hitler habe die Denkschrift gelesen und »gut und richtig« gefunden. Er fühlte sich autorisiert, Hitlers Zustimmung anderen mitzuteilen. »So läuft es, wenn Entscheidungen getroffen werden«, erklärte mir Pro-

fessor Christopher Browning, der sich eingehend mit der nationalsozialistischen Umsiedlungspolitik in Polen befasst hat. »Hitler arbeitet keineswegs einen detaillierten Plan aus, unterzeichnet ihn und gibt ihn an seine Untergebenen weiter, sondern Himmler wird lediglich ermutigt, die Sache mit seinen Gegnern auszufechten, und erhält die Möglichkeit, sich auf Hitlers Zustimmung zu berufen, wenn diese nicht nachgeben. Und Hitler kann natürlich immer noch einen Rückzieher machen. Sie sehen, er hält sich alle Möglichkeiten offen, aber er ermutigt Himmler, der geahnt hat, dass dies genau die Art von Fernwirkung ist, die Hitler gefällt.«

Hans Frank erkannte, dass sich seit seiner Besprechung mit Göring der Wind gedreht hatte, und beschloss, gute Miene zum bösen Spiel zu machen. Am 30. Mai 1940 verkündete er bei einer Besprechung mit Polizeichefs in Krakau die Kursänderung infolge Himmlers Sieg. Er bezog sich auf ein Gespräch, das er selbst kurz zuvor mit Hitler geführt hatte, und sprach offen über die Schwierigkeiten bei der Wiederansiedlung der ankommenden Polen und bei dem Versuch, sie in ein führerloses Arbeitsvolk zu verwandeln, das sich nie mehr gegen die Deutschen erheben konnte. Seine Rede war in ihrer beiläufigen Brutalität selbst für nationalsozialistische Verhältnisse extrem: »... wir stehen hier als Nationalsozialisten vor einer so ungeheuer schwierigen und verantwortungsvollen Arbeit, daß wir auch nur im engsten Kreise überhaupt über diese Dinge reden können ... Der Führer hat mir gesagt: Die Frage der Behandlung und Sicherstellung der deutschen Politik im Generalgouvernement ist eine ureigene Sache der verantwortlichen Männer des Generalgouvernements. Er drückte sich so aus: Was wir jetzt an Führerschicht in Polen festgestellt haben, das ist von uns sicherzustellen und in einem entsprechenden Zeitraum wieder wegzuschaffen. Daher brauchen wir das Deutsche Reich und die Reichsorganisation der deut-

Links: Hans Frank, der begeisterte Schachspieler, im April 1940. Er sollte später im politischen Intrigenspiel der Nazis gegen Himmler den Kürzeren ziehen.

schen Polizei damit nicht zu belasten. Wir brauchen diese Elemente nicht erst in die Konzentrationslager des Reiches abzuschleppen, denn dann hätten wir nur Scherereien und einen unnötigen Briefwechsel mit Familienangehörigen, sondern wir liquidieren die Dinge im Lande. Wir werden es auch in der Form tun, die die einfachste ist.«[11] Die Folge war, dass in den Sommermonaten des Jahres 1940 tausende von Polen, vor allem Intellektuelle, schlicht und einfach ermordet wurden.

Was ist das für ein Mensch, der eine solche Rede hält? Hans Frank war Hitlers Rechtsanwalt gewesen und eher gewohnt, zu Richtern zu sprechen als zu nationalsozialistischen Henkersknechten. In seinem weitläufigen, bestens ausgestatteten Landsitz bei Krakau sprachen wir mit einigen von Franks Bediensteten und fragten sie, wie es gewesen war, im Haus eines solchen Mannes zu arbeiten. »Wunderbar«, sagt Anna Mirek, eine polnische Köchin, »obwohl wir, etwa wenn Gäste da waren, sehr hart arbeiteten, manchmal sechzehn Stunden pro Tag, je nach Bedarf. Aber die Atmosphäre war angenehm, fröhlich; man ging höflich miteinander um und selbst wenn man müde war, gab einem das Kraft… Für mich war Frank ein netter Mann, höflich eben.« Verwirrt über ihre Antwort, fragten wir, wie sie diese Erinnerung mit dem Wissen vereinbaren konnte, dass Frank mit dem Massenmord an polnischen Bürgern zu tun hatte. »Diese höheren politischen Angelegenheiten, das ist etwas anderes«, antwortete sie. »Ich verstehe nichts davon. Da bin ich nicht gut drin. Ich kann gut kochen, die Sterne beobachten und das Wetter voraussagen. Das kann ich wirklich gut.«

Zbigniew Bazarnik arbeitete als Ofenheizer auf Franks Landsitz. »Wir waren alle ganz entspannt dort«, sagte er, »nicht, dass wir schon beim Anblick eines Deutschen gezittert hätten, wie man es von den Lagern hörte.« Er erinnert sich allerdings an einen Vorfall, der einen finsteren Schatten auf das Leben in Franks Haushalt warf. In den ersten Jahren der Besatzung wurden polnische Juden bei den Renovierungsarbeiten in Franks Haus eingesetzt. Eines Tages wurde entdeckt, dass einer der Juden, als er sich unbeobachtet glaubte, in

Franks Badewanne gebadet hatte. Wie Bazarnik später erfuhr, wurde er »hier im Hof in den Kofferraum eines kleinen Autos gestoßen – in einen Opel – und er passte nicht hinein, also haben sie ihm Arme und Beine gebrochen und ihn irgendwo in die Umgebung von Krzeszowice gefahren und erschossen... Eine traurige Geschichte, aber warum hat er sich auch eine solche Dummheit in den Kopf setzen müssen, das ist schwer zu verstehen.«

Dr. Fritz Arlt kannte Hans Frank nicht wie ein Diener seinen Herrn, sondern wie ein geschätzter Mitarbeiter seinen Chef. Er arbeitete während der ersten Kriegsjahre in Krakau für Frank. »Wenn ich an Frank denke, so muss ich sagen, war das eine tragikomische Figur«, sagt Dr. Arlt. »Der Frank war ein hochintelligenter Bursche. War ein guter Musiker, Pianist.«

Unser Interview mit Dr. Fritz Arlt war eines der ungewöhnlichsten, die wir geführt haben, denn er behauptete, obwohl er als ranghoher Nazi im Generalgouvernement mit Bevölkerungsangelegenheiten befasst war, nie etwas von den Gräueltaten gewusst zu haben, die von Frank angeordnet und von der SS ausgeführt wurden. Dr. Arlt sprach von einer »Verschwörung des Schweigens« und sagte, er selbst habe sein Bestes getan, um die NS-Politik human umzusetzen, und Polen, denen er zu helfen versuchte, hätten nach dem Krieg zu seinen Gunsten ausgesagt. Nur einmal glaubte ich bei ihm das steinerne Herz eines nationalsozialistischen Bürokraten zu erkennen, und zwar als wir ihn mit einem bestimmten Dokument konfrontierten. In diesem erschreckenden Brief wird gefordert, deutschstämmige Bauern in ein Konzentrationslager zu stecken, weil sie über »Heimweh« klagten. Es waren Volksdeutsche, die ihre Umsiedlung nicht akzeptieren wollten. In dem Brief wird befohlen, die Einlieferung der Anführer der widerspenstigen Bauern in ein Konzentrationslager vorzubereiten. Unterzeichnet ist der Brief von einem *Gauleiter*, aber er trägt das Kürzel »DRA« für Dr. Arlt, der ihn diktierte.[12]

»Das ist ohne Zweifel der Dr. Fritz Arlt, der vor Ihnen sitzt, der hier genannt ist«, sagt Dr. Arlt, als wir ihn zu dem Brief befragen. »Was soll ich nun aber?« Wir fragten ihn, was er über die Konzentrationslager wusste, in denen die Deutschen dem Brief zufolge interniert werden sollten. Seine Antwort war aufschlussreich. »Es gab eine Bestimmung von Herrn Himmler. Und ich wusste von Bestimmungen, die in dem Zusammenhang waren, dass nichtwillige Umsiedler in ein KZ eingewiesen werden sollen.« Dr. Arlt hatte unsere Frage damit natürlich nicht beantwortet. Er hatte schlicht festgestellt, dass er »auf Befehl gehandelt« habe. Als wir ihn drängten, uns doch zu sagen, was er sich unter einem Konzentrationslager vorgestellt habe, antwortete er: »Was für mich ein Konzentrationslager war? Genau in dem Begriff: ein Lager, in dem Menschen, die irgendwie eine Gefahr bedeuteten für die Ordnung, konzentriert worden sind.« Wir hakten noch einmal nach und fragten, ob er das nicht für eine schwere Strafe gehalten habe. »Entschuldigen Sie, das war den Leuten bekannt, dass die also da vermutlich mit rechnen mussten. Ich weiß es nicht. Ich bin ja nie Lagerverwalter gewesen.« Dieser Mann hatte eine Schlüsselrolle gespielt, als »heimwehkranke« Deutsche, die sich nicht umsiedeln lassen wollten, in ein Konzentrationslager geschickt wurden, und er zeigte nicht die geringste Reue. Ja er erwartete, dass seine Interviewer sich mit der Antwort zufrieden gaben, er habe 1943 über Konzentrationslager nur soviel gewusst, dass dort Leute »konzentriert« wurden. In unserem Interview mit Dr. Arlt war dies ein entlarvender Moment. Wer kann sagen, wo Kälte und Gleichgültigkeit aufhören und das Verbrechen beginnt?

Als Gruppe hatten natürlich die polnischen Juden am meisten zu leiden. Doch in den ersten Kriegsmonaten meinten Rassenfanatiker wie Greiser, das Hauptproblem seien die Polen, nicht die Juden. Die Wiederansiedlung der aus dem Osten eintreffenden Volksdeutschen und die Germanisierung des Warthegaus waren ihre unmittelbaren Prioritäten. Die Judenfrage galt zunächst als ein Problem, dessen Lösung unmittelbar bevorstand, und dann, nachdem Schwierigkeiten auftraten, als eines, dessen endgültige Lösung man noch hinausschieben konnte. Als erste Übergangsmaßnahme wurden die Juden in

Szenen aus
dem Leben
im Lodzer
Ghetto. Der
Mann auf
dem mittleren
Bild könnte
fragen: »Was
soll ich noch
verkaufen,
damit ich
überleben
kann?«

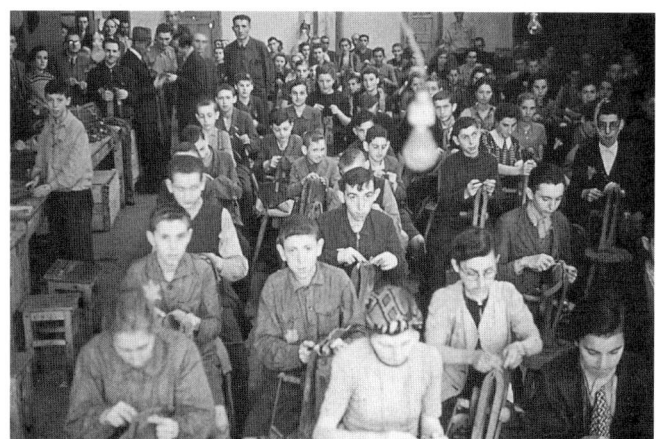

Weitere Bilder aus dem Ghetto. Die jüdischen Arbeiter auf dem mittleren Foto hörten nicht einmal mit der Arbeit auf, als sie fotografiert wurden.

Ghettos konzentriert, das größte im Warthegau war das Ghetto von Lodz. Die Ghettos waren für Greiser und seine Lakaien als eine kurzfristige Lösung gedacht, bis die Juden in den »Mülleimer« Generalgouvernement deportiert würden.

Die Lodzer Jüdin Estera Frenkiel las Anfang 1940 in ihrem Lokalblatt, dass im Norden von Lodz ein Ghetto für Juden eingerichtet würde. Die Straßen von Lodz waren in der Reihenfolge des Datums aufgelistet, an dem die jüdischen Einwohner ihre Wohnungen räumen mussten. »Es war, als sei über unseren Köpfen eine Bombe explodiert«, sagt Estera Frenkiel. »Wir waren an Antisemitismus gewöhnt. Antisemitismus war auch unter den Polen weit verbreitet... Doch der polnische Antisemitismus war vielleicht eher finanziell motiviert. Der deutsche aber bedeutete: Warum gibt es dich überhaupt? Dich sollte es gar nicht geben! Du solltest verschwinden!«

Die Juden begannen sofort in dem als Ghetto vorgesehenen Gebiet nach Wohnraum zu suchen. Die Wohnbedingungen waren von Anfang an schrecklich. Von insgesamt 31 721 Wohnungen, die meistens aus nur einem Zimmer bestanden, hatten nur 725 fließend Wasser.[13] Esteras Mutter musste feststellen, dass die kleine Wohnung und der dazugehörige Laden, die sie für die Familie reserviert glaubte, bereits belegt waren. »Da ging meine Mutter draußen auf der Straße auf und ab und führte laute Selbstgespräche: ›Was soll ich jetzt tun? Wo soll ich hingehen mit meinen Kindern? Es bleibt uns nichts anderes übrig, als Selbstmord zu begehen.‹ Die Leute, die die Wohnung übernommen hatten, hörten dies, riefen sie zu sich und sagten: ›Bitte hören Sie zu. Das Zimmer und die Küche reichen uns. Sie können in den Laden ziehen.‹« Und so zog die Familie Frenkiel, von großer Dankbarkeit erfüllt, in den zwölf Quadratmeter großen Laden.

Deutschstämmige konnten aus der Ghettoisierung der Juden enorme Profite schlagen. Der Volksdeutsche Eugen Zielke erlebte, wie ein Angestellter seines Vaters ein großes Lebensmittelgeschäft übernahm, dessen jüdische Inhaber man ins Ghetto und in die Armut gezwungen hatte. Zielke begleitete den Mann, als dieser sich eine der von den Juden geräum-

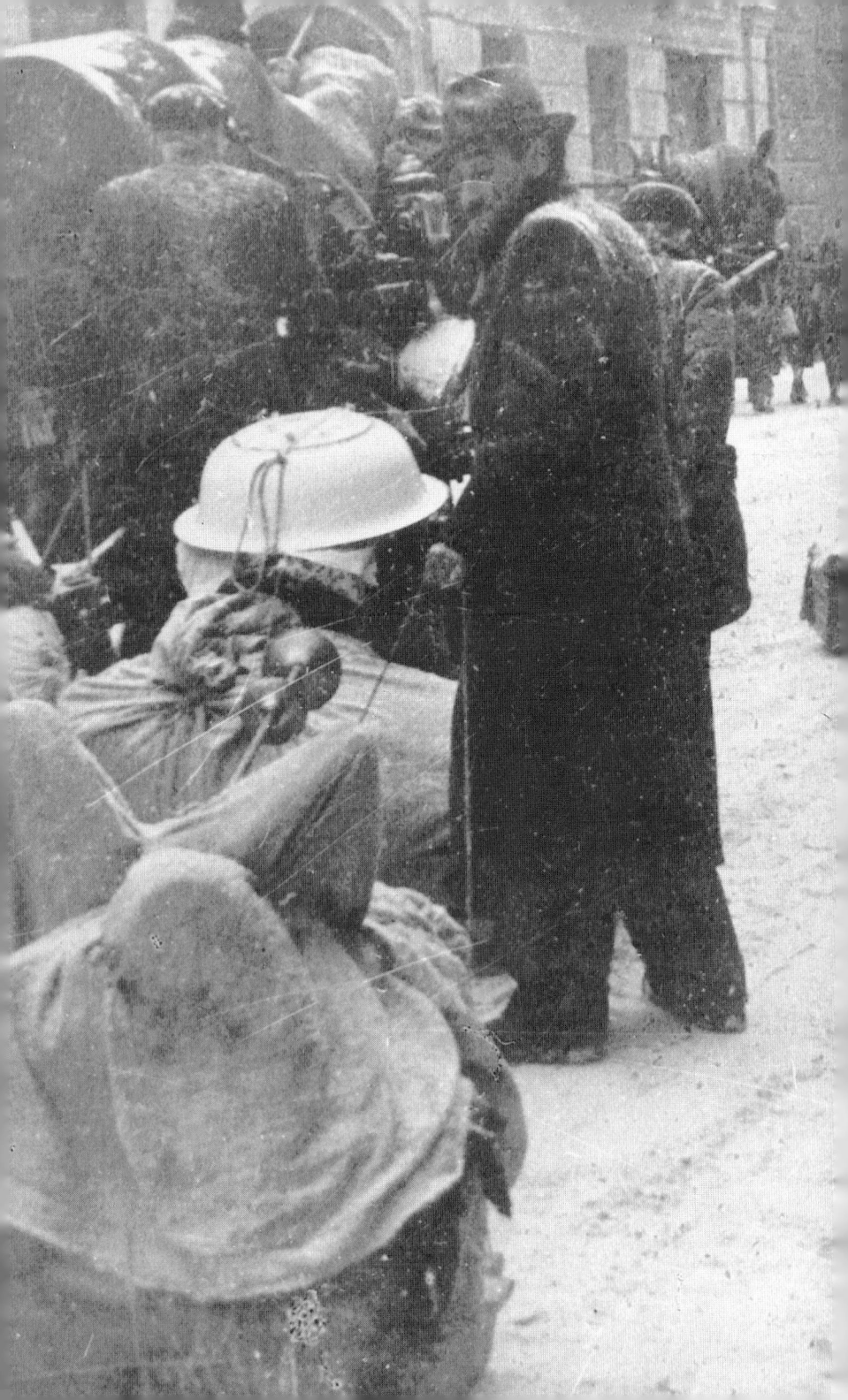

ten Wohnungen aussuchen wollte.»Die Wohnung war abgeschlossen, versiegelt. Das haben wir aufgemacht; wir kamen rein. Man kann es nicht beschreiben. Die Sachen lagen auf der Erde verstreut, alles Kleider. Der Tisch im Esszimmer war gedeckt zum Abendbrotessen, Brot stand da, Tee stand da, sogar Wurst war da…. Wie er das alles sah, hat er gesagt: ›Das ist doch nicht möglich! Das kann man gar nicht fassen! Was war denn hier überhaupt los?‹« Beide verließen die Wohnung schockiert, allerdings nicht so sehr, dass Zielkes Bekannter das jüdische Lebensmittelgeschäft wieder aufgegeben hätte, das er bereits von den Nazis angenommen hatte.

Greiser behauptete, die Juden hätten kolossal gehortet. Deshalb wollte man sie nach der Verlegung ins Ghetto zwingen, ihr Geld für Nahrungsmittel auszugeben. Es war das reine Gangstertum, ein Weg, den Juden sämtliche Wertsachen aus der Tasche zu ziehen, bevor sie zu der »Müllkippe« oder dem Reservat transportiert würden, das ihre künftige Heimat werden sollte. Nicht nur die Nazis aus dem Reich machten Gewinne, indem sie den Juden im Ghetto zu Wucherpreisen Lebensmittel verkauften. Auch einer von Eugen Zielkes Verwandten beteiligte sich an dem Verbrechen und Zielke selbst profitierte davon. »Ich habe das also als Kaufmann gesehen jetzt«, sagt Eugen Zielke. »Die mussten ja verkaufen – was sollten sie anders tun? Konnten sie ja nicht anknabbern, den Ring. Aber wenn sie dafür ein Stück Brot bekommen haben, da konnten sie wieder einen Tag oder zwei Tage überleben.« Schmuck wurde aus dem Ghetto geschmuggelt und für einen Bruchteil seines eigentlichen Wertes verkauft. »Wenn ich was in die Hand bekommen habe für hundert Mark«, sagt Eugen Zielke, »und es war im Wert von fünftausend Mark, dann bin ich ja dumm, wenn ich nicht gekauft hätte. Man muss ja kein Kaufmann sein. So sieht es doch aus im Leben.«

Vorherige Doppelseite: Juden schleppen in den ersten Tagen des Lodzer Ghettos, im Frühjahr 1940, ihre Habseligkeiten durch den Schnee.

Wir konfrontierten Eugen Zielke mit folgender Aussage: »Man könnte auch sagen, dass Sie sich am Elend, an der Armut der Ghettoinsassen bereichert haben.«

»Ja, das kann man«, antwortete er. »Die Frage kann man bejahen. Die Polen haben sich bereichert. Die Volksdeutschen haben sich bereichert. Alle Seiten haben sich bereichert ... Die einen mit Gold und Silber und die anderen mit Lebensmitteln. Nur um zu überleben. Ich sagte Ihnen ja schon, ich sehe das von einem anderen Punkt, ich sehe das als Kaufmann.«

Im August 1940 hatten die Juden im Ghetto von Lodz kein Geld mehr, um Nahrungsmittel zu kaufen. Also mussten die Nazis eine Entscheidung treffen. Sollten sie die Juden verhungern lassen oder sollten sie ihnen zu essen geben? Da Berlin wieder einmal schwieg, musste die Entscheidung von untergeordneten NS-Funktionären getroffen werden. Hans Biebow, ein ehemaliger Kaffeeimporteur aus Bremen, war der NS-Chef der Ghettoverwaltung. Er schlug vor, die Juden im Ghetto arbeiten zu lassen und mit dem Erlös der von ihnen hergestellten Produkte Nahrungsmittel zu kaufen. Biebows Stellvertreter Alexander Palfinger war anderer Ansicht. Er glaubte, dass die Juden noch immer Geld versteckten. Nur wenn man ihnen mit dem Hungertod drohte, würden sie auch ihr letztes gehortetes Gold herausgeben. Wenn Palfinger sich irrte und die Juden starben, war das auch recht. Ein schnelles Aussterben der Juden könne den Deutschen völlig gleichgültig sein, meinte er, ja es wäre vielleicht sogar wünschenswert, solange die Interessen des deutschen Volkes durch die Begleitumstände nicht berührt würden.[14]

Palfinger konnte sich nicht durchsetzen. Hans Biebows unmittelbarer Vorgesetzter Dr. Karl Marder ergriff für den »Produktions«-Vorschlag von Biebow Partei. Das Lodzer Ghetto wurde nun ein geschäftliches Unternehmen. Palfinger verließ voller Abscheu die Stadt. Wie Professor Browning herausfand, bestellte Palfinger »als Abschiedsgeste in Berlin noch 144 000 Eier pro Woche zur Versorgung des Ghettos, offensichtlich weil er damit die Aufmerksamkeit auf die seiner Ansicht nach unerträgliche Verhätschelung der Lodzer Juden

lenken wollte. Er brachte damit Biebow in die peinliche Lage, erklären zu müssen, daß die Bestellung ohne sein Wissen gemacht worden war.«[15]

Greiser gefiel der Vorschlag, das Ghetto zu einem Quell des Reichtums zu machen, denn er hatte dafür gesorgt, dass die Gewinne zu einem guten Teil in seine eigene Tasche flossen. »Die Juden hatten in einem bestimmten Umfang Arbeit zu leisten«, sagt Professor Browning. »35 Prozent des Erlöses gingen an die Juden selbst, damit sie Nahrungsmittel kaufen konnten, und 65 Prozent flossen auf ein von Greiser kontrolliertes Sonderkonto, seinen Schmiergelderfonds.«

Estera Frenkiel arbeitete für die jüdische Ghettoverwaltung und lernte Hans Biebow gut kennen. Schon bei ihrer ersten Begegnung zeigte er die schizophrene Haltung, die für wohlerzogene Nazis im Umgang mit polnischen Juden typisch war. Sie erzählt, wie sie Biebow von Dora Fuchs, einer anderen Sekretärin, vorgestellt wurde: ›Dies ist eine neue Sekretärin‹, sagte Dora. Biebow erhob sich von seinem Stuhl, kam zu mir, stellte sich vor und gab mir die Hand. Da fiel ihm auf, was er getan hatte, und er sagte: ›Ich schüttle aber nur, wenn ich mich das erste Mal vorstelle, die Hand.‹«

Hans Biebow war ein Mann, der »dem Führer entgegen« arbeitete, aber nicht nur zum Wohle des Dritten Reichs, sondern auch zu seinem eigenen Wohl. Er nutzte seine absolute Machtposition gegenüber den Juden im Ghetto bei jeder Gelegenheit aus – manchmal in direkter Verletzung der nationalsozialistischen Vorschrift, dass Deutsche keinerlei körperlichen Kontakt mit Juden haben durften. »Eines Tages wurde im Büro ein sechzehnjähriges Mädchen angestellt«, berichtet Estera Frenkiel. »Sie musste Biebow Kaffee bringen. Als er die hübsche junge Frau sah, betatschte er sie. Das Mädchen hatte in ihrem ganzen Leben noch keinen deutschen Mann gesehen. Sie hatte aus der Ferne Deutsche gesehen, aber noch nie aus der Nähe. Sie wollte das nicht mit sich machen lassen. Sie

Vorherige Doppelseite: Juden aus dem Lodzer Ghetto im Winter 1940/41.

Hans Biebow, der Ghetto-Kommandant von Lodz (rechts im Bild),
zählt das Geld, das den Juden 1940 abgepresst wurde. Biebow achtete
darauf, die Beute ordentlich zu teilen – insbesondere mit Arthur Greiser.

war noch unschuldig und sie wehrte sich. Da riss er ihr das
Kleid herunter. Höchstwahrscheinlich passierte nichts, denn
sie rannte davon. Aber er schoss auf sie und traf sie ins Ohr.
Sie blutete stark. Sie ging zurück in ihr Zimmer und legte sich
hin. Es war schrecklich.«

Estera Frenkiel erzählte uns diese Geschichte – wie all
ihre Erlebnisse im Ghetto – sehr gefasst auf dem jüdischen
Friedhof von Lodz, nur ein paar Meter entfernt von den tausenden von Gräbern, in denen jene Menschen liegen, die an
der schlechten Behandlung im Ghetto gestorben waren. Als
wir das Interview abgedreht hatten, sagte ich zu ihr, ich hätte selten einen so kaltblütigen und willensstarken Menschen
kennen gelernt wie sie. Sie sah mich kurz an, lächelte

schwach und sagte: »Wenn ich nicht so kaltblütig und willensstark wäre, dann stünde ich heute nicht hier.«

Am Ende des Jahres 1940 hatten die Juden im Ghetto von Lodz zwar unter Hunger und Misshandlungen gelitten, aber man hatte sie wenigstens nicht verhungern lassen. Aus einer Übergangsmaßnahme war eine Art Arbeitslager geworden, das inzwischen für sich selbst sorgen konnte. Es lohnt sich, diese Entwicklung noch einmal zu rekapitulieren, denn an dem Entscheidungsfindungsprozess, der zu einem Ghetto führte, das unbegrenzt bestehen bleiben konnte, lässt sich nicht nur zeigen, dass Einzelne innerhalb des nationalsozialistischen Verwaltungssystems opportunistisch handeln konnten, sondern auch, dass sie dadurch neue Krisen hervorriefen, die einer Lösung bedurften.

Da die Nazis auf krisenhafte Erscheinungen mit Notlösungen reagierten, wurden nur kurzfristige Entscheidungen getroffen. Die Juden wurden erst einmal in Ghettos konzentriert, die nur für eine kurzfristige Internierung gedacht waren, bevor sie ins Generalgouvernement weitergeschickt würden. Aber Frank protestierte dagegen, dass massenhaft Polen auf seinem Territorium abgeladen werden sollten. Daraufhin wurde der ehrgeizige Vorschlag gemacht, die Juden nicht in die Außenbezirke des Nazireichs zu verschicken, sondern in weit entfernte Erdteile wie Afrika, eine Lösung, die durch die Niederlage Frankreichs und die erwartete Niederlage oder Kapitulation Großbritanniens möglich geworden wäre. Dieser neue Vorschlag verhalf Frank zu dem Argument, dass es Zeitverschwendung wäre, die Juden zunächst hunderte von Kilometern ins Generalgouvernement zu verfrachten. Also blieben sie noch länger in den Ghettos, in denen sie ursprünglich nur kurze Zeit hatten zusammengepfercht werden sollen. Die lokalen Naziführer reagierten darauf wiederum spontan, indem sie den Juden im Austausch für Nahrungsmittel ihr Geld

Vorherige Doppelseite: Juden transportieren Möbel durch das Lodzer Ghetto. Hinter dem Zaun sehen ihnen Nichtjuden dabei zu.

abpressten. Erst als die Juden kein Geld mehr hatten, galt es eine wirklich grundsätzliche Entscheidung zu treffen, nämlich ob man die Juden verhungern lassen sollte oder nicht. Nachdem man sich gegen das Verhungernlassen entschieden und dem Ghetto erlaubt hatte, Waren zu produzieren, änderte sich die Beziehung zu den Juden: Sie waren in halb dauerhaften Lagern beschäftigte Sklavenarbeiter geworden.

Dieses Endergebnis war nie »geplant« worden, wenn man unter einem »Plan« versteht, dass sich jemand hinsetzt und überlegt, wie man ein bestimmtes Ziel erreichen kann. Anstatt nach Plan zu arbeiten, hatten die Nazis bei jeder neuen Minikrise spontane Entscheidungen getroffen. Wichtig ist, dass keine dieser Entscheidungen auf einem Befehl Hitlers beruhte. Der Führer hatte grobe Ziele abgesteckt, aber die konkreten Entscheidungen über Leben und Tod wurden von den Naziverantwortlichen vor Ort selbstständig getroffen.

Die Atmosphäre, in der sie ihre Entscheidungen trafen, war von Verachtung für die Polen und von Hass auf die Juden geprägt. In den ersten Kriegsjahren inszenierten die Nazis in Polen eine Rassenpolitik, wie sie die Welt noch nicht gesehen hatte. Hunderttausende von Menschen wurden entwurzelt und in alle Winde zerstreut. Doch die Nazis waren mit Polen noch nicht fertig.

5. KAPITEL Der Weg nach Treblinka

Bilder von Auschwitz sind der Welt vertraut: die endlosen Barackenreihen, die ausgemergelten Leichen, die uns aus alten Wochenschauen anstarren. Es gibt Filme über Auschwitz, weil es nicht nur ein Vernichtungs-, sondern auch ein Arbeitslager war, und dies erklärt zum Teil auch die Tatsache, dass in Auschwitz sehr viel mehr Menschen überlebt haben als in anderen Vernichtungslagern. Auschwitz ist ein Alptraum, doch nicht das schlimmste Beispiel für die Schrecken des NS-Regimes. Die Nazis schufen noch andere Höllen, die reine Tötungsfabriken waren und keinem anderen Zweck dienten als der Produktion von Leichen. Diese Orte lagen weit von Deutschland entfernt. Sie erfüllten ihre teuflische Aufgabe und wurden von den Nazis vor Ende des Krieges zerstört, um die Ungeheuerlichkeit ihrer Verbrechen zu vertuschen. Ein solcher Ort war Treblinka. Es lag isoliert auf dem polnischen Land und wenn man das einstige Lagergelände heute besucht, steht man mitten in einem Wald und hört nur das Zwitschern der Vögel. Dennoch war, was hier geschah, einer der absoluten Tiefpunkte der Menschheitsgeschichte. Der Gedenkstein an der ehemaligen Lagergrenze trägt die Inschrift »Nie wieder«. Doch es sollte in feurigen Lettern noch ein weiteres Wort dort stehen – »Erinnert euch«.

Links: Ein unbekannter Mann und ein Junge blicken im Januar 1945 durch den Stacheldrahtzaun des Konzentrationslagers Auschwitz. Leiden wie diese waren die Folge der pseudodarwinistischen Theorien der Nazis.

Frauen und Kinder, dicht aneinander gedrängt, auf dem Weg in die Gaskammer in Treblinka, 1942 oder 1943. Das Bild legt Zeugnis ab für das Schicksal von mindestens 800 000 Menschen, die an diesem Ort starben. Von dem Vernichtungslager selbst ist heute nichts mehr zu sehen.

Der Jude Samuel Willenberg war von den Deutschen 1942 bei einer Razzia im südpolnischen Opatow gefasst worden und befand sich, in einen Viehwaggon gepfercht, auf dem Weg nach Treblinka. Auf verschiedenen Bahnhöfen, die der Zug passierte, hörte Willenberg polnische Kinder schreien: »Juden, aus euch wird Seife gemacht!« Und während der Güterzug sich durch die polnische Landschaft schlängelte, hörte er andere Juden in seinem Waggon flüstern: »Es ist schlimm. Wir kommen nach Treblinka.« Trotzdem wollte sich in dem Viehwaggon noch immer niemand mit dem Gedanken abfinden, dass es einen Ort geben könnte, der einzig und allein dazu bestimmt war, unschuldige Menschen zu töten. »Es war schwer zu glauben«, sagt Samuel Willenberg. »Ich war da und konnte es doch zunächst nicht glauben.«

Der Zug hielt im Bahnhof von Treblinka, die Türen der Viehwaggons wurden aufgerissen und Rufe erschallten: »Schnell, schnell!« Ukrainer in schwarzen SS-Uniformen trieben die Juden vom Bahnsteig und durch ein Tor im unteren Teil des Lagers. Die Männer wurden nach rechts gestoßen, die Frauen nach links. Ein junger Jude mit einem roten Armband und Schnüren in der Hand trat zu den Männern und sagte, sie sollten ihre Schuhe ausziehen und sie zusammenbinden. Der junge Mann kam Samuel bekannt vor.»Ich fragte ihn. ›Hör mal, wo kommst du her?‹ Er sagte es mir und fragte, wo ich herkäme. ›Czestochowa, Opatow, Warszawa‹, sagte ich. ›Aus Czestochowa?‹ ›Ja.‹ ›Wie heißt du?‹ ›Samuel Willenberg.‹ ›Sag, dass du Maurer bist.‹ Damit ging er.« Diese Zufallsbegegnung und der knappe Rat retteten Samuel Willenberg das Leben. Er sagte den Wächtern, er sei Maurer und so kam er zu dem kleinen Grüppchen von Juden, die für die Arbeit im Lager ausgewählt und nicht sofort vergast wurden.

Ungefähr 800 000 Menschen (nach anderen Schätzungen über eine Million) wurden im Laufe von 13 Monaten zwischen Juli 1942 und August 1943 in Treblinka ermordet. Es waren nur 50 Deutsche, 150 Ukrainer und etwas mehr als 1000 Juden notwendig, um den gesamten Massenmord durchzuführen. Wenn man heute auf der Lichtung steht, wo sich das Lager befand, ist man zunächst einmal verblüfft, wie klein es war – nur 600 mal 400 Meter. Es ist zutiefst bestürzend zu erkennen, wie wenig Raum für die massenweise Tötung von Menschen erforderlich ist.

Die Anlage des Lagers hätte kaum einfacher sein können. Die Opfer kamen in Güterwaggons an und wurden dann vom Bahnsteig auf den zentralen Hof getrieben, wo die Männer sich ausziehen mussten. Auf einer Seite des Hofes stand eine Baracke, wo sich die Frauen entkleiden mussten und ihnen die Haare abrasiert wurden.»An diesem Punkt schöpften die Frauen Hoffnung, denn wenn man ihnen die Haare schnitt, musste es danach noch irgendein Leben geben, denn Hygiene ist in einem Lager notwendig.« Die Frauen wussten natürlich nicht, dass die Deutschen mit ihren Haaren Matratzen stopfen wollten. Auch die Nacktheit der Opfer war für die Deutschen von Vorteil.»Ein Mann, der seine Schuhe ausgezogen hat und dann den Befehl ›Ausziehen!‹ erhält und nackt ist –

fühlt sich nicht mehr als menschliches Wesen, ist nicht mehr Herr seiner selbst«, sagt Samuel Willenberg. »Er bedeckt bestimmte Körperteile, er schämt sich. Plötzlich hat er tausend Probleme, die ihm in seinem normalen Leben nicht bewusst waren, die er nie hatte, weil er – außer vielleicht als Kind – nie dazu gezwungen wurde, unter anderen Menschen, unter Freunden, nackt umherzugehen. Plötzlich sind alle nackt! Und die Deutschen haben das ausgenutzt, wissen Sie. Und dazu immer das peitschende: ›Schnell, schnell!‹ An diesem Punkt wollte man davonrennen, so schnell man konnte, irgendwohin, ganz egal wohin.« Die Männer, Frauen und Kinder wurden einen Pfad hinunter getrieben (den die Deutschen »Himmelfahrtsstraße« nannten). Er war keine hundert Meter lang und führte geradewegs in die Gaskammern, in denen sie ermordet wurden. Danach wurden ihre Leichen in Gruben neben den Gaskammern geworfen.

Die gesamte Prozedur, von der Ankunft des Zuges bis die Leichen in die Grube geworfen wurden, nahm keine drei Stunden in Anspruch. Die meisten Opfer wussten bis zum allerletzten Moment nicht mit Sicherheit, wo sie waren und was mit ihnen geschah. Es wurde alles Erdenkliche getan, um sie über ihr Schicksal zu täuschen. Der Bahnhof von Treblinka war wie ein wirklicher Bahnhof mit einer Uhr und Fahrplänen ausgestattet. Den Opfern wurde erzählt, sie befänden sich in einem Durchgangslager, wo sie sich duschen sollten. Hohe Stacheldrahtzäune durchzogen das Lager und waren mit Zweigen durchflochten, damit niemand sehen konnte, was als Nächstes geschehen würde.

Nach der Ermordung der Opfer begann in Treblinka ein eifriges Sortieren. In einem riesigen Hof auf der Ostseite des Lagers mussten jüdische Arbeiter wie Samuel Willenberg all die Dinge sortieren, die noch wenige Augenblicke zuvor der kostbare Besitz der Opfer gewesen waren. »Es sah aus wie auf einem persischen Bazar«, berichtet Willenberg,»offene Koffer, ausgebreitete Leintücher und auf jedem Tuch lagen andere Dinge. Hosen, Röcke, Wollsachen, alles musste sortiert werden. Das Gold lag abseits in den Koffern ... Jeder von uns hatte ein Tuch neben sich ausgebreitet, auf das er Fotos, Dokumente, Diplome legte.« Samuel Willenberg musste unter der Aufsicht eines sadistischen SS-Manns arbeiten, den die Häftlinge »die Puppe« nannten. »Die Puppe« hatte seinen Bernhardinerhund Barry darauf dressiert, auf das Kommando »Mensch beiß den Hund!« Häftlinge zu zerfleischen, bevorzugt den Männern die Geschlechtsteile abzubeißen. (»Mit dem Worte ›Mensch‹ meinte er hierbei den Barry und mit dem Worte ›Hund‹ den betreffenden Häftling«, hieß es in der Urteilsbegründung, als »Puppe« später vor Gericht gestellt wurde.)[1] Jeden Augenblick, den Samuel Willenberg in Treblinka arbeitete, bevor ihm nach sieben Monaten die Flucht in die umliegenden Wälder gelang, schwebte er in Gefahr, umgebracht zu werden – aus einer Laune heraus.

Noch über fünfzig Jahre später kann Samuel Willenberg kaum begreifen, was er damals sah. »Sie stiegen ganz normal im Bahnhof aus, als ob sie in einem Ferienort angekommen wären. Und hier, auf diesem kleinen Fleckchen Land, fand der schlimmste Massenmord statt, der je in Europa, ja auf der ganzen Welt verübt wurde. ›Wissen Sie, ich betrachte das von einem historischen Standpunkt aus‹, sagte Professor Mering [Willenbergs Geschichtslehrer, der mit ihm in Treblinka arbeitete] bevor er starb und ich werde das nie vergessen. ›Wie bitte?‹ Ich sah ihn an, als ob er verrückt geworden wäre.«

Bei Nacht suchten Samuel Willenberg und die anderen jüdischen Zwangsarbeiter im Lager nach einer Erklärung für das, was mit ihnen geschah. »Es gab Diskussionen. Die Leute fragten einander leise: ›Warum?‹ Immer diese Frage – warum, warum? Und: ›Für welches Verbrechen? Warum kleine Kinder? Was haben sie getan? Was habe ich getan? Was haben wir alle getan?‹ Es gab keine Antwort.« Die Fragen sind heute nach wie vor aktuell. Wie war es möglich, dass die Deutschen diesen fabrikmäßigen Vernichtungsprozess befohlen und durchführten? Nicht nur in Treblinka, sondern auch in Auschwitz, Belzec, Sobibor und anderen Todeslagern. In der gesamten Geschichte gibt es kein vergleichbares Verbrechen. Niemand hatte es je zuvor unternommen, Männer, Frauen und Kinder in dieser Zahl zu töten und das Morden mit dem einfachen Argument »Sie sind Juden«, »Sie sind Zigeuner«, »Sie sind Homosexuelle« zu rechtfertigen – Menschen wurden getötet, nur weil sie nicht in eine bestimmte »Ordnung« passten, weil sie nicht erwünscht waren. Wie konnte das passieren? Wie konnte ein Ort wie Treblinka auf dem Antlitz der Erde entstehen?

Kein einzelner Grund reicht für sich genommen aus, um dies zu erklären. Vielmehr gab es eine Reihe von Vorbedingungen, ohne die die Entscheidung für die Massenvernichtung nie gefallen wäre. In Kapitel eins wurde geschildert, wie nach dem Ersten Weltkrieg der Antisemitismus in Deutschland zunahm, und ausgeführt, dass einige rechtsextreme Parteien in ihrer Propaganda forderten, die Juden zu töten. Bevor Hitler deutscher Reichskanzler wurde, rief er selbst jedoch zumindest in seinen öffentlichen Reden und Schriften niemals offen zur Tötung der Juden auf. Seine öffentliche Position in den dreißiger Jahren entsprach zeitgenössischen Forderungen, den Juden das deutsche Bürgerrecht zu entziehen und sie ganz aus Deutschland zu vertreiben. Viele Juden wurden in der Folge unter Druck gesetzt, damit sie Deutschland verließen. Und diese Methode, mit dem selbst geschaffenen Judenproblem umzugehen, wandten die Nazis fast bis zu dem Augenblick an, in dem die Massenmorde befohlen wurden.

Dennoch hatten sich hinter dem Gedanken, Deutschland durch die Vertreibung der Juden »zu säubern«, schon immer sehr viel unheilvollere Gedanken verborgen. »Sollte eine Kugel unseren geliebten Führer treffen«, verkündete eine Leipziger Zeitung bereits im März 1933, »würden alle Juden in Deutschland unverzüglich an die Wand gestellt werden, und es würde ein Blutbad geschehen, wie es die Welt noch nicht gesehen hat.«[2] Wie Arnon Tamir uns sagte, kann der nationalsozialistische Antisemitismus ganz schlicht mit den Worten zusammengefasst werden: »Der Jude ist schuld, immer und an allem.«

Der Gedanke der *Schuld* ist zentral. Die Nazis verachteten zwar die Geisteskranken, machten sie aber nie persönlich für ihre Krankheit verantwortlich. Die Juden dagegen wurden stets beschuldigt: Ihnen wurde die Verantwortung für die Niederlage im Ersten Weltkrieg angelastet, sie standen hinter dem schrecklichen Glaubensbekenntnis des Bolschewismus. Es spielte keine Rolle, dass diese Analyse schlicht falsch war; die Nazis schafften es trotzdem, daran zu glauben – schließlich hatte Deutschland den Ersten Weltkrieg eindeutig verloren und deswegen zu leiden gehabt. Außerdem behaupteten die Nazis, *alle* Juden seien schuld, denn wie die NS-Propaganda verkündete, waren alle Juden Teil einer homogenen Masse und ihre Loyalität galt dem eigenen Volk, nicht ihrem Vaterland. Wenn ein Jude ein Verbrechen begangen hatte, dann hatten es alle Juden begangen.

Nichts von alledem bedeutete jedoch, dass die Judenvernichtung vom Tag der nationalsozialistischen Machtergreifung an unvermeidlich gewesen wäre. Den größten Teil der dreißiger Jahre konnten die meisten Juden vergleichsweise unbehelligt in Hitlers Reich leben. Nach den chaotischen Gewaltausbrüchen in den ersten Monaten des Regimes und dem gescheiterten Judenboykott vom 1. April 1933 schwächte sich die Unterdrückung zunächst ab. Rassentrennung und Diskriminierung waren zwar gang und gäbe, aber viele Juden fanden diese täglichen Demütigungen noch erträglich. Dann, am 9. November 1938, kam die Kristallnacht. Für die Schrecken dieser Nacht ist das Erlebnis des 18-jährigen Rudi Bamber typisch. Er rief bei der Polizei an und meldete, dass SA-Männer sein Elternhaus demolierten, musste jedoch erfahren, dass die Polizei nicht helfen würde. Sie war mit den Verbrechern im Bunde.

Rechts: Hitler und Himmler 1938 auf dem jährlichen Parteitag in Nürnberg. Diese beiden Männer verwirklichten ihre Wahnidee von der Ausrottung des jüdischen Volkes.

Foto:
Harry Evers
D.P.

Die Kristallnacht ist deshalb so wichtig für das Verständnis des nationalsozialistischen Antisemitismus, weil sie zeigt, dass die Juden kollektiv für jedes Verbrechen verantwortlich gemacht wurden. Der Jude, der den deutschen Diplomaten in Paris erschoss, wurde nicht als ein einzelner Verbrecher betrachtet, sondern als Zelle in einem Organismus, der nur aus Juden bestand. Rudi Bamber versuchte zu ergründen, warum die SA-Männer gerade seine Familie heimgesucht hatten. Was hatte seine Familie Böses getan? Für die Nazis spielte diese Frage keine Rolle. Es war völlig gleichgültig, dass sie ihren Opfern nie begegnet waren oder dass diese den Mord in Paris vielleicht selbst verurteilten; Jude war Jude.

All dies bedeutete, dass sich die Juden in Nazideutschland in einer höchst verwundbaren Position befanden. In einer Rede vom 30. Januar 1939 sagte Hitler: »Wenn es dem internationalen Finanzjudentum inner- und außerhalb Europas gelingen sollte, die Völker noch einmal in einen Weltkrieg zu stürzen, dann wird das Ergebnis nicht die Bolschewisierung der Erde und damit der Sieg des Judentums sein, sondern die Vernichtung der jüdischen Rasse in Europa.« Auf den ersten Blick erscheint die Bedeutung dieser Worte völlig eindeutig. »Die Vernichtung der jüdischen Rasse in Europa« – kann es eine klarere Ankündigung des Holocaust geben? Und doch ist die Sache vielleicht nicht ganz so offensichtlich. Wie oben berichtet, wussten die nationalsozialistischen Ghettoverwalter in Lodz nichts von einer geplanten Vernichtung und bauten stattdessen ein System auf, in dem das Ghetto als eine von Sklaven betriebene Fabrik funktionierte. Auch Himmlers Denkschrift »Einige Gedanken zur Behandlung der Fremdvölkischen im Osten« vermittelt einen interessanten Einblick in die Denkweise der Nazis. Nachdem er dargelegt hat, dass er polnischen Kindern nur eine minimale Bildung angedeihen lassen und »rassisch tadellose« Kinder nach Deutschland entführen will, fügt er den folgenden Abschnitt hinzu: »So grausam und tragisch jeder einzelne Fall sein mag, so ist diese Methode, wenn man die bolschewistische Methode der physischen Ausrottung eines Volkes aus innerer Überzeugung als ungermanisch und unmöglich ablehnt, doch die mildeste und beste.« Für Himmler war also noch im Frühjahr 1940 die »physische Ausrottung eines Volkes« »ungermanisch«. Natürlich kann es sein, dass er log. Er kann bereits von einem geheimen Plan Hitlers gewusst haben, ein anderes Volk auszurotten – die Juden. Aber warum hätte er in einer für Hitler bestimmten Denkschrift heucheln sollen? Himmler fiel es nicht schwer, unmenschliche Äußerungen zu machen, nachdem die Entscheidung für den Holocaust gefallen war. (In einer Rede im Oktober 1943 in Posen sagte er in Bezug auf die »Ausrottung des jüdischen Volkes«, die SS habe das moralische Recht und vor ihrem Volk die Pflicht gehabt, dieses Volk zu zerstören, das das deutsche Volk habe zerstören wollen. Die Deutschen hätten eine Bazille ausgerottet, weil sie von dieser Bazille nicht hätten infiziert werden und letztlich daran sterben wollten.)[3]

Trotz der Hitlerrede von 1939 erscheint es deshalb höchst unwahrscheinlich, dass vor 1941 irgendein konkreter Plan zur Ausrottung der Juden existierte. Mit letzter Sicherheit wird man das freilich niemals wissen, denn niemand kann sagen, was in Hitlers Kopf vorging, niemand kennt seine geheimen Absichten. Möglicherweise hatte er sich schon lange danach gesehnt, die Juden auszurotten, hatte sich jedoch im Zaum gehalten, bis er die Vernichtung straflos in die Tat umsetzen konnte. Die vielleicht wahrscheinlichere Alternative ist, dass Hitler die Juden schon immer gehasst und verachtet hatte und sie einfach loswerden wollte. Welche Form dieses »Loswerden« annehmen sollte, wurde von den Nazis je nach den Umständen immer wieder neu bestimmt. Zu Anfang war die offizielle Politik zweifellos die Vertreibung. Nach dem Anschluss Österreichs leitete Adolf Eichmann die »Zentralstelle für jüdische Auswanderung« in Wien, eine Organisation, die den österreichischen Juden mit großer Effizienz ihr Geld abnahm, bevor sie das Land verließen. In gewisser Weise lief das darauf hinaus, die jüdische Rasse in Österreich »auszulöschen«.

Ein ehrgeizigerer Plan zur Abschiebung der europäischen Juden nahm 1940 mit der Niederlage Frankreichs Gestalt an.

Man wollte die Juden nach Madagaskar schicken, ein auf den ersten Blick unglaublicher, ja grotesker Plan. Franz Rademacher aus dem deutschen Außenministerium verfasste dazu die folgende, auf den 3. Juli 1940 datierte Denkschrift: »Der bevorstehende Sieg gibt Deutschland die Möglichkeit und meines Erachtens auch die Pflicht, die Judenfrage in Europa zu lösen. Die wünschenswerte Lösung ist: Alle Juden aus Europa… Frankreich muß im Friedensvertrag die Insel Madagaskar für die Lösung zur Verfügung stellen und seine rund 25 000 dort ansässigen Franzosen aussiedeln und entschädigen. Die Insel wird Deutschland als Mandat übertragen… Für den Wert der Insel haften die Juden als Gesamtschuldner. Zu diesem Zweck wird ihr bisheriges europäisches Vermögen einer zu gründenden europäischen Bank zur Verwertung übertragen. Soweit dieses Vermögen zur Bezahlung der Landwerte, die sie in die Hand bekommen, und der zum Aufbau der Insel notwendigen Warenaufkäufe in Europa nicht ausreicht, werden den Juden von der gleichen Bank bankmäßige Kredite zur Verfügung gestellt.«[4]

So abwegig dieser Plan erscheint, er blieb doch in der Logik der vom NS-Regime bis dahin verfolgten Vertreibungspolitik. Der Madagaskarplan war lediglich eine ehrgeizigere Version. Man wollte die Juden auf eine Insel vor der afrikanischen Küste schicken und ihnen all ihr Geld abnehmen, indem man sie für das Privileg, dorthin reisen zu dürfen, bezahlen ließ. Und Madagaskar war keineswegs als ein tropisches Paradies für die Juden gedacht; vielmehr sollte Philipp Bouhler, Chef der Kanzlei des Führers, den Transport zu der Insel organisieren – ein Mann, der bereits das mörderische Euthanasieprogramm geleitet hatte.

Am Ende wurde nichts aus dem Madagaskarplan. Eine notwendige Bedingung wäre ein sicherer Seeweg nach Afrika gewesen und da Großbritannien sich mit Deutschland noch immer im Kriegszustand befand, war diese Bedingung nicht erfüllt. Natürlich hatten die Nazis, als Rademacher im Juli 1940 seine Denkschrift verfasste, angenommen, dass der Krieg mit Großbritannien bald beendet sein würde. Hitler hatte nie gegen die Engländer kämpfen wollen und wollte über einen Frieden verhandeln – einen Frieden, der Großbritannien wie das Frankreich der Vichy-Regierung in einen Satellitenstaat des Nazi-Imperiums verwandelt hätte. Als das Jahr 1941 heraufzog, war man mit dem ehrgeizigen Madagaskarplan nicht vorangekommen. Die Deportationen von Polen und Juden in das Generalgouvernement hatten wieder begonnen, nicht jedoch in genügendem Umfang, um Arthur Greisers Probleme zu lösen. Hans Frank führte noch immer Klage, dass das Generalgouvernement nicht über die Ressourcen verfüge, um die Deportierten aufzunehmen, und die Transporte wurden im März 1941 vorübergehend wieder eingestellt. Der Streit zwischen den konkurrierenden nationalsozialistischen Machthabern in Polen, wohin die »unerwünschten« Polen denn nun geschickt werden sollten, schien kein Ende zu finden.

Inzwischen wurden die Vorbereitungen für den Einmarsch in die Sowjetunion getroffen, ein Ereignis, das eine radikale Veränderung der nationalsozialistischen Judenpolitik auslösen sollte. Auf verquere Weise stellte die Invasion in der Sowjetunion, die den Codenamen Barbarossa trug, eine Erfüllung der ideologischen Wunschvorstellungen der Nazis dar. Nun endlich konnten sie sich dem wirklichen Feind zuwenden, den Hitler schon die ganze Zeit hatte bekämpfen wollen – jenem Feind, der zu der sozialdarwinistischen Vorstellung vom großen Überlebenskampf der Völker passte. In der Nacht vor dem Einmarsch schrieb Hitler einen Brief an Mussolini, der folgendermaßen endete: »Ich fühle mich, seit ich mich zu diesem Entschluß durchgerungen habe, innerlich wieder frei. Das Zusammengehen mit der Sowjetunion hat mich bei aller Aufrichtigkeit des Bestrebens, eine endgültige Entspannung herbeizuführen, doch oft schwer belastet; denn irgendwie schien es mir doch ein Bruch mit meiner ganzen Herkunft, meinen Auffassungen und meinen früheren Verpflichtungen zu sein. Ich bin glücklich, daß ich diese Seelenqualen los bin.«

Bolschewismus und Nationalsozialismus, die beiden großen konkurrierenden Weltanschauungen, würden miteinander ausfechten, wer die Erde am Ende regieren sollte. Es sollte der größte Rassenkrieg in der gesamten Geschichte werden. Daher muss es den Nationalsozialisten logisch erschienen sein, dass dieser Krieg nach anderen Regeln geführt werden würde.

Im März 1941 hatte Hitler seinen Generälen erklärt, dass der kommende Krieg ein Kampf auf Leben und Tod zwischen beiden Weltanschauungen sein würde. Die Wehrmacht wurde ermächtigt, Gefangene zu erschießen, und erhielt den Befehl, die politischen »Kommissare« des Sowjetregimes zu liquidieren. Wie die NS-Propaganda jener Zeit klarstellte, waren die Bolschewisten kein gewöhnlicher Feind: »Wer je in das Gesicht eines roten Kommissars geblickt hat, weiß, wie die Bolschewisten sind. Theoretische Überlegungen sind hier nicht notwendig. Es wäre eine Beleidigung für die Tiere, wenn

Russen in der Nähe von Moskau im Abwehrkampf gegen die Wehrmacht während der deutschen Winteroffensive von 1941. Der deutsch-sowjetische Krieg wurde mit beispielloser Brutalität geführt und war entscheidend für eine Politik, die schließlich zum Holocaust führte.

wir diese Männer, die zumeist Juden sind, als Tiere bezeichnen würden. Sie sind die Verkörperung des satanischen und wahnsinnigen Hasses gegen die ganze Menschheit.«[5]

Im Juni 1941, am Vorabend der Invasion in der Sowjetunion, schrieb der Kommandeur des 48. Panzerkorps in seinem Tagesbefehl:»Wir stehen vor einem großen Ereignis in diesem Krieg. Der Führer hat uns erneut zur Schlacht gerufen. Wir haben jetzt die Aufgabe, die Rote Armee zu zerstören und dadurch für immer den Bolschewismus, den tödlichen Feind des Nationalsozialismus, zu vernichten. Wir haben nie vergessen, daß es der Bolschewismus war, der unserer Wehrmacht im Weltkrieg den Dolch in den Rücken stieß und der die Schuld an all dem Unglück trägt, das unser Volk nach dem Krieg erleiden mußte. Wir sollten immer daran denken.«[6]

Die auf diese Weise erzeugte Stimmung ließ einen Krieg von unerhörter Grausamkeit erwarten. Anders als noch beim Einmarsch in Polen machte sich die Wehrmachtsführung die ideologisch geprägte Vorstellung der Nazis von einem Krieg mit der Sowjetunion nun offen zu eigen. Diesmal wurde den mit der Liquidierung ideologischer Feinde beauftragten Einsatzgruppen der SS offen eine sehr viel größere Rolle zugestanden.

Ein Brief Heydrichs vom 2. Juli 1941 verdeutlicht, in welchem Umfang die Einsatzgruppen tätig werden sollten:»4. *Exekutionen:* Zu exekutieren sind alle Funktionäre der Komintern (wie überhaupt die kommunistischen Berufspolitiker schlechthin), die höheren, mittleren und radikalen unteren Funktionäre der Partei, der Zentralkomitees, der Gau- und Gebietskomitees, Volkskommissare, Juden in Partei- und Staatsstellungen, [alle] sonstigen radikalen Elemente (Saboteure, Propagandeure, Heckenschützen, Attentäter, Hetzer usw.), soweit sie nicht [sic] im Einzelfall nicht oder nicht mehr benötigt werden, um Auskünfte in politischer oder wirtschaftlicher Hinsicht zu geben, die für die weiteren sicherheitspolizeilichen Maßnahmen oder für den weiteren wirtschaftlichen Wiederaufbau der besetzten Gebiete besonders wichtig sind... Den Selbstreinigungsversuchen antikommunistischer oder antijüdischer Kreise in den neu zu besetzenden Gebieten sind keine Hindernisse zu bereiten. Sie sind im Gegenteil, allerdings spurenlos, zu fördern.«[7] Reinhard Heydrich, der Chef des Reichssicherheitshauptamts und enge Mitarbeiter Himmlers, von dem diese Mitteilung stammt, forderte offen also nur die Exekution von »Juden in Partei- und Staatsstellungen«. Dass jedoch »Selbstreinigungsversuche … spurenlos zu fördern« waren und implizit auch Frauen und Kinder betroffen sein konnten, ist ein innerer Widerspruch der Anweisungen, sofern man nicht davon ausgeht, dass mit Begriffen wie »Juden in Partei- und Staatsstellungen« nur das absolute Minimum der zu ermordenden Juden bezeichnet wurde.

Wie gingen die Einsatzgruppen nun bei ihrer entsetzlichen Aufgabe vor? Einsatzgruppe A wurde von Polizeigeneral und SS-Brigadeführer Dr. Walther Stahlecker kommandiert. Sie marschierte am 23. Juni 1941 im Gefolge der Wehrmacht in Litauen ein und hatte schnell Kaunas, die zweitgrößte Stadt Litauens, erreicht. Da Litauen (in Übereinstimmung mit dem geheimen Zusatzprotokoll des Hitler-Stalin-Pakts) 1939 zwangsweise in die Sowjetunion eingliedert worden war, hoffte Stahlecker, die Litauer selbst auf ihre ehemaligen Feinde hetzen zu können. Die nationalsozialistische Lüge, dass Kommunismus und Judentum praktisch dasselbe seien, hatte sich in den zwei Jahren der kommunistischen Herrschaft auch in Litauen verbreitet. »Aufgabe der Sicherheitspolizei mußte es sein«, heißt es in einem Bericht Stahleckers, »die Selbstreinigungsbestrebungen in Gang zu setzen und in die richtigen Bahnen zu lenken, um das gesteckte Säuberungsziel so schnell wie möglich zu erreichen.«[8]

Unmittelbar nach dem Einmarsch der deutschen Truppen in Kaunas kam die damals 16-jährige Litauerin Viera Silkinaite an einer Tankstelle am Rand des Stadtzentrums vorbei.

Rechts: Eine jüdische Frau wird nach der Ankunft der Deutschen im Sommer 1941 von Bürgern der ukrainischen Stadt Lemberg (Lwow) misshandelt.

Litauer, höchstwahrscheinlich Juden,
werden durch die Straßen von Kaunas in den Tod geführt.

Sie sah eine Ansammlung von Menschen, die anscheinend
zwei Betrunkenen bei einem Kampf zuschauten. Als sie näher
hinzutrat, sah sie einen Mann auf dem Boden liegen, der kaum
noch atmete. Über ihm stand ein anderer Mann mit einem
Holzknüppel in der Hand. Es handelte sich keineswegs um einen Streit zwischen Betrunkenen, sondern um Mord. Unbe-
waffnete Juden, die die Deutschen unmittelbar zuvor aus dem
Gefängnis entlassen hatten, wurden von Litauern brutal mit
Knüppeln erschlagen. »Ich hatte große Angst«, sagt Viera Silkinaite. »Ich fühlte mich ganz verloren vor Angst. Ich kann
gar nicht beschreiben, was in meinem Kopf vorging. Selbst
heute noch habe ich das Bild vor Augen.« Einige Zuschauer
hetzten die Mörder weiter auf und schrien: »Schlagt diese Juden.« Ein Mann hielt sogar sein kleines Kind hoch, damit es
zusehen konnte. Viera Silkinaite konnte kaum fassen, dass
ein Kind dabei zuschaute. »Was für ein Mensch würde es sein,
wenn es erwachsen war? Das heißt, wenn es überhaupt ver-

224

Oben und links und unten:
Fotos von den so genannten
Tankstellen-Morden in
Kaunas. Die Deutschen
standen dabei und sahen
zu, als die Litauer die Juden
erschlugen.

stand, was es da gesehen hatte. Und was war das für ein Mensch, der da geschrien hatte? Es war, als wollte er gleich vortreten und selbst zuschlagen.«

Es sind mehrere Berichte von Deutschen erhalten, die Zeugen der Morde wurden. So schrieb etwa ein deutscher Wehrmachtsoffizier: »Auf der Fahrt durch die Stadt kam ich an einer Tankstelle vorbei, die von einer dichten Menschenmenge umlagert war. In dieser befanden sich auch viele Frauen, die ihre Kinder hochhoben oder, um besser sehen zu können, auf Stühlen und auf Kisten standen. Der immer wieder aufbrausende Beifall – Bravo-Rufe, Händeklatschen und Lachen – ließ mich zunächst eine Siegesfeier oder eine Art sportliche Veranstaltung vermuten. Auf meine Frage jedoch, was hier vorgehe, wurde mir geantwortet, daß hier der ›Totschläger von Kowno [Kaunas]‹ am Werk sei ... Auf einen kurzen Wink trat dann der nächste schweigend vor und wurde auf bestialischste Weise mit der Brechstange zu Tode geprügelt, wobei jeder Schlag von begeisterten Zurufen seitens der Zuschauer begleitet wurde.«[9] Und ein deutscher Fotograf berichtet: »Nachdem alle erschlagen waren, legte der Junge die Brechstange beiseite, holte sich eine Ziehharmonika, stellte sich auf den Berg der Leichen und spielte die litauische Nationalhymne.«[10]

Viera Silkinaite stand nur ein paar Minuten in der Menge, dann rannte sie davon und suchte auf einem nahe gelegenen Friedhof Zuflucht. »Ich schämte mich«, sagt sie. »Als ich den Friedhof erreicht hatte, setzte ich mich hin und dachte: ›Allmächtiger Gott, ich habe schon gehört, dass sie Fenster einschlagen oder so, das kann man immer noch verstehen, aber eine solche Grausamkeit, einen hilflosen Mann zu erschlagen... das war zu viel.‹«

Die Einsatzgruppe A wütete von Anfang an schlimmer als die anderen drei Gruppen. Dies ist bekannt, weil die Einsatzgruppen selbst ihr Vorgehen genau dokumentierten. Die ver-

Rechts: Der »Totschläger von Kaunas« mit der Brechstange, seinem Mordwerkzeug.

schiedenen Gruppen scheinen ihre Befehle zunächst unterschiedlich interpretiert zu haben, doch selbst Einsatzgruppe A schreckte in den ersten Wochen der Besetzung davor zurück, Frauen und Kinder umzubringen.

Riva Losanskaya lebte in dem Dorf Butrimonys, ungefähr auf halbem Weg zwischen Kaunas und der litauischen Hauptstadt Vilnius. Sie war 21 Jahre alt, als die Deutschen einmarschierten. Bis zum Krieg hatte sie in Butrimonys mit ihrem Vater, ihrer Mutter und zwei Schwestern ein glückliches Leben geführt. Die Familie war jüdisch, doch dies hatte vor dem Krieg kaum eine Rolle gespielt, da die Dorfbewohner gut miteinander auskamen. »Als der Krieg begann«, sagt Riva Losanskaya, »wussten wir zwar, dass die Juden in Polen schwer zu leiden hatten, aber wir glaubten immer noch nicht, dass es uns genauso ergehen könnte. Wie konnte man unschuldige Menschen einsperren und töten? Mein Vater sagte immer, dass man ohne Prozess niemandem etwas tun kann.« Als jedoch die deutschen Truppen im Anmarsch waren, sah Riva Losanskaya Menschen durch die Straßen hetzen und hörte sie schreien, dass die Juden fliehen müssten. Es gab Gerüchte, dass die Juden in der nahe gelegenen Stadt von den Deutschen als Vergeltungsmaßnahme getötet würden und »auf den Straßen überall Tote herumlagen«. Losanskaya und ihre Familie packten ein paar Habseligkeiten zusammen und flohen in ein zehn Kilometer entferntes Dorf, um sich zu verstecken. Sie dachten, die Russen seien nur vorübergehend zurückgeschlagen worden und die Deutschen würden bald wieder aus Litauen vertrieben. Bald jedoch war klar, dass die Russen nicht zurückkehrten und es für die Familie wenig Sinn hatte, sich in einem fremden Dorf zu verstecken. »Die Leute in dem Dorf haben uns nicht eine einzige Brotrinde gegeben«, sagt Riva Losanskaya. »Und wir wussten nicht, wo wir hinsollten.« Also kehrten sie nach Butrimonys zurück, wo sie voller Angst wieder in ihrem eigenen Haus lebten.

Schon wenige Tage nach dem deutschen Einmarsch wurden alle jüdischen jungen Männer des Dorfes zusammengetrieben und weggebracht. Den zurückgebliebenen jüdischen

Dorfbewohnern erzählte man, die jungen Männer seien in die Stadt Alytus gebracht worden, wo sie für die Deutschen arbeiten müssten. Auch Rivas Vater war verschleppt worden. Tage später erhielt seine Familie Besuch von einigen Dorfbewohnern, die sagten, sie hätten gute Nachrichten. »Diese ›netten‹ Leute«, berichtet Riva Losanskaya, »zu denen wir unser ganzes Leben lang ein freundliches Verhältnis gehabt hatten, kamen zu uns und sagten: ›Weint nicht, wir haben euren Vater gesehen.‹ Es war Vaitkevicius [ein inzwischen verstorbener Dorfbewohner], der sagte: ›Hier ist ein Brief, den wir von ihm bekommen haben. Wir lesen ihn euch vor und dann nehme ich ein Paket für ihn mit.‹ Er war mit meinem Vater sehr gut befreundet gewesen. Ich wurde zu unseren Nachbarn geschickt, um ihnen zu sagen, dass alle noch lebten. ›Warum weint ihr? Mein Vater lebt und ich schicke ihm Kleider und Essen über Vaitkevicius.‹ Die Nachbarn sagten: ›Riva, du hast so nette Freunde. Können wir ihm Geld geben, damit er auch unseren Ehemännern und Vätern Pakete bringt?‹ Also machten wir Pakete fertig, die wir Vaitkevicius gaben, und er nahm sie alle mit. Andere Leute sammelten auch in allen anderen Straßen Pakete ein.« Doch es war ein Trick, geradezu atemberaubend in seiner Herzlosigkeit. Kurz bevor die Juden von der litauischen Polizei auf Befehl der Deutschen getötet wurden, hatte man sie Briefe an ihre Familien schreiben lassen, in denen sie um Geld, Kleidung und Nahrungsmittel baten. Dann hatte die Polizei die Briefe den Einheimischen übergeben, damit sie die Familien der Opfer berauben konnten. Als die Nachbarn zu Riva Losanskaya sagten, sie hätten ihren Vater gesehen, war er bereits tot.

Nachdem man ihren Vater abgeholt hatte, verbrachten Riva Losanskaya und der Rest der Familie keine Nacht mehr zu Hause. Sie schliefen draußen auf den Kartoffelfeldern oder in den Häusern ihrer Nachbarn, wobei sie sorgfältig darauf achteten, nie zweimal am selben Ort zu übernachten. Doch sie entfernten sich nie weit von ihrem Haus und suchten es tagsüber immer noch auf. Dann, im September 1941, verbreiteten sich im Dorf Gerüchte über eine neue Politik gegenüber den Juden. Man sagte, die Deutschen hätten befohlen, alle Juden in Litauen einschließlich der Frauen und Kinder zu töten. »Eine Frau sagte sogar: ›Ich weiß, dass sie schon die Gruben ausgehoben haben‹«, erzählt Riva Losanskaya. »Doch wir dachten, die Gruben sind vielleicht für Kartoffeln… für den Krieg. Die Frau rannte im Ghetto herum und schrie: ›Morgen werden sie uns erschießen, ihr müsst fliehen!‹ Aber die Leute dachten: ›Vielleicht erschießen sie uns doch nicht, vielleicht haben sie die Gruben aus keinem besonderen Grund gegraben.‹ So dumm waren wir. Wir konnten uns nicht vorstellen, dass sie so schnell kommen und uns töten würden. Besonders schlaue Juden sagten, es käme irgendein Feiertag und wir hätten ein paar Tage Ruhe.«

Der 9. September war ein kirchlicher Feiertag und viele Juden in Butrimonys dachten, dass sie an diesem Tag ganz bestimmt sicher wären. Sie irrten sich. An diesem Morgen begannen litauische Polizisten mit eifriger Unterstützung von Einheimischen die Frauen, Kinder und alten Männer zusammenzutreiben, aus denen die jüdische Einwohnerschaft von Butrimonys noch bestand. Riva und ihre Mutter gehörten zu einer der Marschkolonnen, die aus dem Dorf geführt wurden. Ihr Bestimmungsort lag zwei Kilometer entfernt – eine Grube, die man ungefähr 200 Meter neben der Straße auf einer baumbestandenen Wiese ausgehoben hatte. Die Juden, die sich ihrem Tod entgegenschleppten, waren schwach vor Hunger und häufig vom Übernachten auf den Feldern erschöpft. »Ich dachte, sie würden alle umbringen und die Überlebenden würden verflucht sein«, sagt Riva Losanskaya. »Und doch hatte ich bis zum letzten Augenblick noch ein Fünkchen Hoffnung.« Als die Kolonne nur noch 500 Meter vom Hinrichtungsort entfernt war, sah Riva Losanskaya einen Pfad, der auf der anderen Straßenseite in den Wald führte. Sie zog ihre Mutter hinter sich her und die beiden versteckten sich hinter ein paar Sträuchern. Die Wachen passten nicht mehr richtig auf, weil sich die anderen Juden so widerstandslos in ihr Schicksal ergaben, und so wurden Riva und ihre Mutter nicht vermisst. Minuten später hörten sie Gewehrschüsse.

Dezember 1941: Jüdische Frauen in Lettland müssen sich fotografieren lassen, bevor sie erschossen werden. Wenige Monate später hatten die Nazis eine effizientere Methode für den Massenmord gefunden – die Gaskammern in den Vernichtungslagern.

»Hunde bellten, vielleicht weil sie Angst vor den Schüssen hatten«, berichtet Riva Losanskaya. »Meine Mutter sagte: ›Sie schießen schon.‹ Aber ich sagte: ›Nein, nein, das sind nur Hunde.‹ Das sagte ich aber nur, weil ich fürchtete, dass meine Mutter verrückt werden würde.«

Am selben Tag ging Alfonsas Navasinskas mit seiner Freundin Kosima über eine nahe der Grube gelegene Wiese. »Wir sahen, dass Leute aus Butrimonys hergetrieben wurden. Zuerst kam ein Mann auf einem Pferd, dann ein paar Polizisten und schließlich ein paar normale Leute – ein Ladenbesitzer und Angestellte aus den Büros, wo die Lebensmittelkarten verteilt wurden. Sie hatten sich alle zusammengetan, um die Juden herzutreiben. Man hatte ihnen Stöcke und das eine oder andere Gewehr in die Hand gedrückt.« Navasinskas und seine Freundin folgten der Gruppe und sahen, wie die Juden sich ins Gras legen mussten. »Dann kamen die Männer, die

die Erschießung vornahmen. ›Alles aufstehen‹, wurde den Juden befohlen.« Navasinskas sah, dass zerrissene Banknoten über den Boden verstreut lagen. Die Juden hatten ihr Geld zerrissen, damit es die Mörder nicht ausgeben konnten. »Ich wartete ein bisschen und ging dann näher heran«, erzählt Navasinskas. »Ich konnte hören, wie sie schrien: ›Such dir deinen Platz raus, Soundso.‹« Er sah, wie eine neue Gruppe von Juden sich am Rand der Grube ausziehen musste. Manche warfen dabei ihre Kleider Bekannten zu, damit die Mörder ihre Sachen nicht bekamen. Einer der Dorfbewohner bekam einen Mantel von einem der Todgeweihten, kurz bevor dieser erschossen wurde. »Wenn die Juden überlebt hätten, hätte ich ihn nicht bekommen«, hörte Navasinskas den Mann später sagen. »Ich trage ihn heute Nacht, wenn ich zum Tanzen gehe.« Er hörte auch, wie eine jüdische Frau zu einem anderen Einheimischen sagte: »Hier ist eine Strickjacke, gib sie deiner Frau.« Die Knöpfe waren mit Stoff überzogen, es waren Goldstücke aus der Zarenzeit. Der Mann, der die Jacke bekommen hatte, wusste das nicht und warf sie auf den Hof zwischen die Hühner. Mit der Zeit pickten die Hühner Löcher in den Stoff und der Bauer sah die Goldstücke glitzern. »Er ist inzwischen gestorben, aber er sagte mir, er müsse ›in Gottes Augen ein guter Mensch sein‹, weil es ihm vergönnt war, die Goldmünzen zu finden.«

Nachdem Alfonsas Navasinskas an der Grube die Erschießung von fünf Gruppen beobachtet hatte, ging er allein nach Hause (seine Freundin blieb zurück, um die zerrissenen Banknoten einzusammeln). »Ich blickte immer wieder über die Schulter, um zu sehen, ob jemand hinter mir her kam. Es war ein grausiges Gefühl. Niemand setzte sich für die Juden ein, keiner sprach ein Wort. Es war, als ob das alles ganz normal sei.«

Ein anderer Dorfbewohner, der damals 21-jährige Juozas Gramauskas, wurde ebenfalls Zeuge der Morde. »Die Frauen, Kinder und alten Männer wurden in der Grube erschossen«, sagt er. »Die Kinder gingen von einem zum anderen und schrien: ›Mama, Papa, Mama, Papa!‹ Ich glaube, jemand rief

SS-Männer erschießen irgendwo im Osten zwei Gefangene.
Willkürliche Morde wie diese waren im Osten an der Tagesordnung.

nach seiner Tochter. Und dann kam ein wirklich fetter Kerl
mit einer Pistole daher und… peng, peng! All das Leid und das
Weinen war einfach herzzerreißend. Selbst heute noch kann
ich die Erinnerung an all das Klagen und Weinen nicht ertragen. Bis heute darf ich mir nicht vorstellen, was passierte.«

Die Erschießungen wurden von litauischen Soldaten
durchgeführt, die auf Befehl der Deutschen handelten. Es waren auch deutsche Soldaten anwesend, aber sie überwachten
lediglich das Gemetzel. Das Morden ging bis zum Abend weiter, dann wurden Feuer angezündet, um zu sehen, ob sich in
der Grube noch etwas bewegte. »Ich habe es immer noch vor
Augen«, sagt Juozas Gramauskas. »Diese Tiere!«

All dieses Grauen wurde im Bericht von Einsatzkommando 3 wie folgt registriert: »9.9.41 Butrimonys – 67 Juden,
370 Jüdinnen, 303 Judenkinder – [insgesamt] 740.« Einige
Dorfbewohner meinen, die Hinrichtung habe nicht am 9.,
sondern am 8. September stattgefunden und es seien mindes-

tens 900 Juden getötet worden. Unter den entsetzlichen Umständen war eine präzise Buchführung kaum zu leisten.

Es ist fast unmöglich zu verstehen, wie menschliche Wesen so etwas tun konnten. Eine einfache Erklärung, die von manchen gegeben wird, lautet, dass die Beteiligten alle »verrückt« gewesen seien, doch sie lässt sich durch die Dokumente nicht bestätigen. Das Tagebuch von Felix Landau, einem deutsch-österreichischen Mitglied der Einsatzgruppen, ist erhalten geblieben. Er war Kunsttischler von Beruf, trat mit 21 Jahren der NSDAP bei und arbeitete ab 1938 bei der Wiener Gestapo. Im Juni 1941 meldete er sich zu einem Einsatzkommando, das zunächst in Polen Dienst tat. Sein Tagebuch ist ein außerordentliches Dokument, weil es das Grauen der Mordaktionen mit sentimentaler Sehnsucht nach seiner Freundin mischt. Die Notiz vom 3. Juli 1941 schließt mit den Worten: »Es liegt mir wenig, wehrlose Menschen – wenn es auch nur Juden sind – zu erschießen. Lieber ist mir der ehrliche offene Kampf. Nun gute Nacht, mein liebes Hasi.«[11] Zwei Tage später heißt es über die Erschießung von Widerstandskämpfern: »Einer wollte nicht und nicht sterben, schon lag die erste Sandschicht auf dem ersten Erschossenen, da hebt sich aus dem Sandhaufen eine Hand, winkt und zeigt nach einer Stelle, vermutlich seinem Herzen. Noch ein paar Schuß knallen, da ruft jemand, und zwar der Pole selbst: ›Schießt schneller!‹ Was ist der Mensch?« Der nächste Abschnitt beginnt: »Heute haben wir Aussicht, das erste Mal ein warmes Essen zu bekommen. RM 10,– erhielten wir, damit wir uns einige notwendige Kleinigkeiten kaufen können. Ich habe mir eine Reitpeitsche um RM 2,– gekauft.«[12]

Am 12. Juli 1941 schreibt Landau: »Ist doch eigentümlich, da liebt man den Kampf, und dann muß man wehrlose Menschen über den Haufen schießen. 23 sollten erschossen werden.… Die Todeskandidaten werden [als sie ihr Grab schaufeln müssen] in drei Schichten eingeteilt, da nicht so viel Schaufeln hier sind. Eigentümlich, in mir rührt sich gar nichts. Kein Mitleid, nichts. Es ist eben so, und damit ist alles erledigt.«[13]

Felix Landaus Tagebuch stammt von einem Mann, für den Mitleid ein unbekanntes Gefühl ist. Er ist ein selbstsüchtiger und gemeiner Mensch, aber kein Verrückter.

Es ist in vieler Hinsicht aufschlussreich, ein solches Tagebuch zu lesen, nicht zuletzt, weil es unter dem unmittelbaren Eindruck des Geschehens geschrieben und nicht von nachträglichen Einsichten geprägt ist. Trotzdem gibt es keine Alternative zu den zusätzlichen Erkenntnissen, die sich aus der Begegnung mit den Tätern gewinnen lassen, also suchten wir nach einem der Mörder, die in Litauen gewütet hatten. Wir fanden schließlich einen ehemaligen litauischen Soldaten, der zusammen mit der deutschen Einsatzgruppe Juden ermordet hatte und deshalb für zwanzig Jahre nach Sibirien verbannt worden war. Petras Zelionka wurde 1917 in eine bäuerliche Familie geboren. Seine Familie besaß einen kleinen Hof und zwei Kühe und war für die örtlichen Verhältnisse relativ wohlhabend. Während der russischen Besatzung hatte Zelionka Gerüchte gehört, dass »die Leute in der Sicherheitsabteilung hauptsächlich von Juden gefoltert wurden. Sie folterten Professoren und Lehrer, indem sie ihnen den Kopf in einen Schraubstock spannten und zudrehten.« Wie Zelionka sagt, ging er zur litauischen Armee, weil »ich Litauen liebte und ein echter Litauer bin… Ich fühlte mich von allem Militärischen angezogen; es gefiel mir sehr.«

Die ersten Morde an Juden erlebte Petras Zelionka in der Frühzeit der deutschen Besetzung in Fort VII in Kaunas, als die Einsatzgruppen noch vorwiegend Männer töteten. Er patrouillierte als Wachtposten auf den Wällen des Forts und sah, wie jeweils 15 jüdische Männer am Rand einer innerhalb der Festung ausgehobenen Grube erschossen wurden. Jede Schicht Leichen wurde mit Erde bedeckt und das Ganze wurde so lange wiederholt, bis an diesem Tag keine Juden mehr übrig waren. Er erinnert sich noch, dass die Männer fast völlig widerstandslos in den Tod gingen, »ganz wie Lämmer«.

Ab dem Spätsommer 1941 wurde das Morden auch auf Frauen und Kinder in weiter entfernten Dörfern ausgedehnt und Zelionka wurde selbst zum Mörder. Seine Antwort auf die Frage »Wo mussten Sie zum ersten Mal schießen?« ist aufschlussreich. »Wo?«, sagte er. »Wo war ich denn? Vielleicht war ich in Babtai? Oder vielleicht in der Nähe von Joniskis, in der Umgebung … Ich musste sie irgendwohin bringen. Sie erst aus dem Ghetto holen und dann irgendwohin bringen.« Aus dem Geständnis, das Zelionka nach dem Krieg bei den Russen ablegte, geht hervor, dass er an vielen Massenmorden beteiligt war – an so vielen, dass er heute nicht mehr weiß, wo er seinen ersten Mord beging.

Er beschrieb, wie das Töten an einem typischen Tag ablief. Wenn die Soldaten seines Bataillons nach dem Frühstück die Kaserne verließen, wussten sie noch nicht, wohin es ging. Es gab nur den einfachen Befehl: »Männer, wir müssen los!« Dann kletterten sie auf ihre Lastwagen und fuhren ab. Die Stimmung auf dem Lastwagen war Zelionka zufolge »nicht besonders gut. Manchmal dachte ich, ich würde einen unschuldigen Menschen erschießen müssen.« (Er hat einen diabolischen Begriff von Unschuld, der alle Juden, auch jüdische Frauen und Kinder, ausschließt.)

Wenn die Soldaten an ihrem Bestimmungsort ankamen, trieben sie die Juden aus dem Dorf zur vorbereiteten Hinrichtungsstätte. Die Deutschen nahmen den Opfern die »Goldsachen« wie Schmuck und Uhren ab und befahlen ihnen dann, sich auf den Boden zu legen. Danach wurde jeweils eine bestimmte Anzahl abgezählt und zu der Grube geführt, wo man sie erschoss. Zelionkas Bataillon wurde von einem deutschen Kommando unterstützt. »Man konnte es nicht tun ohne die Deutschen. Sie hatten Maschinengewehre. Wir mussten bloß schießen.«

Die Mörder durften beim Töten Wodka trinken. Mit Wodka »wird jeder mutiger«, sagt Zelionka. »Es ist anders, wenn man betrunken ist.« Manchmal, nach den Morden, dankten die Deutschen den Litauern für ihre Hilfe. In seinem Geständnis nach dem Krieg gab Zelionka zu Protokoll, was er und seine Kameraden taten, nachdem sie in Vikija rund 500 Menschen ermordet hatten. »Als wir mit der Erschießung fertig waren, aßen wir in einer Gaststätte in Krakes. Es

Das Gesicht eines Mörders:
Petras Zelionka in der Uniform eines litauischen Soldaten.

wurde Schnaps getrunken.« Der Mord verdarb ihm nicht den Appetit.

Die Mörder waren allesamt Freiwillige. Es gibt keinen Bericht, dass irgendjemand erschossen oder verhaftet worden wäre, weil er sich weigerte zu morden. Diese Tatsache kann Zelionka heute nur schwer akzeptieren. »Sie hätten sich weigern können«, sagten wir zu ihm.

»Man konnte schießen und man konnte nicht schießen«, antwortete er. »Aber man drückte einfach auf den Abzug und schoss. Und das war's, es war keine große Zeremonie.«

»Haben Sie jemals daran gedacht, sich zu weigern?«

»Nun, es ist sehr schwer, das alles zu erklären, all diese Dinge: schießen oder nicht schießen. Ich weiß nicht. Die anderen taten es aus Empörung… die Juden sind sehr selbstsüchtig, wie soll ich es sagen…«

Wir fragten ihn, wie es war, Frauen und Kinder zu erschießen: »Sagen wir, da steht ein jüdischer Mensch vor Ihnen, kein Mann, sondern eine Frau oder ein Kind. Ein Kind war doch ganz bestimmt nie Kommunist. Und Sie erschießen dieses Kind. Was hatte es getan?«

»Das ist eine Tragödie, eine große Tragödie, weil…wie soll ich es besser erklären? Vielleicht geschieht es aus einer Art Neugier, man drückt auf den Abzug, der Schuss fällt und das war's. Es gibt das Sprichwort ›Jugend ist Narrheit‹.« Als er später über die Ermordung von Kindern sprach, sagte er: »Manche Leute sind eben zum Untergang verurteilt und damit basta.«

Wir versuchten vergeblich, diesen Massenmörder zu einer emotionalen Reaktion zu bewegen. »Wer war der Mann, den Sie zuerst erschossen haben?«, fragten wir. »Erinnern Sie sich noch an ihn?«

»Nein, das kann ich Ihnen nicht sagen«, antwortete er. »Es waren nur die Juden, keiner war ein Landsmann von uns. Sie waren alle Juden.«

»Aber waren es Männer, Frauen oder Kinder?«

»Was soll ich sagen? Es konnte ein Mann sein, eine Frau oder… Nach so vielen Jahren, wie soll man sich da noch an alles erinnern, was passiert ist?«

Ich bat unseren Dolmetscher, den verurteilten Mörder eingehender über seinen offensichtlichen Mangel an Schuldgefühlen zu befragen. Schämte er sich denn gar nicht? Das Ergebnis war sehr aufschlussreich und zugleich das Ende des Interviews.

»Mein Kollege, ein Engländer, bittet mich, Ihnen diese Frage zu übersetzen: Er sagt, dass Engländer, die sich diesen Film ansehen, kaum verstehen können, wie ein Mensch, ein Soldat, andere Menschen auf diese Weise erschießen konnte, ohne sich schuldig zu fühlen.«

»Sie können mich anklagen, wenn sie wollen. Ich habe zwanzig Jahre dafür bekommen. Ich war schuldig und habe die zwanzig Jahre abgesessen... Straflager.«

»Aber das war eine offizielle Strafe. Wie steht es mit Ihrem Gewissen?«

»Ich weiß es nicht. Ich werde solche Fragen nicht beantworten... Ich werde Ihnen nichts mehr erklären oder erzählen.«

Und so endete das Interview.

Die Begegnung mit Petras Zelionka war eine ungewöhnliche Erfahrung. Es ist selten, dass ein Mensch, der so schreckliche Kriegsverbrechen begangen hat, dies offen zugibt, selbst wenn er dafür eine lange Strafe abgesessen hat und keine neue Anklage riskiert. Und doch hatten wir einen Mann vor uns, der mit den Einsatzgruppen getötet hatte und diese Sache weder verheimlichte noch sich ihrer rühmte. Er saß vor uns und sprach auf seine reservierte und sachliche Weise darüber, wie man Massenmord begeht.

Wenn man die Dokumente über die Morde der Einsatzgruppen liest, ist man immer versucht anzunehmen, dass die Mörder keine richtigen Menschen waren oder einer Art kollektivem Wahnsinn unterlagen. Petras Zelionka jedoch machte in jeder Hinsicht den Eindruck, ein geistig gesunder Mann zu sein. Wenn man ihn auf der Straße träfe und ihm vorgestellt würde, fände man nichts Ungewöhnliches an ihm. Dennoch war er ein kaltblütiger Mörder, der seine Opfer aus nächster

Nähe erschoss. Heute, wo uns Massenmörder nur noch als wahnsinnige Serienkiller in der Boulevardpresse begegnen, war es wichtig für uns, einen Mann wie Petras Zelionka kennen zu lernen, der mehr Menschen getötet hat als jedes Monster in den Revolverblättern und der doch so gefasst und normal vor uns saß wie jeder beliebige Großvater.

Zelionka war an vielen Mordaktionen in Litauen beteiligt, aber er bestreitet, in Butrimonys dabei gewesen zu sein. Wenn er selbst es nicht war, müssen es andere litauische Soldaten gewesen sein, die Riva Losanskayas jüdische Nachbarn töteten und deren Gewehren sie selbst so knapp entrann.

In den Wochen nach den Massakern von Butrimonys empfand Riva Losanskaya wachsende Empörung über die anderen Dorfbewohner, als sie erleben musste, wie diese vom Verschwinden der Juden profitierten. Als Riva Losanskaya und die anderen Juden zu den Gruben geführt wurden, waren viele der zurückgebliebenen Dorfbewohner in die Häuser der Opfer gestürmt und hatten sie geplündert. Sie berichtet, dass selbst die Frauen zweier Priester miteinander stritten, »wer was bekommen sollte«. Außerdem hörte sie, dass eine Frau aus dem Dorf den Juden an der Hinrichtungsstätte beim Ausziehen half und dann die Kleider für sich behielt. »Sie ließ ihnen nicht einmal die Schlüpfer an, so kostbar waren ihre Kleider für sie. Als die Russen kamen, gingen ihre Kinder mit diesen Kleidern ins Kino, ja manchmal hatten sie sogar die Kleider des Rabbis an.«

Während der gesamten deutschen Besatzungszeit lebten Riva Losanskaya und ihre Mutter in ständiger Furcht, denunziert zu werden. »Viele Leute meldeten den Behörden diejenigen, die entkommen waren«, sagt sie. »Selbst die Gutherzigen taten dies. Ein Jude ging zu einer russischen Familie in der Hoffnung, dass sie ihn aufnehmen würde. Er bekam etwas zu essen und dann brachten sie ihn zur Polizei und er wurde zusammen mit allen anderen erschossen. Alle taten es, weil

Rechts: Deutsche hängen 1941 in Minsk eine Frau.

sie die Kleider haben wollten und glaubten, die Juden hätten sehr viel Gold ... Aber wo hätte das ganze Gold herkommen sollen? Die Leute hatten nicht einmal genug zu essen, sie hatten nicht genug Kartoffeln.« Riva Losanskaya hat ihr Leben lang nach einer Antwort auf die gleiche Frage gesucht, die von Samuel Willenberg in Treblinka gestellt wurde – warum? »Fünfzig Jahre sind vergangen und ich frage mich immer noch, wie Menschen solche Dinge tun konnten. Ich habe Intelligenz immer sehr geschätzt, ich liebe und bewundere intelligente Leute. Aber dann sah ich sie töten ... Niemand kann erklären, warum die Deutschen das taten. Sie sind ein hochkultiviertes Volk und haben so eine gute Literatur: Goethe, Schiller, Heinrich Heine ...« Auch wenn es litauische Soldaten waren, die bei Butrimonys die Juden erschossen, gibt sie den Deutschen die größere Schuld. »Sie waren die Ursache für all unser Unglück. Die Litauer hätten keinen von uns getötet, bevor die Deutschen kamen.«

Die Flut von Morden, die die Nazis in den ersten Monaten der Besetzung in Litauen organisierten, wurde von ihnen im so genannten Jäger-Bericht dokumentiert. Aus dem Bericht geht hervor, dass ab Mitte August 1941 die Zahl der Getöteten, insbesondere der getöteten jüdischen Frauen und Kinder, in die Höhe schnellte. Bis zum 15. August werden keine Kinder aufgelistet, danach jedoch sind es tausende (1609 jüdische Kinder wurden zwischen dem 18. und dem 22. August allein im Kreis Rasainiai ermordet).[14] Warum kam es zu dieser plötzlichen Eskalation der Mordaktionen und wann wurde der entsprechende Befehl erteilt? Die Antwort auf diese Fragen könnte einiges zum Verständnis des Entscheidungsprozesses beitragen, der zum Holocaust führte.

Ist die Entscheidung, auch Frauen und Kinder zu töten, im Grundsatz schon vor dem Einmarsch in Russland gefallen, aber erst ab Mitte August vollzogen worden? Diese Ansicht vertritt mit Nachdruck Christopher Browning: »Vor dem Einmarsch erhielten die Einsatzgruppen keinen ausdrücklichen Befehl zur Ausrottung aller Juden auf sowjetischem Territorium. In Kombination mit der allgemeinen Anstachelung zu einem ideologisch motivierten Rassenkrieg wurde ihnen jedoch die allgemeine Aufgabe zugewiesen, ›potentielle‹ Feinde zu liquidieren. Heydrichs heiß debattierte Mitteilung vom 2. Juli 1941 legte nur das Minimum der sofort zu liquidierenden Personen fest, darunter alle Juden, die Regierungs- oder Parteiämter innehatten. Es ist außerdem sehr wahrscheinlich, daß die Führer der Einsatzgruppen über das *langfristige* Ziel informiert wurden, Russland durch systematischen Massenmord ›judenfrei‹ zu machen.«[15]

Im Gegensatz dazu meint der Historiker Philippe Burrin, es gäbe Beweise, die darauf hindeuteten, dass der Entschluss zur Ausweitung der Mordaktionen nicht vor dem Einmarsch in die Sowjetunion gefallen sein kann. So weist er auf einen Befehl hin, den Himmler am 30. Juli 1941 dem 2. SS-Kavallerie-Regiment erteilte, das an der Südfront in den Pripjet-Sümpfen Dienst tat. Der Befehl lautete: »Alle Juden müssen erschossen werden. Judenweiber sind in die Sümpfe zu treiben.«[16] Sturmbannführer Franz Magill meldete am 12. August die Ausführung des Befehls, wies jedoch darauf hin, dass das Wasser in den Sümpfen nicht tief genug gewesen sei und Frauen und Kinder deshalb nicht untergegangen seien. Diese Dokumente lassen, wie so viele Quellen über den Holocaust, unterschiedliche Interpretationen zu. Für Burrin sind sie der Beweis, dass Himmler sich noch nicht in der Lage fühlte, die Tötung von Frauen und Kindern zu befehlen. Dagegen ist Himmlers Befehl in Brownings Augen die Anweisung, Frauen und Kinder zu töten, doch zweideutig formuliert, sodass der eifrige Magill sie missverstanden habe.

Die Debatte ist deshalb wichtig, weil es um das zentrale Motiv geht, das Hitler veranlasste, die Ausweitung der Mor-

Folgende Doppelseite: Himmler besucht ein Konzentrationslager im Osten und begutachtet die russischen Gefangenen. Im Krieg mit dem Osten wurden die Kriegsgefangenen (auf beiden Seiten) sehr schlecht behandelt. Die Deutschen nahmen fünf Millionen sowjetische Gefangene, doch nur zwei Millionen überlebten den Krieg.

de zu befehlen oder zu autorisieren. Browning vertritt die Ansicht, dass der Anstoß für die Ausweitung von einer Entscheidung ausging, die Hitler Mitte Juli 1941 traf, als er glaubte, ein Sieg über die Sowjetunion sei in greifbare Nähe gerückt. Zu diesem Zeitpunkt machte er in seiner Begeisterung über die Eroberungen Pläne, die neuen Territorien von unerwünschten Elementen zu »säubern«. Burrin ist anderer Ansicht. Er datiert die Entscheidung für die Ausweitung der Mordaktionen erst auf Ende Juli oder August, als Hitler in einer ganz anderen Stimmung war – er tobte vor Wut, weil die deutsche Wehrmacht bei ihrem Angriff auf die Sowjetunion ins Stocken geriet.

Gleichgültig, welche Datierung man für richtig hält – und es gibt unzählige Variationen dieser beiden grundlegenden Theorien –, es bleibt die Tatsache, dass die Zahl der Morde im Sommer 1941 furchtbar zunahm und dass die Nazis in ihrem gesamten Herrschaftsbereich immer deutlicher den Mord als Lösung der von ihnen selbst geschaffenen »Judenfrage« ins Auge fassten. Im August besuchte Himmler den Osten und wurde selbst Zeuge von Mordaktionen der Einsatzgruppen. Er war verstört über das, was er sah, und bekam Mitleid, nicht mit den Opfern, sondern mit den Tätern, weil die Erschießung ihrer Opfer eine so schwere psychische Belastung für sie darstellte. Aus Fürsorge für die Mörder wurden »einfachere« Tötungsmethoden entwickelt, nämlich der Gaswagen und schließlich die Gaskammer.

Wir wissen, dass, aus welchen Gründen auch immer, im Sommer 1941 die Entscheidung fiel, im Osten mehr Menschen zu töten. Was aber war mit den anderen Juden im Reich? Welches Schicksal war ihnen zu diesem Zeitpunkt zugedacht? Am 31. Juli unterzeichnete Göring ein zentrales Dokument, in dem er Heydrich beauftragte, eine »Gesamtlösung der Judenfrage« vorzubereiten: »In Ergänzung der Ihnen bereits mit Erlaß vom 24.1.39 übertragenen Aufgabe, die Judenfrage in Form der Auswanderung oder Evakuierung einer den Zeitverhältnissen entsprechend möglichst günstigen Lösung zuzuführen, beauftrage ich Sie hiermit, alle erforderlichen Vorbereitungen in organisatorischer, sachlicher und materieller Hinsicht zu treffen für eine Gesamtlösung der Judenfrage im deutschen Einflußgebiet in Europa.«[17] Auch dieses Dokument ist mehrdeutig und lässt unterschiedliche Interpretationen zu. Für Professor Burrin enthält es keinerlei Beweis dafür, dass die Vernichtung der Juden beabsichtigt war. Da von einer »Gesamtlösung« ausdrücklich im Kontext mit »Auswanderung oder Evakuierung« die Rede ist, kann es schlicht eine Bestätigung Görings gewesen sein, dass Heydrichs Auftrag sich auf das gesamte Reichsgebiet erstreckte. Andere haben jedoch darauf hingewiesen, dass die SS bereits enorme Machtbefugnisse besaß; warum sollte da diese zusätzliche Autorisierung nötig gewesen sein?[18] Vielleicht war Görings Schreiben einfach Teil der fortgesetzten Suche nach einer Lösung der »Judenfrage«. Heydrich wird formell damit beauftragt, eine Lösung für das Problem zu finden. Sicher ist nur, dass das Schreiben in einer Atmosphäre verfasst wurde, in der Mord als Lösung der »Judenfrage« in den frisch eroberten Gebieten im Osten diskutiert wurde.

Was immer die von Göring erteilte Vollmacht genau bedeutete, in jenem Sommer oder Frühherbst wurde jedenfalls eine weitere klare Entscheidung getroffen, nämlich auch die Juden außerhalb der neu besetzten Gebiete zu töten. Dass diese Entscheidung fiel, wissen wir nicht deshalb, weil es einen datierten und unterzeichneten Befehl Hitlers gäbe, sondern weil offensichtlich entsprechende Vorbereitungen getroffen wurden und das Töten dann auch tatsächlich begann.

Im September 1941 ließ sich an zwei neuen Maßnahmen deutlich ablesen, welches Schicksal den deutschen Juden zugedacht war. Sie wurden erstmals gezwungen, den gelben Judenstern zu tragen, und es wurde ihr Abtransport in den Osten angeordnet. Browning zufolge »verließen zwischen dem 15. Oktober und dem 11. November 20 Züge das Dritte Reich, die Juden nach Lodz transportierten. Auch fünf Zigeunertransporte wurden nach Lodz geschickt. Andere Züge fuhren später nach Kowno [Kaunas], Minsk und Riga. Als die erste Welle von Deportationen im Februar 1942 zu Ende war,

Juden werden 1942 aus Würzburg deportiert. Die deutschen Juden wussten
über das ihnen zugedachte Schicksal unterschiedlich gut Bescheid –
für die meisten war es aber vermutlich unvorstellbar, umgebracht zu werden.
Schließlich war Deutschland ein kultiviertes und zivilisiertes Land.

hatte es insgesamt 46 Transporte mit Juden gegeben. Die Deportierten in allen fünf Zügen nach Kowno und im ersten
nach Riga wurden unmittelbar nach ihrer Ankunft abgeschlachtet. Die anderen erhielten eine kurze Galgenfrist,
wenn sie den harten Winter in den Ghettos von Lodz, Minsk
und Riga überlebten.«[19] Die ersten systematischen Vergasun-
gen von Juden fanden ab Dezember 1941 in Chelmno bei Lodz
statt. Damit verfügte man endlich über die »humane Tö-
tungsmethode«, die Himmler gefordert hatte, nachdem er im
August Zeuge der Erschießungen geworden war.

Hitler selbst spielte bei all dem eine zentrale Rolle. Es
überrascht nicht, dass es keinen schriftlichen Befehl gibt, der
Himmler zur Durchführung der »Endlösung« autorisiert hät-

te. Wie an zahlreichen Beispielen gezeigt wurde, funktionierte das Dritte Reich nicht auf der Grundlage schriftlicher Befehle. Hitler prägte die Stimmung, hatte die Vision, dachte das Undenkbare; andere setzten seine Wünsche politisch um. Hitler wollte es, andere taten es. Hitler machte aus seiner Stimmung keinen Hehl, als er im September 1941 davon sprach, was mit Leningrad geschehen sollte: Petersburg (Leningrad), das giftige Nest, aus dem so lange das asiatische Gift ins Baltikum verspritzt worden sei, müsse vom Erdboden verschwinden.[20] Um dieselbe Zeit, als Hitler in der Stimmung war, eine Stadt vom Erdboden verschwinden zu lassen, ermächtigte er Himmler im privateren Rahmen, eine ganze Rasse vom Erdboden zu vertilgen. Ein Mann, der sich mit einer solchen Mischung aus Niedertracht und Großsprecherei äußert, war sicherlich wenig geneigt, sich um die komplizierten Details der Massenvernichtung zu kümmern. Ohne seine Zustimmung und seinen Wunsch hätte die Vernichtung jedoch nicht stattfinden können.

Dass Hitler die Entscheidung zur Vernichtung der Juden traf, lässt sich auch aus einem Brief Heydrichs vom 6. November 1941 über die Zerstörung der Synagogen in Frankreich schließen. Heydrich schreibt, er habe diese Vergeltungsmaßnahmen gegen die Juden erst in dem Augenblick ergriffen, »als auch von höchster Stelle mit aller Schärfe das Judentum als der verantwortliche Brandstifter in Europa gekennzeichnet wurde, der endgültig in Europa verschwinden muß«. Laut Burrin wäre die Bezugnahme auf die »höchste Stelle«, nämlich auf Hitler, »nicht nötig gewesen, wenn es sich beim ›Verschwinden‹ der Juden um eine ganz unschuldige Sache gehandelt hätte«.[21]

Drei Wochen zuvor, am 18. Oktober, hatte Adolf Eichmann, der sich weiter unten in der Befehlskette befand, nach einem Telefongespräch mit Heydrich Folgendes notiert:»Keine Auswanderung von Juden nach Übersee.«[22] Es können also keine vernünftigen Zweifel bestehen, dass die Entscheidung zur Vernichtung der Juden irgendwann im Sommer oder Herbst 1941 gefallen ist. Aber warum? Was war Hitlers Mo-

Deutsche Soldaten führen 1941 in einem Wald irgendwo im Osten
eine Hinrichtung durch. Der Soldat ganz links auf dem unteren Bild sieht aus,
als ob ihm die Erschießung Freude machte.

tiv? Warum fiel die Entscheidung gerade zu diesem Zeitpunkt? Von allen möglichen Erklärungen wirken zwei im Widerspruch zueinander stehende Thesen am wahrscheinlichsten. Für Professor Burrin ist das Verhalten Hitlers und der Nazis zu den Juden in allererster Linie davon geprägt, dass die Juden für alles, was schief ging, als Sündenbock herhalten mussten. Deshalb mussten sie bestraft werden, als der Krieg nicht nach Plan verlief. Der Einmarsch in die Sowjetunion hatte bereits eine Atmosphäre der Mordlust und der Unmenschlichkeit geschaffen. Als nun das Unternehmen Barbarossa im August ins Stocken geriet, ließ der frustrierte Hitler in einem Anfall von Wut und Hass seinen Zorn an den Juden aus. Der Hass als Motiv entspricht genau dem Charakter Hitlers, wie er für die Zeit nach dem Ende des Ersten Weltkriegs bekannt ist.

Nach dem von Christopher Browning entworfenen alternativen Szenario traf Hitler seine Entscheidungen über das Schicksal der Juden in Augenblicken der Euphorie. Mitte Juli, als er seine »Siegesrede« hielt, habe er auch die Ausweitung der Mordaktionen auf Frauen und Kinder in den neu besetzten Gebieten im Osten autorisiert. Und »Ende September und Anfang Oktober 1941, als Kiew eingenommen und die großen Siege in den Kesselschlachten von Wjasma und Brjansk errungen waren, erlaubte er Deportationen aus dem Dritten Reich«.[23] Browning weist außerdem darauf hin, dass Hitlers Stimmung in jenem Sommer und Herbst rasch wechselten: Phasen der Wut und Frustration wurden von Phasen der Euphorie abgelöst.

Natürlich kann man über Hitlers Geisteszustand in den Monaten, als die Entscheidung für die Endlösung fiel, letztlich nur spekulieren. Vielleicht aber liegen die beiden Interpretationen Burrins und Brownings doch nicht so weit auseinander, wie es zunächst scheinen mag. Der Historiker Trevor-Roper bezeichnete Hitler als den »gröbsten, grausamsten, am wenigsten großzügigen Eroberer, den die Welt je gesehen hat«. Selbst in Phasen der Euphorie war Hass noch immer sein zentrales Motiv.

Um zu verstehen, warum der Holocaust geschah, als er geschah, ist die Kombination der folgenden Faktoren von zentraler Bedeutung: die Atmosphäre, die entstand, als die Einsatzgruppen im Gefolge des Unternehmens Barbarossa tausende von Juden töteten; das Vakuum, das nach dem Scheitern des Madagaskarplans geblieben war; und der reine, bedingungslose Judenhass, in den sich ein Veteran des Ersten Weltkriegs hineingesteigert hatte, weil er glaubte, die Juden hätten in diesem letzten großen Krieg Deutschland mit tödlichen Folgen verraten.

Am 25. Oktober 1941 sagte Hitler zu Himmler und Heydrich: »Vor dem Reichstag habe ich dem Judentum prophezeit, der Jude werde aus Europa verschwinden, wenn der Krieg nicht vermieden bleibt. Diese Verbrecherrasse hat die zwei Millionen Toten des Weltkrieges auf dem Gewissen, jetzt wieder Hunderttausende.« Und dann fügte er folgende zynische Bemerkung hinzu: »Es ist gut, wenn uns der Schrecken vorangeht, daß wir das Judentum ausrotten.«[24]

Im Herbst 1941 beschritten die Nazis einen Weg, für den es keinen Präzedenzfall gab. Sie hatten beschlossen, eine ganze Rasse auszurotten. Wie aber sollte dies geschehen? Die Deportationen aus dem Reich in jenem Herbst verursachten enorme logistische Probleme, da viele Juden einfach in die bereits überfüllten Ghettos in Orten wie Lodz gesteckt wurden. Ein effizienteres Tötungssystem musste entwickelt, viele grundlegende organisatorische Fragen mussten geklärt werden. Wer genau sollte deportiert werden? Was sollte mit Deutschen passieren, die nur Halbjuden waren?

Um diese Probleme zu lösen, fand am 20. Januar 1942 die von Reinhard Heydrich geleitete Wannseekonferenz statt. Hans Frank wusste schon im Voraus, was dort vorgeschlagen würde, da sein Staatssekretär bereits mit Heydrich gesprochen hatte. So konnte Frank am 16. Dezember 1941 leitende Beamte des Generalgouvernements über den kommenden Massenmord informieren: »Ich muß auch als alter Nationalsozialist sagen: Wenn die Judensippschaft in Europa den Krieg überleben würde, wir aber unser bestes Blut für die Erhaltung

Europas geopfert hätten, dann würde dieser Krieg doch nur einen Teilerfolg darstellen. Ich werde daher den Juden gegenüber grundsätzlich nur von der Erwartung ausgehen, daß sie verschwinden... Wir müssen die Juden vernichten, wo immer wir sie treffen und wo es irgend möglich ist, um das Gesamtgefüge des Reiches hier aufrechtzuerhalten.« Frank spricht offen von der Vernichtung der Juden, die aus dem Reich nach Osten deportiert werden. Demgegenüber ist das erhaltene Protokoll der Wannseekonferenz, das für einen größeren Leserkreis gedacht war, weniger deutlich. Hier ist von »Evakuierung« als Mittel zur Endlösung die Rede. Aber Eichmann, der für das Protokoll zuständig war, gab 1960 in Israel zu, dass auf der Konferenz über die praktische Durchführung der Massenvernichtung offen diskutiert worden war.

Hans Biebow, der Ghettoverwalter von Lodz, war irgendwann im Herbst 1941 über die neue Politik gegenüber den Juden informiert worden. Die Ghettos bekamen nun eine neue Rolle zugewiesen. Sie waren keine Gefangenenlager mehr, sondern Durchgangslager. Die Juden aus dem Dritten Reich wurden kurzfristig in den Ghettos interniert, während man bereits andere Juden aus den Ghettos für den Transport in die neu geschaffenen Vernichtungslager selektierte. Andere Transporte aus dem Reich wurden direkt in die Vernichtungslager geschickt, wenn deren Vernichtungskapazität es erlaubte. Im Ghetto von Lodz konnten die Juden immer noch annehmen, dass die neuen Transporte, die das Ghetto verließen, nur in ein anderes »Arbeitslager« gingen. Da stets davon die Rede gewesen war, die Juden zur Auswanderung zu zwingen, konnte dies noch immer als bequeme Tarnung dienen. Die Juden von Lodz konnten jedoch sehen, dass die Abtransportierten häufig die am wenigsten Leistungsfähigen waren, obgleich die Schwachen nie konsequent von den Leis-

Nachfolgende Doppelseite: Leichen im Konzentrationslager Bergen-Belsen, fotografiert von den Befreiern im Frühjahr 1945.
Ein Beweis, dass die Nazis die Hölle auf Erden geschaffen hatten.

tungsfähigen getrennt wurden.«Ob sie nach einer harmlosen Operation bereits wieder auf dem Wege der Besserung waren, spielte keine Rolle«, berichtet Estera Frenkiel über die Räumung des Ghetto-Krankenhauses.»Eine Frau protestierte: ›Ich muss nur zwei Tage im Krankenhaus bleiben. Ich bin nicht krank, sondern nur operiert worden.‹ Aber es half ihr nichts.«

Eine der grausamsten Aktionen der Nazis war die Entfernung aller Kinder unter zehn Jahren aus dem Ghetto. Den Eltern wurde befohlen, ihre Kinder zu einem Sammelpunkt zu bringen, sie auf Transportkarren zu laden und wieder zu gehen.»Die Kinder wurden ihren Eltern weggenommen«, berichtet Estera Frenkiel.»Ihre Schreie waren herzzerreißend... Die Mütter gingen mit ihren Kindern, setzten sie auf den Wagen, pressten sie an sich. Die Kinder schrien und weinten. Die Mütter pressten sie an ihre Brust, bis sie sich beruhigt hatten, dann gingen sie weg. Viele Mütter beschlossen, ihre Männer im Ghetto zurückzulassen, und fuhren mit ihrem Kind, um sein Schicksal zu teilen. Ein Ehepaar, das sein Kind in seiner Ghettowohnung versteckt hatte, musste bei seiner Rückkehr entdecken, dass das Kind in seinem Versteck erstickt war.«

Da Estera Frenkiel im Büro des jüdischen Ghettoverwalters arbeitete, kam sie besonders leicht an Informationen heran und erfuhr manchmal Dinge, von denen sie lieber nichts gewusst hätte. Eines Tages traf in Biebows Büro ein Brief mit folgender Anfrage ein:»Bitte stellen Sie sofort fest, ob es im Ghetto eine Knochenmühle gibt. Entweder elektrisch oder von Hand betrieben.« Das Postskriptum lautete:»Das Sonderkommando von Kulmhof hätte gern eine solche Mühle.«

»Das Herz setzt einen Augenblick aus«, sagte Estera Frenkiel über ihre Reaktion, als sie den Brief las.»Gedanken jagen einem durch den Kopf. Wozu? Warum? Für wen? Zu welchem Zweck?« Ähnlich wie die Juden in dem Viehwaggon, der Samuel Willenberg nach Treblinka brachte, hofften auch in Lodz viele Juden trotz gegenteiliger Beweise das Beste. Doch die Hoffnung allein bot keinen Schutz.

Estera Frenkiel und ihre Mutter wurden schließlich in das Konzentrationslager Ravensbrück deportiert. »Das Ghetto war eine Geschichte für sich – Mangel und Hungertod – ein Kampf ums Essen und darum, nicht abtransportiert zu werden. Doch Ravensbrück war die Hölle, Tag und Nacht.« Dass sie überlebte, führt sie vor allem auf einen Faktor zurück – »Glück«.

Im Jahr 1942 wurden in Treblinka, Sobibor, Majdanek und Belzek Vernichtungslager errichtet. In Auschwitz, das bisher ein Arbeitslager gewesen war, wurde das große neue Nebenlager Birkenau ebenfalls in ein Vernichtungslager umgewandelt. Die Massenvernichtung durch Vergasung war eine der Tötungsmethoden, die für das Euthanasieprogramm entwickelt worden waren.

In Auschwitz fanden im Gegensatz zu Treblinka in regelmäßigen Abständen Selektionen statt, bei denen entschieden wurde, wer sterben musste und wer wenigstens eine Zeit lang noch leben durfte. NS-Ärzte hatten die unbegrenzten Möglichkeiten für Menschenexperimente schnell erkannt, die ihnen der unaufhörliche Strom von menschlichen Versuchskaninchen bot. Sie führten eine Serie teuflischer Experimente durch, deren Einzelheiten jeden verfolgen, der sich mit dem Thema befasst hat. Der berüchtigte Dr. Josef Mengele nähte einmal zwei Zigeunerkinder zusammen, um siamesische Zwillinge zu schaffen. Ein anderer NS-Arzt befragte, um seine eigene verquere Theorie zu bestätigen, einen verhungernden Häftling über die Auswirkungen der Unterernährung auf seinen Stoffwechsel, bevor er ihn tötete, um seine inneren Organe zu sezieren und die anatomischen Spuren des Verhungerns selbst zu beurteilen. Häftlinge, die zu fliehen versuchten, wurden bisweilen auf riesigen Bratpfannen geröstet, wenn man sie wieder einfing.

Die Nazis waren an einen Punkt gelangt, an dem niemand zuvor je gewesen war – sie hatten Tötungsfabriken errichtet, in denen Männer, Frauen und Kinder binnen Stunden vernichtet werden konnten. Das Bild der Gaskammern würde den Nationalsozialismus für immer prägen und definieren.

Doch man soll die Geschichte nicht rückwärts lesen. Wie oben geschildert, war der Weg zu den Gaskammern verschlungen. Stationen am Wegrand waren der Antisemitismus nach der Niederlage im Ersten Weltkrieg; der Wunsch, die Juden vom Leben in Deutschland auszuschließen, und der nationalsozialistische Glaube, dass die Juden eine minderwertige *und* gefährliche Rasse seien; der Einmarsch in Polen, der drei Millionen polnische Juden (die den Nazis als die minderwertigste Rassenmischung galten) in den nationalsozialistischen Herrschaftsbereich brachte; und schließlich die Entscheidung im Gefolge des Unternehmens Barbarossa, Kommunisten und Juden zu töten. Vor 1941 hatte kein Plan für den Holocaust existiert. Dafür war das NS-Regime zu anarchisch strukturiert.

Vor allem die Invasion in der Sowjetunion bewirkte eine radikale Veränderung im Umgang des Regimes mit den Juden. Als die Entscheidung für den Einmarsch gefallen war, hatte Hitler geschrieben, dass er sich »innerlich wieder frei« fühle und dies konnte bei einem Charakter wie dem seinen nur heißen, dass er seiner gefühlsbestimmten Sicht der Welt wieder treu sein konnte – einer Welt, in der man sein Herz gegen Mitleid verschließen und brutal vorgehen muss, wie er im August 1939 seinen Generälen gesagt hatte. Für die Zeit vor der Operation Barbarossa gibt es zahllose Beispiele – wie etwa die Freilassung der polnischen Professoren –, dass die Nazis ihre Brutalität im Zaum hielten; sobald jedoch die Invasion in der Sowjetunion begonnen hatte, waren die Nazis nur noch sich selber treu und völlig gleichgültig gegenüber den moralischen Prinzipien der restlichen Welt.

Sie wussten nicht, dass es möglich war, so viele Menschen zu ermorden, doch mit der Technik des 20. Jahrhunderts war es leicht.

6. KAPITEL   Ende mit Schrecken

Nach der Schlacht von Stalingrad im Herbst und Winter 1942/43 folgte für Hitler und die Deutschen Katastrophe auf Katastrophe. Warum aber haben die Deutschen angesichts des aussichtslos scheinenden Krieges bis zum Ende weitergekämpft? Warum musste das Land noch so viel erleiden und so viele andere in den Untergang mitreißen? Die Antworten auf diese Fragen enthalten elementare Wahrheiten über den Nationalsozialismus, eine Ideologie, deren Anhänger lieber selbst zugrunde gingen, als sich zu ergeben. In den letzten Kriegsmonaten ernteten die Nazis deshalb die Schrecken, die sie gesät hatten.

Die Historiker haben sich bei ihrer Arbeit bis vor kurzem auf die großen strategischen Wendepunkte des Krieges konzentriert. Erst in jüngster Zeit hat man die letzten Kriegsmonate eingehender untersucht, in denen das Regime in der Zerstörung versank. Zwischen Juli 1944 und Mai 1945 kamen mehr Deutsche ums Leben als in den vier Jahren davor; monatlich starben rund 50 000 deutsche Soldaten und Zivilisten. Dagegen gelang es der benachbarten faschistischen Achsenmacht Italien, sich ihres Diktators noch vor Kriegsende zu entledigen und damit ähnlichen Schrecken zu entgehen.

Am 25. Juli 1943 hatte der italienische Diktator Benito Mussolini eine Audienz beim italienischen König. Ihm wurde mitgeteilt, dass der Großrat des Faschismus mit neunzehn gegen sieben Stimmen für seine Absetzung votiert hatte. Beim Verlassen des Zimmers wurde er verhaftet; damit war der erste faschistische Diktator unblutig von der Macht entfernt worden. Hier drängt sich eine Frage auf: Wenn die Italiener das

unvermeidliche Kriegsende voraussahen und entsprechend handelten, warum konnten die Deutschen das nicht?

Der erste Grund ist natürlich, dass es keine deutsche Entsprechung zum Faschistischen Großrat gab, die ein entsprechendes Urteil über Hitler hätte fällen können. Hitler hatte den Staatsapparat zerschlagen, der als Korrektiv seiner absoluten Macht hätte dienen können. Es gab keine Kabinettssitzungen, Nationalversammlungen, keine Parteigremien oder sonstige Foren, auf denen Deutsche legal zusammenkommen und Kritik an der Kriegsführung hätten üben können. Ein System hatte sich entwickelt, das Hitler nicht nur vor einer Amtsenthebung auf verfassungsmäßigem Wege, sondern auch vor jeglicher Kritik schützte.

Hitler dachte auch dann nicht an Kapitulation, als die militärische Lage immer verzweifelter wurde. Sein ganzes Wesen lehnte sich gegen eine solche Lösung auf. Verzehrt von Hass, bevorzugte er als letzten Ausweg den Selbstmord, allerdings erst, als der Nationalsozialismus am Ende seines langen und blutigen Weges angekommen war. Kapitulation kam nicht in Frage. Wer Deutschland weiteres Leiden ersparen wollte, musste Hitler aus dem Weg schaffen.

Wenn keine Aussicht bestand, Hitler auf verfassungsmäßigem Weg aus dem Amt zu drängen wie Mussolini, war die einzige Alternative, ihn gewaltsam zu entfernen. Ein Verschwörer, der das beabsichtigte, musste allerdings im Besitz eines in jenen letzten Kriegsjahren seltenen und wertvollen Privilegs sein – er musste Zutritt zum Führer haben. Zu Hitler vorgelassen wurden damals nur noch Mitglieder der Naziführung und der Wehrmacht. Hohe Nazifunktionäre konnten aus verschiedenen Gründen nicht gegen ihren Führer handeln. Ihr Glaube an den Nationalsozialismus basierte auf einem Glauben an die überlegenen Fähigkeiten Hitlers, wie er ihnen seit den Nürnberger Parteitagen der zwanziger Jahre einge-

Links: Frauen fliehen mit ihren Kindern vor der heranrückenden Roten Armee. Danzig, März 1945.

impft worden war. Hitler herauszufordern hätte geheißen, gegen fast zwanzig Jahre Gehorsam und Glauben zu handeln. Außerdem waren die Naziführer aufgrund persönlicher Fehden hoffnungslos untereinander zerstritten (Goebbels mochte Göring nicht, Göring verabscheute Ribbentrop, Ribbentrop hasste Goebbels). Und schließlich waren die meisten oder alle von ihnen in die Verbrechen des Regimes verwickelt, wie die Nürnberger Prozesse später gezeigt haben. Hitler zu beseitigen und Frieden zu schließen hätte ihnen keinen Vorteil gebracht. Sie waren mit ihm aufgestiegen, jetzt mussten sie bis zum bitteren Ende zu ihm stehen.

Nur die Führer der Wehrmacht, die regelmäßig Kontakt mit Hitler hatten, konnten darauf hoffen, ihn zu stürzen. Viele fühlten sich allerdings durch den Treueid gebunden, den sie dem Führer geschworen hatten. »Das war eine Selbstverständlichkeit«, sagt Bernd Linn, der als Offizier im Osten diente. »Der Soldat hat seinen Eid geleistet und hat zu seinem Eid gestanden.« Dazu kam Hitlers Fähigkeit, andere mit seiner eigenen Überzeugung mitzureißen, wie es der Stabsoffizier der Luftwaffe Karl Boehm-Tettelbach immer wieder in der Wolfsschanze erlebte. Einmal holte er einen Feldmarschall, der soeben aus Paris eingetroffen war, um Hitler über die Lage an der Westfront Bericht zu erstatten, von einem nahe gelegenen Flughafen ab. Auf der Fahrt zurück zur Wolfsschanze fragte der Feldmarschall Boehm-Tettelbach, in welcher Stimmung Hitler sei, denn er werde ihm »die Hölle heiß machen. Er soll wissen, was in Frankreich los ist.« Später, auf der Rückfahrt zum Flughafen, sagte der Feldmarschall: »Entschuldigen Sie, Boehm, ich war heute wütend, aber ich habe mich geirrt. Hitler hat mich überzeugt, dass es richtig war und ich Unrecht habe. Ich wusste nicht, was er weiß. Es tut mir deshalb sehr leid.« Wie Boehm-Tettelbach sagt, hatte Hitler eine ganz ungewöhnliche Ausstrahlung: »Er konnte jemand, der kurz vor dem Selbstmord stand, aufrichten und ihm das Gefühl geben, dass er mit fliegenden Fahnen in die Schlacht ziehen sollte. Sehr eigenartig.«

Doch waren es nicht nur Hitlers Überzeugungskraft und der Treueid, die viele Soldaten der Wehrmacht bei der Stange hielten, sondern auch das oft unausgesprochene Wissen um das, was im Osten geschah. Dass der Russlandfeldzug anders sein würde als alle anderen Kriege, war von Anfang an verkündet worden. Trotz bis heute gegenteiliger Beteuerungen zahlreicher ehemaliger Angehöriger von Wehrmacht und Waffen-SS sind die Beweise für eine massenhafte Beteiligung an den im Osten verübten Gräueln überwältigend.

Walter Fernau kämpfte als 22-jähriger Unteroffizier der Wehrmacht auf dem verlustreichen Rückzug von Moskau 1942. Er empfand den Russen gegenüber Dankbarkeit, da er für kurze Zeit bei einer russischen Familie einquartiert war, die ihn gastfreundlich behandelte. »Die ließen mich sogar zusammen mit dem Großvater auf ihrem Ofen schlafen«, sagt er heute. Ein anderer Unteroffizier seines Regimentes, der in einem Haus in der Nähe einquartiert war, zeigte sich, wie Walter Fernau erleben musste, seinen Gastgebern gegenüber weniger dankbar. »Auf einmal hörte ich, wie zwei Salven aus einer Maschinenpistole jagten, und ich glaubte nun an Partisanen oder sonst etwas, also bin ich auch mit meiner Maschinenpistole in das Haus rein. Und da habe ich dann gesehen, dass der Unteroffizier diese beiden alten Russen mit der Maschinenpistole grundlos erschossen hat… Ich habe ihn dann angefahren, ich habe gesagt: ›Wie kannst du so was machen?‹ Und er sagte dann, und mit Sicherheit hatte er zu viel getrunken: ›Nur ein toter Russe ist ein guter Russe!‹ Ich sagte: ›Aber doch diese armen alten Leute nicht!‹ Aber er ließ sich da auf nichts ein. Das war schon eine traurige Sache.«

Adolf Buchner diente in einer SS-Einheit an der Ostfront in der Nähe von Leningrad und auch er erlebte, wie der von Hitler gewünschte Vernichtungskrieg in der Praxis aussah. Buchners Einheit setzte die Holzhäuser von Dörfern mit

Flammenwerfern in Brand – als Grund schoben sie vor, die Bewohner hätten »Partisanen« Zuflucht gewährt – und schossen dann auf die fliehenden Bewohner. »Das waren doch wehrlose Dinger, die hätte man doch auch zusammenscharen und in ein Lager bringen können, wo sie vielleicht überlebt hätten, aber es war einfach brutal. Da ist alles, was sich bewegt hat, stur – zack. Da waren auch Kinder dabei, ja genau, rücksichtslos hat man da hineingehalten.« Buchner will selbst nicht auf Frauen und Kinder geschossen haben, wohl aber auf die Männer, die aus den brennenden Häusern rannten. »Was kannst du machen? Da ist man wie hypnotisiert, das kann man nicht beschreiben.« Die deutschen Soldaten erschossen in ihrer Brutalität sogar elternlose Kinder. »Das Kind braucht etwas zu essen, da haben sie es gleich weggeräumt und in die Grube getan und die Sache hat sich erledigt.« Einmal, als sie eine Schule stürmten, fragte Buchner seine Kameraden, ob die Kinder ihnen nicht leid täten. »Wieso?«, kam die Antwort. »Das Kind kann ja auch eine Waffe in der Hand haben.«

Heute noch quält Buchner das Wissen, dass das Töten einigen seiner Kameraden Freude gemacht hat. »Warum hat man zum Beispiel vor den Frauen die Kinder umgelegt und dann erst die Frauen? Das haben sie auch gemacht. Sadistisch ist das. Es hat solche Offiziere gegeben, das hat denen gefallen, wenn die Mütter oder die Kinder geschrien haben, da waren die direkt geil drauf, auf so was. Das sind für mich keine Menschen… dass sie so was sehen, dass ein Kind Mami schreit oder Papi… dass ein Mensch, der denken kann, so was machen kann, das geht in mein Hirn nicht hinein, dass es so was gibt. Das gibt es aber.«

Adolf Buchner lässt an der Beteiligung deutscher Soldaten an den Gräueln im Osten keinen Zweifel. Praktisch alle Abteilungen hätten mitgemacht, »ob das jetzt Wehrmacht war oder SS, alle beide«.

Die Forschung bestätigt Buchners Aussage, Soldaten seien in großer Zahl an Massakern beteiligt gewesen, wahrscheinlich aus allen Truppeneinheiten. Man hat Wehrmachtsberichte und die Berichte Überlebender gewissenhaft ausgewertet und Professor Michael Geyer kommt aufgrund dieser Auswertungen zu dem Schluss, dass so gut wie jede Einheit der Wehrmacht in der einen oder anderen Art an Massentötungen beteiligt war. »Vielleicht gibt es tatsächlich Einheiten, die dem entgangen sind«, sagt Geyer, »aber das käme an der Ostfront oder im Balkan einem Wunder gleich. Und es ist seltsam, dass solche Wunder immer dort passieren, wo es keine Aufzeichnungen mehr gibt.«

Fast alle Wehrmachtsoffiziere, die im Osten gedient hatten und mit denen wir Interviews führten, widersprachen dem heftig. Einige machten allerdings bei genauerem Nachfragen interessante Zugeständnisse. Sie betonten einmal, nicht an der Ausrottung der Juden beteiligt gewesen zu sein, und zum Zweiten die unzweifelhaft an Deutschen begangenen Gräuel der Russen. Erst dann räumten sie ein, dass ihre Einheit an Tötungen von »Partisanen«, wie Buchner sie beschrieb, beteiligt gewesen sein könnte.

Im Krieg waren bei den deutschen Soldaten zur Beschreibung der Feinde im Osten rassistische Begriffe üblich – sie waren »dreckige, unmenschliche Kreaturen«, ähnlich »Wildenten, die erschossen gehören« – Begriffe, die man heute nicht mehr verwenden kann. Vielleicht ist das einer der Gründe, warum so viele unserer Interviewpartner Schwierigkeiten hatten, von den unzweifelhaft von Deutschen begangenen Verbrechen zu sprechen. »Seit 1945 kann man so etwas nicht mehr sagen«, meint Geyer. »Ihre Sprache ist verschwunden und wo sie früher ›Wildenten‹ sagten, ist jetzt eine leere Stelle.« Ein anderer Weg der Rationalisierung der Gräuel, der den Kriegsteilnehmern heute nicht mehr zugänglich ist, ist es, auf das Erlebte nur anzuspielen. Geyer zufolge taten die Soldaten das oft in ihren Briefen nach Hause. »Sie schreiben: ›Gestern habe ich etwas Schreckliches erlebt, es ist so unglaublich, dass ich es dir nicht sagen kann, weil es dich zu sehr aufregen würde…‹ Und so schreiben sie manchmal noch lange weiter und erklären, wie schlimm es wäre, wenn sie wirklich sagen würden, was passiert ist. Und während sie schreiben, wie schlimm alles wäre, vergessen sie es.«

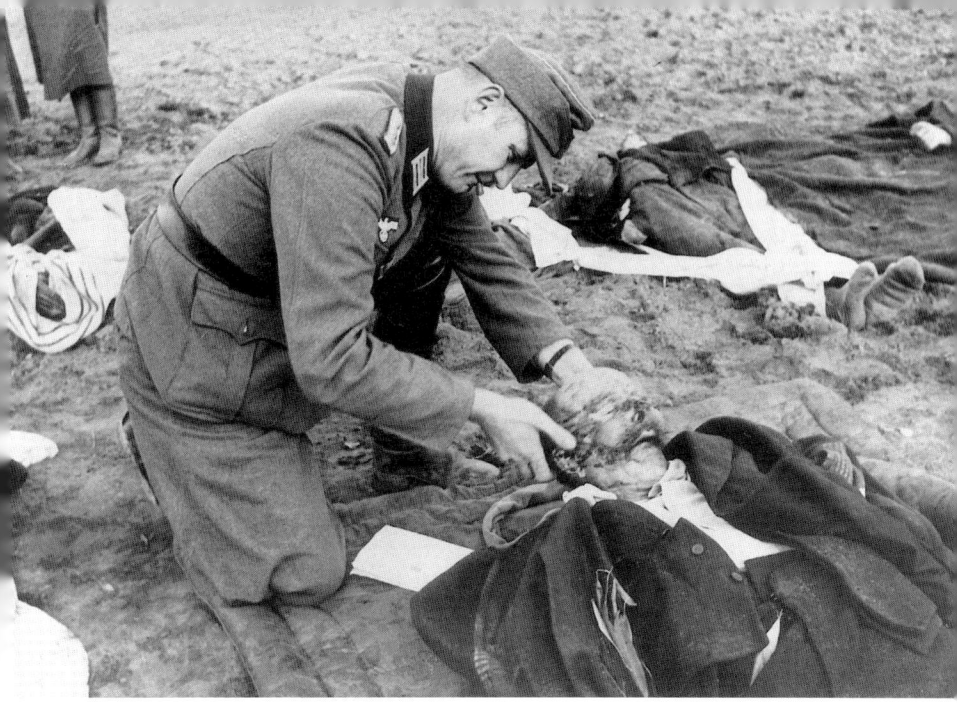

Ein deutscher Soldat untersucht die Leiche eines angeblich
von den Sowjets ermordeten preußischen Flüchtlings.

Das Bewusstsein, an einem in der modernen Geschichte an
Grausamkeit und Barbarei beispiellosen Krieg teilzunehmen,
muss unter den deutschen Soldaten im Osten weit verbreitet
gewesen sein. Im vierten Kapitel haben wir gesehen, wie Wilhelm Moses, ein Fahrer der Wehrmacht in Polen, von der Erinnerung an das Erhängen von Juden in den ersten Kriegsmonaten verfolgt wurde. Dabei wurden in Polen nur eine kleine
Zahl Juden offen umgebracht, verglichen mit der Zahl, die im
Gefolge des Unternehmens Barbarossa sterben mussten. Es
überrascht nicht, dass es ab Juni 1941 sehr viel mehr Augen-
zeugenberichte von Wehrmachtssoldaten zur Tötung von Juden gibt als aus der Zeit davor. Die im Osten operierenden
Einsatzgruppen töteten hunderttausende Juden ohne große
Geheimhaltung. Der SS-Offizier Bernd Linn erfuhr davon
durch einen Freund bei der SS-Ordnungspolizei. Der Freund
sagte: »Ich geh nicht wieder zur Truppe.« Linn warnte ihn,

sagte, das sei Desertion, und fragte, warum er nicht zurück wolle. Sein Freund wollte keinen Grund nennen, doch später begegnete Linn dessen Freundin, die sagte, er habe ihr Bilder von Erschießungen von Juden gezeigt. Bernd Linns Freund hatte am Mord an den Juden Osteuropas teilgenommen.

Das Wissen, dass Deutsche solche Verbrechen begingen, löste bei Wehrmachtsoffizieren unterschiedliche Reaktionen aus. Entweder sie glaubten der Nazipropaganda, dass sie gegen ein Volk von Untermenschen kämpften, die ihr Schicksal verdienten, oder sie hatten noch mehr Angst vor einer Niederlage und waren bestrebt, bis zum Letzten weiterzukämpfen, damit die Verbrechen nicht ans Licht kamen. In selteneren Fällen entstand der Wunsch, den Verbrechen ein Ende zu setzen und den Hauptverbrecher, Hitler, möglichst rasch zur Verantwortung zu ziehen. Hans von Herwarth gehörte zur letzten Gruppe. Er unterschied sich darin von allen anderen deutschen Soldaten, mit denen wir sprachen. Er gab nicht nur zu, von den im Osten begangenen Gräueln gewusst zu haben, er hatte damals auch zusammen mit seinem Freund Claus Graf Schenk von Stauffenberg beschlossen, etwas dagegen zu unternehmen.

Zum ersten Mal erfuhr Herwarth von den Massenexekutionen im Sommer 1942, als ein Offizier, der Augenzeuge der Gräuel gewesen war, ihm davon berichtete. Als ihm klar wurde, was da passierte, fasste er einen Entschluss: »Wir müssen Hitler loswerden. Ich fühlte mich in meiner Meinung bestätigt, dass er ein Teufel war und vernichtet werden musste.« Ein Jahr später begegnete er Stauffenberg. »Ich lernte ihn im Krankenhaus in München kennen. In diesem Mann brannte ein Feuer, ein heiliges Feuer. Er sagte: ›Ich muss wieder gesund werden, denn ich habe eine Aufgabe.‹« Viele Leute seien bereit gewesen, Hitler zu töten, sagt Herwarth, doch sei es unmöglich gewesen, sie in seine Nähe zu bringen. Stauffenberg dagegen hatte als Stabsoffizier in der Wolfsschanze die Gelegenheit dazu und auch den Willen.

Am Morgen des 20. Juli 1944 wachte Karl Boehm-Tettelbach spät auf in seinem Zimmer im Führerhauptquartier in der Nähe des ostpreußischen Rastenburg. Er hatte die Nacht durchgearbeitet und fühlte sich deshalb zu erschöpft, um an der Lagebesprechung mit Hitler zu Mittag teilzunehmen. Als er um 12 Uhr 45 sein Büro betrat, hörte er den entfernten Knall einer Explosion. Einer seiner Kollegen stürzte herein und fragte, ob er den Knall gehört habe. »Ja«, erwiderte Boehm-Tettelbach, »das war wahrscheinlich wieder ein Reh.« Das Gebiet um die Wolfsschanze war schwer vermint und Rehe oder Kaninchen lösten im Wald jede Nacht vier bis fünf Explosionen aus. Diesmal war allerdings keine Mine im Wald explodiert, sondern eine Bombe in der Baracke, in der die Besprechung stattfand.

Nachfolgende Doppelseite: Die Wolfsschanze nach dem Bombenattentat. Kein Wunder, dass Hitler angesichts dieser Verwüstung meinte, die göttliche Vorsehung habe ihn gerettet.

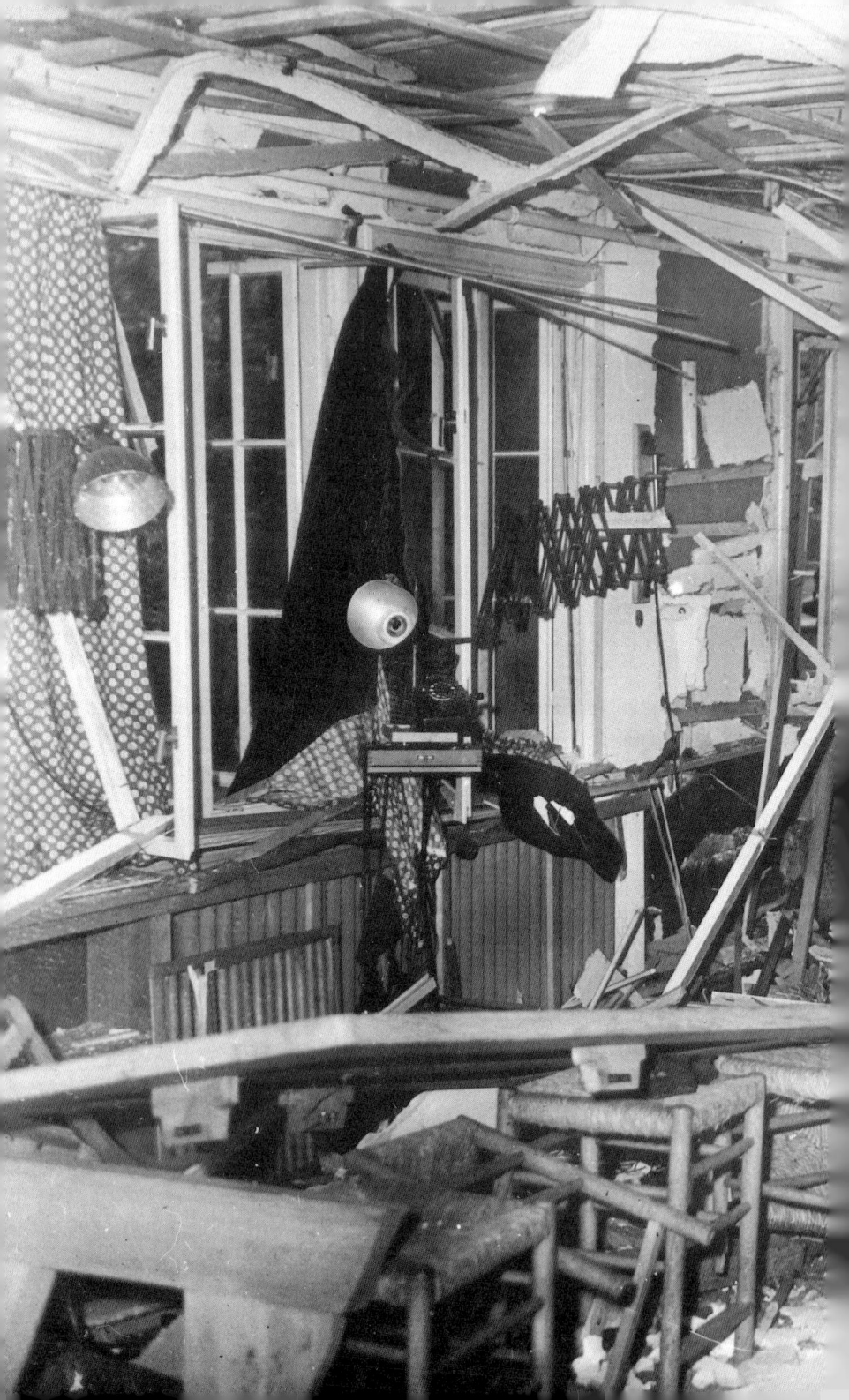

Das Bombenattentat Stauffenbergs ist die berühmteste Episode des deutschen Widerstands im Dritten Reich. Hätte die Besprechung wie gewöhnlich in Hitlers Bunker aus Beton stattgefunden und nicht in der hölzernen Baracke, in die sie verlegt worden war, hätte die Explosion Hitler wahrscheinlich getötet. Die Holzwände der Baracke gaben nach außen nach und schwächten die Wucht der Explosion. Hitler kam mit kleineren Verletzungen davon.

Über das Attentat sind zahllose Bücher geschrieben worden. Viele, besonders die in den Jahren nach Kriegsende erschienenen, stellen den 20. Juli als ruhmreiche, wenngleich gescheiterte Episode der deutschen Geschichte dar. Zeitzeugen haben das allerdings anders erlebt. Eine Untersuchung von Briefen, die Soldaten in den Wochen unmittelbar nach dem Attentat nach Hause schrieben, zeigt eine ganz andere Reaktion. Ein zeitgenössischer Bericht, der auf der Untersuchung von 45 000 Briefen basiert, schließt mit der Feststellung, der Verrat der Verschwörerclique werde von allen als schweres Verbrechen gegen das deutsche Volk abgelehnt.[1] Natürlich war bekannt, dass die Briefe zensiert wurden, und es wäre töricht gewesen, hätte ein Soldat in seinen Briefen gegen Hitler gerichteten Gefühlen Ausdruck gegeben, doch bestand auch keine Verpflichtung, das Attentat zu verurteilen. Die Briefe sprechen überwiegend von Verrat. Schließlich hatten die Offiziere, die sich gegen Hitler verschworen hatten, ihren Eid gebrochen.

Hans von Herwarth hat kein Verständnis für die Offiziere, die ihm vorwerfen, seinen Hitler gegebenen Eid gebrochen zu haben, und die aus diesem Grund nicht an dem Attentat teilnehmen wollten. »Das ist eine ganz billige Ausrede«, sagt er. »Hitler hat seinen Eid gegenüber Deutschland zwanzig-, fünfzigmal gebrochen.«

Ich fragte Karl Boehm-Tettelbach, was er Stauffenberg geantwortet hätte, wenn dieser ihn ins Vertrauen gezogen hätte. »Ich hätte gesagt: ›Ich sage Hitler, dass Sie ihn umbringen wollen.‹« Über fünfzig Jahre später ist er immer noch zornig über das, was Stauffenberg getan hat. »Ich billige es nicht«, sagt er kurz. Er hat dafür verschiedene Gründe: Stauffenberg habe seinen Treueid gegenüber Hitler gebrochen (»Mich hat niemand gefragt«, sagt er, »weil bekannt war, dass ich meinen Eid nicht brechen würde.«); nur Hitler zu töten hätte wenig genutzt (»Himmler muss ersetzt werden, Göring muss ersetzt werden und noch viele andere; nur Hitler in die Luft zu jagen ist Schwachsinn.«) und, entscheidend, Stauffenberg habe sich nicht selbst geopfert, um den Erfolg seines Attentats sicherzustellen (»Die Palästinenser tun das heute.«).

Die Reaktion der Nazis auf das gescheiterte Bombenattentat erfolgte schnell und grausam. Rund siebentausend Menschen wurden verhaftet, bis April 1945 wurden fünftausend von ihnen hingerichtet. Alle, an die die Verschwörer sich gewandt hatten, wurden hingerichtet; wenn jemand sagte, er habe sich geweigert teilzunehmen, half ihm das nichts. Beim Frühstück am Tag nach der Explosion saß Boehm-Tettelbach neben einem zitternden Oberst der Wehrmacht und wurde Zeuge der Rache der Nazis. »Er war schrecklich nervös und ich fragte ihn: ›Was ist denn mit Ihnen los? Sie sind ja so nervös!‹ Seine Hand zitterte und der Kaffee schwappte über und er sagte: ›Das kann ich Ihnen nicht sagen.‹ Und in diesem Augenblick, beim Frühstück um 9 Uhr, kamen zwei SS-Leute rein und sagten: ›Bitte kommen Sie mit, Oberst.‹ Am Abend desselben Tages war er tot. Er hatte zwar nicht mitgemacht, aber Stauffenberg hatte ihn gefragt.« Hans von Herwarth hatte mehr Glück. Die, die wussten, dass er das Bombenattentat unterstützt hatte, gaben seinen Namen auch unter Folter nicht preis. »Ihnen verdanke ich mein Leben«, sagt er heute.

Das Wissen um die im Osten begangenen Gräueltaten spielte in der Motivation der Bombenattentäter eine Rolle. Genauso wissen wir aufgrund neuester Forschungen, dass die Soldaten an der Ostfront im Allgemeinen von den Gräueln wussten. Weniger sicher ist dagegen, wie viel die deutsche Bevölkerung in den letzten Kriegsjahren wusste.

Wir wissen, dass die deutsche Gesellschaft sich während des Krieges grundlegend wandelte. War Deutschland vor dem Krieg ein Land gewesen, dessen Regierung den Rassismus *pre-*

digte, so profitierte es jetzt davon.»Rund 30 Prozent der Arbeiter in Industrie und Landwirtschaft waren Ausländer«, sagt Geyer,»Zwangsarbeiter, Kriegsgefangene und sogar Insassen von Konzentrationslagern, die man nach dem Prinzip verteilte, dass es um sie ja nicht schade war.« Historiker wie Geyer kommen zu einer beunruhigenden Erkenntnis über das Deutschland, das zu einem rassistischen Land geworden war: »Die Deutschen erlebten das nicht nur, sie fanden insgesamt auch Gefallen daran.« Die Ankunft einer gewaltigen Anzahl von Menschen in Deutschland, die definitionsgemäß noch unter den untersten Deutschen standen, war ein ganz offenkundiger Nutzen. Zumindest vermittelten sie den Deutschen ein Gefühl der Überlegenheit und den Eindruck, dass die Nazipropaganda Recht hatte – dass sie eine »Herrenrasse« waren. Der gewöhnliche deutsche Arbeiter konnte Vorarbeiter werden, die Hausfrau Dienstboten haben. Die Gesellschaft nahm zutiefst rassistische Züge an. Vor diesem Hintergrund hat man die Behauptung der Deutschen an der Heimatfront zu bewerten, sie hätten von den Vorgängen im Osten nichts gewusst. Nicht nur bekamen alle Deutsche die rassistische Propaganda der Nazis mit, fast alle lernten auch die Folgen des Rassismus in Gestalt der allgegenwärtigen, als »Untermenschen« geltenden Arbeitskräfte kennen. In einer solchen Umgebung ist es schwer, sich nicht überlegen zu fühlen und nicht zu glauben, diese Menschen seien weniger wert als man selbst. Wenn zerlumpte polnische Arbeiter vorbeischlurften, mussten die Deutschen sich nicht als etwas Besseres vorkommen? Nach 1945, zumal nachdem der Holocaust in allen Einzelheiten bekannt geworden war, konnten die Deutschen solche Überlegenheitsgefühle nicht mehr offen äußern. Die Begriffe des Rassismus waren bei den Menschen der Heimatfront genauso unaussprechlich geworden wie bei den Soldaten, die gegen den Feind gekämpft hatten.

Man braucht keine allzu große Fantasie, um sich vorzustellen, dass dieselben Deutschen, die vom Leben in einem rassistischen Staat profitierten, Angst davor hatten, dass die Sklaven ihre Freiheit zurückbekommen könnten. Wenn

Zwangsarbeiter aus dem Osten (kenntlich an ihren Armbinden) bei ihrer Arbeit in einer deutschen Fabrik während des Krieges.

Deutschland den Krieg verlor, würden die Unterdrückten sich doch sicher an ihren Unterdrückern rächen wollen? Wer von einem Verbrechen profitiert, fürchtet die Stunde der Abrechnung.

Wenn die Furcht vor einer schließlichen Strafe für die Beteiligung an einem rassistischen Sklavenstaat die Entscheidung vieler Deutscher beeinflusste, dem Regime bis zum Ende treu zu bleiben, dann muss eine zentrale Frage beantwortet werden – wie viele Deutsche wussten während des Krieges von der Judenvernichtung? Nimmt man die Aussagen der vielen Interviews mit deutschen Zeitzeugen, die wir filmten, für bare Münze, ist die Antwort eindeutig – niemand. Gabriele Winckler, eine Sekretärin, gab auf die Frage, was sie vom Schicksal der Juden gewusst habe, eine typische Antwort: »Uns hat man immer gesagt, die kommen nach Madagaskar oder irgendwo hin, das wäre ein unfruchtbares Land.

Was weiß ich, was die da erzählt haben für einen Quatsch, da hab ich mich gar nicht mehr weiter drum gekümmert.« Andere von uns Befragte sagten, sie hätten geglaubt, die Juden würden zum Arbeiten in den Osten deportiert. Der Bankier Johannes Zahn sagt:»Ich wusste zwar, dass die Juden in Arbeitslager kamen, aber ich wusste nicht, dass sie planmäßig umgebracht wurden. Ich muss aber jetzt ehrlich sagen: Wenn ich es gewusst hätte, hätte ich damals auch nichts unternommen. Keiner rennt gegen ein Maschinengewehr an.«

Unsere Gesprächspartner äußerten oft große Empörung über relativ kleine Schikanen der Nazis, wie den gelben Stern, den die deutschen Juden vor ihrer Deportation tragen mussten.»Furchtbar, furchtbar!«, sagt Erna Kranz, die damals als junge Frau in München lebte.»In der Parallelstraße zu uns wohnte eine Baronin Brancka, die war mit einem Baron verheiratet und sie war eine jüdische Kaufmannstochter aus Hamburg… Und die musste den Judenstern tragen. Und das hat mir so leid getan, das war so furchtbar, denn das war so eine nette Frau, das hat man empfunden. Aber bitte, genauso wie man heute wegsieht, wenn Menschen in Not sind, Sie können ja nicht überall helfen, genauso ist es damals auch gewesen. Man hat gesagt, ja, was kann man tun? Man konnte nichts tun, nicht? Wir sind dazu gezwungen worden, nichts zu tun, sondern das in Kauf zu nehmen, dass ein einzelner Mensch, der ja gar nichts dazu kann, nun verfolgt wird.« Die Lehre dieser Worte ist, dass die kleine Ungerechtigkeit, die vor unseren Augen passiert, eine größere Wirkung haben kann als ein großes Unrecht, das wir nicht sehen – auch wenn man das große Unrecht ahnt. Der Plan der Nazis, die Juden vor ihrer Vernichtung aus Deutschland *weg*zuschaffen, war deshalb ein begnadet teuflischer Einfall.

Je öfter wir unsere Gesprächspartner fragten, wann sie von den Vernichtungslagern erfahren hätten, desto klarer wurde, dass die Frage zu einer Schwarzweiß-Antwort herausforderte – entweder die Befragten erfuhren davon während des Krieges oder sie erfuhren nicht davon –, während die Wahrheit doch offenbar im Graubereich dazwischen zu liegen scheint.

Geyer zufolge gab es in der deutschen Bevölkerung in Bezug auf das Schicksal der Juden zumindest drei Stufen des Wissens. Die erste Stufe war ganz einfach die »visuelle«: Man konnte sehen, dass die Juden nicht mehr da waren. »Nachbarn waren auf einmal keine Nachbarn mehr«, sagt Geyer. »Sie wussten, dass ihre jüdischen Nachbarn nicht mehr da waren und fanden sich irgendwie damit ab.« Auf dieser Ebene hat laut Geyer jeder Deutsche vom Schicksal der deutschen Juden gewusst. Das andere Extrem, das Wissen von den Vernichtungslagern, müsse dagegen auf relativ wenige Menschen beschränkt gewesen sein. Keines der Lager befand sich innerhalb der deutschen Grenzen vor dem Krieg und selbst in den höheren Etagen der Nazihierarchie wurde das, was dort stattfand, mit Euphemismen umschrieben (wie dem Codewort »Evakuierung« in Eichmanns Aufzeichnungen zur Wannseekonferenz). Auf der Stufe dazwischen wusste man, dass mit den Juden »etwas Schlimmes« passierte; dies ist die interessanteste und am schwersten zu quantifizierende Ebene. Nachdem die Juden aus den Städten und Dörfern verschwunden waren, konnten die Deutschen den Gedanken an ihr Schicksal verdrängen. Doch wer darüber nachdachte, musste dem nicht klar sein, dass die Juden ein schreckliches Schicksal erwartete? Seit dem Boykott 1933 waren die Juden in aller Öffentlichkeit von den Nazis verfolgt worden. 1939 hatte Hitler verkündet, ein Weltkrieg bedeute die Vernichtung der Juden in Europa. Das Wissen um die im Osten verübten Gräuel, wenn auch nicht speziell das Wissen von antisemitischen Aktionen, muss auf deutschem Boden weit verbreitet gewesen sein, wenn man davon ausgeht, dass die weitaus meisten Einheiten der Wehrmacht daran beteiligt waren. Die Mehrheit der Deutschen muss selbst bei flüchtigem Nachdenken erkannt haben, dass mit den Juden zumindest »etwas Schlimmes« passierte.

Ein Bericht des SD, des Nachrichtendienstes der SS unter Reinhard Heydrich, aus Franken vom Dezember 1942 zeigt, dass die Nazis selbst beunruhigt waren über die Auswirkungen, die das Wissen um den Judenmord in Osteuropa auf die Bevölkerung haben könnte: Nachrichten von der Erschießung und Vernichtung der Juden in Russland sorgten gegenwärtig für starke Unruhe und Besorgnis in kirchlichen Kreisen und der ländlichen Bevölkerung; die ländliche Bevölkerung sei keineswegs davon überzeugt, dass der Krieg gewonnen werde, und befürchte die Rache der Juden im Fall ihrer Rückkehr nach Deutschland.[2]

Doch flackerte innerhalb Deutschlands nur sporadisch Widerstand gegen die Verfolgung der Juden auf. Berühmt wurden Hans und Sophie Scholl, beide Studenten an der Universität München. Sie druckten während des Krieges Flugblätter, in denen sie die deutsche Jugend aufriefen, sich sofort zu erheben und ein »neues geistiges Europa« zu errichten. Die Behandlung der Juden und die Ermordung der polnischen Intelligenz nannten sie »das fürchterlichste Verbrechen an der Würde des Menschen«. Sie wurden beide denunziert, gefoltert und hingerichtet. Zu einem Mithäftling sagte Sophie Scholl, sie glaube, ihre Hinrichtung werde tausende von Menschen aufrütteln und unter den Studenten eine Revolte auslösen. Doch es kam anders. Am Tag der Hinrichtung, dem 22. Februar 1943, bekundeten die Studenten der Münchner Universität dem Regime ihre Treue. Wie der Historiker Ian Kershaw schreibt, entbehrte der Widerstand gegen Hitler nicht nur der aktiven Unterstützung der breiten Bevölkerung, es fehlte ihm auch weithin die passive Unterstützung.[3]

Die Deutschen brauchten nur ins nächste Kino zu gehen, um einen weiteren Grund zu sehen, warum es besser war, tapferen Einzelpersonen wie Sophie und Hans Scholl nicht zu helfen und stattdessen weiterzukämpfen. Die Wochenschau der Nazis führte ihnen plastisch vor Augen, wie das Reich auf Leben und Tod gegen den Feind kämpfte, den alle am meisten fürchteten – Russland. Die Angst vor dem, was Deutschland widerfahren würde, wenn die verhassten Bolschewisten siegten, war eine starke Triebkraft, weiterhin für den Krieg und damit die nationalsozialistische Führung einzutreten.

Die Wehrmacht hatte vom ersten Tag des Russlandfeldzugs an Rachegelüste in den Russen provoziert. Auf beiden Seiten wurden Gräuel gegen Gefangene begangen. Die russischen Kriegsgefangenen wurden furchtbar misshandelt – von fünf Millionen Gefangenen der Deutschen überlebten nur zwei Millionen den Krieg. »Aber wofür kämpfte der deutsche Soldat und, muss man fragen, wogegen?«, sagt Graf von Kielmansegg, ein deutscher Stabsoffizier. »Das ist für mich der entscheidende Grund. Zumindest jeder, der in Russland gewesen war, wusste, was auf Deutschland wartete, wenn der Bolschewismus über Deutschland kam … Also wenn es nur England und Frankreich gewesen wären, dann hätten alle früher aufgehört, vereinfacht ausgedrückt, nicht wahr. Gegen Russland nicht.« Und Hermann Teschemacher, der an der Ostfront kämpfte, meint: »Man hat sich gesagt: Wenn wir uns nicht wehren, dann kommt der Sturm über Asien auch über Deutschland und was da an viehischer Vernichtung, Misshandlung, Tötung erfolgt, das wussten wir und so haben wir uns bis zum Letzten gewehrt und sind dem Eid treu geblieben … Und das Schlimmste wäre es gewesen, wenn der Bolschewismus über Deutschland wegstürmt. Dann ist ganz Europa verloren. Aber wir haben zunächst an unser Volk und an unsere Familie gedacht und deswegen haben wir uns gewehrt bis zum Letzten.«

Furcht vor dem Bolschewismus und Hass auf ihn waren seit den Tagen der Münchner Räterepublik 1919 zentrale Bestandteile der Nazi-Ideologie. Beides wuchs noch dramatisch, als ganz konkret die Gefahr drohte, die verhassten Bolschewisten könnten bald auf deutschem Boden stehen. Als so bedrohlich wurde diese Gefahr empfunden, dass sie nach 1941 hunderttausenden Nichtdeutscher als Rechtfertigung für ihren Eintritt in die Waffen-SS diente. Entgegen landläufiger Meinung brauchten die Neuzugänge keine Deutschen zu sein, um an Himmlers SS zu glauben. Jacques Leroy, ein junger Belgier, war vom »netten Benehmen« der deutschen Besatzer be-

Nachfolgende Doppelseite: Ein Deutscher grüßt einen Franzosen, der freiwillig für die Deutschen gegen die Sowjetunion kämpft. Die Nazis träumten von einem Bündnis des Westens gegen den Osten.

eindruckt und beschloss, in die Waffen-SS einzutreten, weil er »gegen Kommunismus und Bolschewismus kämpfen wollte«. Wir fragten ihn, ob ihn das nicht zum Verräter gemacht habe. »Was ist ein Verräter?«, erwiderte er aufgebracht. »Was ist das? Kann man mit sechzehn ein Verräter sein? Ich trug keine belgische Uniform. Man ist ein Verräter, wenn man für Ideen kämpft, die nicht zu Europa gehören, die nicht beliebt sind. Wenn man Ideen aus dem Ausland übernimmt, ist man ein Verräter. Das Wort Verräter kam mir kein einziges Mal in den Sinn ... Ich kämpfte gegen den Kommunismus.«

Jacques Leroy ist über fünfzig Jahre nach Kriegsende immer noch ein unverhüllter Rassist. Heute noch vertritt er viele der Ansichten, die seinen Kameraden von der Waffen-SS so teuer waren. »Der Unterschied zwischen den Leuten, die man Übermenschen nennt, und denen, die man Untermenschen nennt, ist, dass die Übermenschen der weißen Rasse angehören. Deshalb wollen heute so viele Ausländer in Länder der Weißen kommen ... Damals waren wir stolz, der weißen Rasse anzugehören.«

Motiviert durch seinen Rassismus und seinen Hass auf den Kommunismus, kämpfte Leroy in einigen der blutigsten Schlachten an der Ostfront. In der Schlacht von Teklino am 14. Januar 1945 traf seine Einheit der Waffen-SS auf über drei sowjetische Regimenter, die sich in einem Wald versteckt hatten. Die SS griff an und verlor 60 Prozent ihrer Männer. Mitten im Kampf sah Leroy einen Russen hinter einer Birke knien und dann spürte er plötzlich »einen elektrischen Schlag« am ganzen Körper. Er ließ sein Gewehr fallen und bemerkte, wie Blut auf den Schnee tropfte. »Ich blutete, mein Auge war von einer Kugel getroffen worden.« Leroy verlor ein Auge und einen Arm, doch nach einigen Wochen im Krankenhaus bat er, wieder zur SS zurückkehren zu dürfen, und seiner Bitte wurde stattgegeben. »Natürlich, ich hatte einen Arm und ein Auge verloren, aber wissen Sie, wenn man noch sehr jung ist, berühren einen solche Dinge nicht so wie vielleicht einen Älteren.« Auf unsere Frage, warum er zur SS habe zurückkehren wollen, antwortete er: »Um nicht ins Mittelmaß zurückzufallen und um bei meinen Kameraden bleiben zu können ... Ich mag das Mittelmaß nicht, ich mag es nicht, wenn ich nichts zu tun habe, wenn ich untätig bin und kein Ziel im Leben habe ... Für was ist das Leben denn da? Man kann nicht die ganze Zeit fernsehen! Man muss nachdenken, sich umsehen, ein Ziel haben.«

Auch Bernd Linn kämpfte bei der Waffen-SS, die sich erbittert gegen die nach Deutschland vordringenden Russen zur Wehr setzte. Er nahm an einer Kampfhandlung teil, die in vieler Hinsicht die Tapferkeit und Vergeblichkeit des bewaffneten Widerstands der Nazis symbolisiert – der Schlacht von Halbe am 29. April 1945, nur wenige Tage vor Kriegsende. Linns Einheit hatte den Befehl zum »Durchbruch ohne Rücksicht auf Verluste« – ein sinnloser Befehl, da jedermann wusste, dass der Krieg verloren war.

»Es krachte von allen Ecken und Kanten«, beschreibt Bernd Linn die »Hölle von Halbe«. Mitten im Kampfgetümmel stieß er auf einen deutschen Tiger, der bewegungsunfähig geschossen war, aber trotzdem noch aus seinem Maschinengewehr feuerte. »Dahinter lag ein Oberleutnant mit einem Bein ab, war aber noch nicht tot, ging auch zu dem hin und sagte: ›Haben Sie noch einen Wunsch?‹ Ich wollte ihn in meinem Fahrzeug mitnehmen und da hat er gesagt: ›Wir haben den Auftrag Durchbruch ohne Rücksicht auf Verluste. Legen Sie bitte mein Bein zu mir.‹« Als immer mehr Soldaten fielen, griffen auch die deutschen Rote-Kreuz-Schwestern zur Waffe. Bernd Linn gab einer eine Bazooka. »Dann haben die Russen gerufen: ›Kapitulation!‹ Ja von wegen, hab ich gesagt, wir brechen durch. Nix da Kapitulation.« Wir wollten von Bernd Linn wissen, warum er bis zum Schluss gekämpft habe. Am ehesten verstanden wir ihn, als er sagte, als überzeugter Nazi habe er das eben für sein Schicksal gehalten.

Der Widerstand der deutschen Truppen ist vielleicht nicht so erstaunlich, wenn man bedenkt, dass sie der Nazipropaganda über russische Untermenschen und die Gräuel, die die Kommunisten auf dem Weg nach Westen angeblich begingen, ausgesetzt waren. Welche Alternative hatten sie denn? Sie konnten sich nur einem Gegner ergeben, der sie, wie ihnen gesagt worden war, furchtbar behandeln würde und an dem die Deutschen selbst Schreckliches verübt hatten. Da jedem Soldaten von Beginn der Feindseligkeiten mit Russland an eingeimpft worden war, dies sei ein Krieg wie kein anderer, musste Kapitulation gleichbedeutend sein mit unvergleichlichem Leiden als Kriegsgefangener. Doch es war mehr als Angst, was die Deutschen im Osten veranlasste weiterzukämpfen – auch Hoffnung spielte eine Rolle. Die Wunschvorstellung, dass Großbritannien, die Vereinigten Staaten und Frankreich Deutschland doch noch auffordern würden, an einem Kreuzzug gegen den Kommunismus teilzunehmen, hielt sich trotz aller gegenteiliger Hinweise und dem Beharren der Alliierten auf bedingungsloser Übergabe.

Und es muss noch andere Gründe gegeben haben, weshalb die deutschen Soldaten bis zum Ende weitermachten. Sie kämpften auch in Italien, das bereits 1943 aus dem Krieg ausgeschieden war, erbittert bis zur offiziellen Kapitulation im Mai 1945. Dort standen sie so genannten ehrenhaften Gegnern gegenüber – Amerikanern und Briten – und hätten, wenn sie gewollt hätten, scharenweise desertieren können. Wer glaubt, Desertion habe als »undeutsch« gegolten, möge sich erinnern, dass im Ersten Weltkrieg Schätzungen zufolge eine ganze Million deutscher Soldaten desertierte. Im Zweiten Weltkrieg war dies nicht der Fall, nicht einmal in Italien.

Die Nazis wurden aus dem Ersten Weltkrieg und der Demütigung einer in ihren Augen schmachvollen Niederlage geboren. Man kann den Wunsch der Deutschen, eine Wiederholung des November 1918 zu vermeiden, in seiner Intensität gar nicht überschätzen. Die Umstände der Niederlage von 1918 standen den deutschen Soldaten in Italien nicht weniger lebhaft vor Augen als den Soldaten, die im Osten gegen den ideologischen Gegner kämpften. Auch die Naziführer wollten eine Wiederholung um jeden Preis vermeiden. Keineswegs abwegig ist in diesem Zusammenhang die Vermutung, dass hinter der Entscheidung zum Holocaust teilweise der Wunsch stand zu verhindern, dass die Juden vom Zweiten Weltkrieg

»profitierten«, wie sie vom Ersten Weltkrieg angeblich »profitiert« hatten. So lächerlich solche Vorstellungen über die Juden waren, sie wurden doch von vielen Nazis geteilt und, so unglaublich es klingt, gelegentlich sogar noch in unseren Interviews geäußert. Die Wehrmacht hat den Vormarsch der Alliierten und die deutsche Niederlage vielleicht nicht verhindern können, aber sie konnte sicherstellen, dass die Niederlage in keiner Weise der Demütigung im Ersten Weltkrieg gleichen würde. Diesmal sollten die deutschen Soldaten von der Kapitulation nicht überrascht werden.

Hitler blieb im Denken der Soldaten bis zum Ende zentral präsent. Walter Fernau wurde in den letzten Kriegsmonaten Nationalsozialistischer Führungsoffizier (NSFO) und hielt vor Soldaten in Deutschland Propagandareden, in denen er ihnen sagte, warum sie weiterkämpfen sollten. »Ich sollte die Truppe in Kompaniestärke, nicht größer, zum Durchhalten auffordern«, sagt er. »Dieser Akkordeonspieler kam dann vor die Truppe und dann wurden Lieder gesungen, Seemannslieder, und das war eine tolle Stimmung. Und dann habe ich gesagt: ›Leute, wir sind nicht zusammengekommen, um jetzt hier Lieder zu singen, sondern ich muss hier mal was sagen zu unserer ganzen Situation, in der wir uns jetzt befinden. Wenn wir uns die militärische Lage, wie sie im Augenblick ist, ansehen, dann wissen wir, dass der Amerikaner oder der Engländer an unserer Küste, an unserer Grenze steht. Wir wissen, dass der Russe in Richtung Berlin marschiert, und wir wissen, dass im Süden die Amerikaner über Rom sind. Und außerdem fliegen teilweise Tag und Nacht Massen von Flugzeugen über unser Land und werfen in unseren Städten Bomben. Und keiner von uns weiß jetzt in diesem Moment, ob seine Angehörigen nicht schon Opfer sind und ob sein Haus noch steht. Und wenn ich jetzt diese ganze Situation beurteilen soll, dann kann ich das

nur mit dem einfachen Landser-Wort sagen: Es ist alles Scheiße! Aber genau so, wie wir die militärische Lage beurteilen, muss sie ja auch unser Führer als der Oberbefehlshaber der Wehrmacht sehen. Vielleicht weiß er, dass es noch schlechter ist, als wir es heute wissen. Vielleicht weiß er aber, dass es besser ist. Aber‹, sage ich, ›er kann doch nur von uns verlangen, dass wir weiterhin unseren Dienst machen, wenn er noch eine Möglichkeit sieht, einen guten Weg zum Ende des Krieges zu finden.‹ Und dann sage ich den Soldaten: ›Wollt ihr nun heute das Gewehr in die Ecke stellen und nach Hause gehen? Und dann ist der Krieg zu Ende und dann kommt Hitler und sagt: ›Ja, ihr habt doch die Flinte weggeworfen! Ich wollte noch ein gutes Ende finden!‹ Diesem Vorwurf wollen wir uns nicht aussetzen.‹« Sein Hitlerbild war damals einfach: »Der Führer war für uns, für die Jugend, sagen wir mal, ein Idol.« Walter Fernau hat deshalb auch eine einfache Antwort auf die Frage, warum deutsche Soldaten im Ersten Weltkrieg desertiert sind, im Zweiten dagegen bis zum Ende gekämpft haben. »Im Ersten Weltkrieg hat es keinen Hitler gegeben, nee.«

Dass die deutschen Soldaten bis zum Ende kämpften, hat zu tragischen menschlichen Opfern geführt, es hatte aber laut Hans von Herwarth vielleicht eine positive Folge: »Sonst wäre eine neue Dolchstoßlegende entstanden… Viele Frauen hatten ihre Söhne oder Brüder verloren und sie konnten sich nicht vorstellen, dass alles vergeblich war, dass sie aus dem falschen Grund umgekommen waren, das konnten sie nicht glauben.« Wenn Hitler 1944 ermordet und dann sofort Frieden geschlossen worden wäre, hätte man später behaupten können, Deutschland hätte den Krieg nicht verlieren müssen, wenn es weitergekämpft hätte. Die Spekulation hätte geblüht, denn beweisen lassen hätte sich nichts. Hätten die Alliierten sich im letzten Kriegsjahr doch noch gegen die Russen gewandt? Hätten die Deutschen ihre »Wunderwaffen« wie die Raketen V1 und V2 so weit entwickeln können, dass sie dem Kriegsgeschehen eine Wende gegeben hätten? Darüber würde man heute noch streiten, vor allem in rechtsradikalen Kreisen. Der Kampf bis zum Ende könnte ironischerweise verhindert haben, dass aus diesem Krieg ein neuer Hitler hervorging, wenn auch ein Hitler, der zu Recht schwer am Erbe des Holocaust zu tragen gehabt hätte.

Doch wären die Vorteile eines Friedens 1944 für Deutschland ungeheuer gewesen, nicht nur wegen der Soldaten, die überlebt hätten, sondern auch wegen der deutschen Zivilisten, die vor dem Tod durch die Hand der Nazis bewahrt worden wären. In jenem letzten Kriegsjahr geriet der Terror innerhalb Deutschlands außer Kontrolle. Ein furchtbarer Fall aus dem Würzburger Staatsarchiv zeigt, wie die Nazis mit ganz normalen Deutschen verfuhren, als der Krieg verloren schien.[4] Karl Weiglein, Bauer in Zellingen, einem Dorf wenige Kilometer von Würzburg entfernt, war 59 Jahre alt, als er 1945 zum Volkssturm einberufen wurde. Er wurde einer Kompanie unter Führung des Lehrers Alfons Schmiedel zugeteilt; Schmiedel, ein fanatischer Nazi, war auch Leiter der örtlichen Hitlerjugend. Am 25. März um 2 Uhr nachmittags trat das ganze Bataillon auf dem Zellinger Kirchplatz zum Appell an und Bataillonskommandeur Dr. Mühl-Kühner hielt eine kurze Rede. Da der Krieg näher rücke, sagte er, würden die Vorschriften strenger und wer Befehlen nicht gehorche, werde erschossen. Eine Gruppe im ersten Bataillon, darunter Karl Weiglein, antwortete darauf mit einem »Oho!«. Um dieselbe Zeit wurden auf einer Straße in der Nähe einige Panzersperren entfernt und einem falschen Gerücht zufolge hatte Weiglein etwas damit zu tun. Am Dienstag, dem 27. März, sprengten die Nazis eine Brücke, die Zellingen mit dem benachbarten Retzbach verband, um das Vorrücken amerikanischer Truppen zu verhindern. Weiglein, dessen Haus in der Nähe der Brücke stand, sagte zu einem Nachbarn: »Die Idioten, die das getan haben, Schmiedel und Mühl-Kühner, sollte man aufhängen!« Schmiedel hörte die Bemerkung und erstattete Mühl-Kühner Bericht. Am folgenden Abend traf das fliegende Standgericht unter Major Erwin Helm in Karlstadt ein. Solche Gerichte waren aufgestellt worden, um angesichts der bevorstehenden Niederlage Deutschlands die Disziplin aufrechtzuerhalten, und sie hatten die gesetzlichen Befugnisse eines offiziellen Kriegsgerichts. Das Standgericht unter Major Helm war besonders berüchtigt und hieß bei den Dörflern das »Galgengericht«. Major Helm war für seine Brutalität und seinen Sadismus bekannt; zu einem 17-jährigen Jungen hatte man ihn sagen hören:»Hast du dir das Zweiglein schon ausgesucht, an dem du hängen willst?« Bei einer anderen Gelegenheit hatte er zu seinen Offizieren gesagt:»Mensch, hat der einen schönen Hals, der reizt mich!«

Major Helm und Mühl-Kühner beschlossen, Karl Weiglein als abschreckendes Beispiel für die anderen hinzurichten. Sofort wurde er von der Zellinger Polizeiwache hergebracht und um Mitternacht trat das fliegende Standgericht zusammen. Helm beauftragte einen seiner Leutnants, Engelbert Michalsky, den Vorsitz zu führen. Zwei ortsansässige Bauern, Anton Seubert und Theodor Wittmann, sollten als »Beisitzer« fungieren, Walter Fernau, damals ebenfalls Leutnant in Helms Truppe, als Ankläger.»Helm sagte: ›Übernehmen Sie die Anklage. Der Fall liegt ganz einfach. Ich stelle schon das Erschießungskommando zusammen.‹« Das Todesurteil hatte er geschrieben, noch ehe der Prozess überhaupt begonnen hatte. Dann tauchte allerdings ein Problem auf. Die beiden Bauern Seubert und Wittmann weigerten sich, Weiglein zum Tod zu verurteilen.[5] Helm löste das Problem, indem er sie absetzte und ihnen später selbst mit dem Standgericht drohte. Weiglein wurde für schuldig befunden und Walter Fernau wusste, dass jetzt nur noch das Todesurteil möglich war.»Auch wenn Sie jetzt was von mir denken, also, dass ich ein brutaler Hund bin oder ähnliches«, sagt er,»kann ich Ihnen wirklich nicht sagen, dass ich damals gedacht habe, das ist zu hart… Also der Gerichtsherr entscheidet, das ist ein Fall für das Standgericht, und dann kann ich nicht sagen: ›Wollen wir nicht lieber ein Vierteljahr oder ein halbes Jahr Gefängnis geben?‹ Das wäre ja fast so gewesen, als wenn man allen Soldaten sagen könnte: ›Jetzt macht ihr alle hier irgendein Vergehen und kommt vor das Standgericht und werdet für ein halbes Jahr eingesperrt. In der Zeit ist der Krieg zu Ende und die anderen sterben und ihr

Deutsche Soldaten erschießen »Deserteure« im April 1945. In jenem Frühjahr
wandten sich die Nazis in beispielloser Weise gegen ihre eigenen Landsleute.

nicht.‹ Also verstehen Sie das? Das wird ja heute auch von vielen bestätigt, dass solche Situationen auch harte Maßnahmen
erfordern, obwohl das nicht mein Geschmack ist. Aber ich
kann die Gesetze nicht machen.« Bedeutsam ist, dass Fernau
eine Verbindung zwischen den im Osten erlebten Gräueln
und seiner Haltung zur Arbeit des Standgerichts sieht. »Ich
habe so viele Tote von meinen eigenen Kameraden gesehen im
Kriege, dass man da schon ein gewisses dickes Fell bekam…
Auch auf andere schießen und sehen, wie der umknickt, das
ist furchtbar. Und mit der Zeit gewöhnt man sich dran. Wenn
Sie in Russland so die Russen daherlaufen sehen und die kommen auf Sie zu und dann kommen sie näher und dann haben
sie womöglich noch ein Bajonett aufgepflanzt, ja, da schießen
Sie doch einen ab nach dem anderen und freuen sich, wenn er
umfällt. Furchtbar! Kann das heute einer verstehen, dass man
sich freut, wenn einer umfällt?«

Um halb zwei morgens wurde Weiglein zu einem Birnbaum hinausgeführt. Um seinen Hals hing ein Schild, auf dem stand, dass er wegen Sabotage und Wehrkraftzersetzung zum Tode verurteilt worden sei. Der Birnbaum stand nur fünf Meter von seinem Haus entfernt. Weiglein rief nach seiner Frau. »O Dora, Dora, die hängen mich auf!« Seine Frau öffnete das Küchenfenster und schrie: »Lasst doch meinen Mann in Ruhe. Er hat euch doch nichts getan!« Michalsky schrie zurück: »Sind Sie ruhig und machen Sie bloß das Fenster zu!« Weiglein wurde vor den Augen seiner Frau von Helm und einem Obergefreiten gehängt. Sogar der durch seine Erlebnisse im Osten abgebrühte Fernau war über die Umstände der Hinrichtung schockiert: »Man kann das als Scham bezeichnen… Es ist ja furchtbar für so eine Frau, mitzuerleben, wie ihr eigener Mann, mit dem sie vielleicht schon vierzig Jahre oder länger verheiratet ist, vor ihrer Tür von so ein paar Irren aufgehangen wird.« Die Leiche blieb, von zwei Soldaten bewacht, drei Tage lang hängen, bis Ostersonntag. Wenn Walter Fernau heute daran denkt, kommt er in Gewissensnot. »In meinem letzten Wort habe ich darüber gesprochen, dass mir das unheimlich leid tut, aber es ist doch bei so einer Aktion, wo Menschen einfach hingerichtet werden, einfach zu banal, hinterher zu sagen: ›Es tut mir leid.‹ Oder zu sagen: ›Das bedauere ich.‹ Das kann man machen, wenn man einem am Auto den Spiegel abgefahren hat, dann kann man sagen: ›Es tut mir leid, was kostet es?‹ Aber doch nicht, wenn ein Mensch tot ist. Und da frage ich, was kann man überhaupt tun? Und das ist die große Frage, die auch heute noch im Raum steht, was kann ich machen?«

Nur wenige der damaligen Täter wurden bestraft. Major Helm wurde 1953 von einem ostdeutschen Gericht zu »lebenslänglich« verurteilt, nach drei Jahren allerdings freigelassen, da die Stasi ihn als Agenten in der Bundesrepublik einsetzen wollte. Walter Fernau wurde für seine Beihilfe zu sechs Jahren Haft verurteilt, von denen er über fünf verbüßte.

Schreckliche Vorfälle wie diese waren in Deutschland in den letzten Kriegstagen keine Seltenheit. In Penzberg am Fuß der deutschen Alpen verteidigten Dorfbewohner ihr Kohlenbergwerk gegen die Zerstörung im Zuge von Hitlers Politik der verbrannten Erde. Die US-Armee war nur noch einen Tag entfernt, trotzdem wurde ein NS-Erschießungskommando von München entsandt, das die Anführer des Widerstands kurzerhand erschoss. Anschließend wurde eine Liste von Personen erstellt, die als politisch nicht vertrauenswürdig galten, und diese wurden gehängt.

Eingeschüchtert vom Terror der letzten Wochen, schwieg die Mehrheit – darunter Johannes Zahn. »Ich persönlich mache das Hitler zum großen Vorwurf, dass er Deutschland, nachdem zu sehen war, der Krieg ist nicht zu gewinnen, nicht sofort gesagt hat: ›Gut, ich gebe auf, ich mach jetzt Frieden, ich ziehe mich zurück, ich gebe zu, ich bin unterlegen.‹ Das hätte er machen müssen, aber die Charaktergröße hatte er leider nicht.« Männer wie Johannes Zahn waren keine Widerstandskämpfer, aus ganz pragmatischen Gründen: »Wenn eine Clique wie Stalin oder Hitler am Ruder ist, alle Machtmittel in der Hand hat und fest entschlossen ist, diese Machtmittel auch rücksichtslos einzusetzen, sagt jeder: ›Hat doch gar keinen Zweck!‹ Ich riskiere da nichts, denn wer da was riskiert, der wird umgebracht, das haben wir ja dann an der Juli-Affäre gesehen. Selbst die Leute, die gewerbsmäßig im Umbringen und im Ausüben von Gewalt ausgebildet sind, haben es nicht fertiggebracht. Wie soll jetzt der harmlose Zivilist, der in seinem Schokoladengeschäft sitzt und Bonbons verkauft, wie soll der jetzt gegen so was angehen?« Johannes Zahn verfolgte eine einfache Strategie der Selbsterhaltung: »Jetzt dagegen anrennen, das hätte ich nicht riskiert. Ich habe meine Kaffeemütze übers Telefon getan. Zu sehen, dass man diese Zeit überlebt, das ist das, was die meisten sich als Vorsatz, also als Plan gesagt haben. Du hältst die Klappe und siehst zu, dass dir nichts passiert!« Als ich in einem Interview

Nachfolgende Doppelseite: Der Führer empfängt im März 1945 einen Hitlerjungen. Hitler war ein gebrochener Mann, aber er war nach wie vor an der Macht.

293

Sowjetische Soldaten gehen im April 1945 im Berliner Stadtteil
Kreuzberg hinter einem Schild in Deckung, auf dem auf Russisch steht:
»Vorwärts, Männer von Stalingrad, der Sieg ist nah!«

mit einem deutschen »Mitläufer« des Regimes diese Einstellung kritisierte und fragte, warum so viele mit dem Regime
mitgegangen seien, sagte er zornig und mit einem Anflug von
Rechtfertigung: »Für Sie ist das doch leicht, Sie sind nie der
Versuchung ausgesetzt gewesen!«

Karl Boehm-Tettelbach erhielt in den letzten Kriegsmonaten den Befehl, Berlin zu verlassen und sich nach Neustadt-
Flensberg im Norden zu begeben. Unterwegs machten er und
seine Offizierskameraden Halt, um Himmler zu treffen. Es
war Boehm-Tettelbachs letzte Begegnung mit dem Reichsführer SS und Himmler hätte inmitten des allgemeinen Un-
tergangs nicht zuvorkommender sein können. »Himmler sah,
dass ich einen Mordshunger hatte und erbärmlich fror. Er
wollte, dass ich Tee trinke und mich aufwärme, und dann be-

merkte er, dass ich nur Sommer-Unterwäsche und ein kurz-ärmliges Hemd anhatte, und das fand er nicht gut und er sagte: ›Passen Sie mal auf, Sie gehen doch nach Flensberg. In Flensberg ist ein Nachschublager der SS und dort holen Sie sich ein Hemd und Unterwäsche für die kalten Tage.‹ Ich ging also dorthin und mit Himmlers Unterschrift auf einem Zettel aus seinem Notizbuch bekam ich drei Hemden und drei SS-Unterhemden… Eins davon trägt heute noch meine Tochter in Amerika, wenn es wirklich ganz kalt ist. Das ist von Himmler.«

Boehm-Tettelbachs Geschichte zeigt, wie Himmler noch kurz vor Kriegsende in dem Wissen, dass er als einer der Verursacher des Holocaust in die Geschichte eingehen würde, fähig war, das Bild des um das Wohl seiner Mitbürger besorgten Vorgesetzten aufrechtzuerhalten.

Bis zur allerletzten Minute klammerten die Naziführer sich an die Macht. Hitlers eigene körperliche Verfassung verschlechterte sich in den letzten beiden Kriegsjahren gravierend. Von dem Attentat im Juli 1944 hatte er ein Zittern im linken Arm zurückbehalten und ihm war immer wieder stundenlang schwindlig und übel. Sein Leibarzt Dr. Morell stopfte ihn mit einer Vielzahl von Medikamenten voll; Rüstungsminister Albert Speer hatte den Eindruck, dass Hitler ausbrannte. Trotzdem stand Hitlers Umgebung nach wie vor treu zum Führer. Zwar gab es einzelne Akte des Ungehorsams, wenn etwa Speer sich gegen Ende weigerte, Hitlers »Nero«-Befehl auszuführen, der die Zerstörung der Infrastruktur des Landes vorsah, weil die Alliierten nur noch Ruinen vorfinden sollten. Doch auch Speer bekundete, von Hitler zur Rede gestellt, noch einmal seine Treue. Hugh Trevor-Roper schreibt: »Hitler blieb inmitten des universalen Chaos, das er angerichtet hatte, dennoch der einzige Gebieter, dessen Befehlen stillschweigend gehorcht wurde.«[6]

Am 30. April 1945 kurz vor halb vier, als sowjetische Soldaten über dem Berliner Reichstag die rote Fahne hissten, beging Hitler Selbstmord. Erst mit seinem Tod endete seine Macht über die NSDAP. Hass hatte die Nazis und ihre Führer im Innersten angetrieben und eine Struktur geschaffen, in der die furchtbarsten Gedanken der neuzeitlichen Geschichte wachsen und gedeihen konnten. Zum Schluss hatte Hitlers Hass sich gegen die von ihm beherrschten Deutschen gewendet und sich wie ein Feuer selbst verzehrt – ein passendes und vorhersehbares Ende für Hitler und seine Partei. Aus Chaos und Hass entstanden, gingen beide auch in Chaos und Hass unter.

Die Nazis hatten in ihrer zwölfjährigen Herrschaft gezeigt, wozu Menschen fähig sind, wenn sie sich wilde Tiere zum Vorbild nehmen und sich an der Devise orientieren: »Herz verschließen gegen Mitleid! Brutales Vorgehen!«[7] So zu handeln, den Schwachen wegzunehmen, was sie haben, Unterlegene zu töten und als Eroberer aufzutreten, kann natürlich erregend sein. Doch die Nazis zeigen, dass eine solche primitive Philosophie zum Untergang führt (und wenn eine Atommacht eine solche Politik verfolgt, vielleicht sogar zum Untergang der ganzen Welt). Die Geschichte der Nazis wird für alle Zeiten als furchtbare Warnung dienen.

Kurz nach Hitlers Tod wurde Boehm-Tettelbach Zeuge der formellen Kapitulation Deutschlands; er erlebte die Unterzeichnung eines Dokuments, das besagte, Deutschland habe innerhalb von weniger als dreißig Jahren einen zweiten Weltkrieg verloren. Viele Gedanken beschäftigten ihn. »Ich musste die Frage stellen: ›War es das wert, einen Krieg zu führen mit solchen Verlusten auf allen Seiten, der russischen, der deutschen, der amerikanischen und englischen und französischen Seite?‹... Ich sagte mir: ›Du hast den falschen Beruf. Überleg dir jetzt was anderes. Aber werde nicht mehr Soldat.‹«

Nach dem Krieg leitete Karl Boehm-Tettelbach das Nürnberger Büro der amerikanischen Fluglinie Pan Am.

Rechts: Sonnenbadende im Sommer 1945 an einem Berliner See, direkt neben dem Grab eines deutschen Soldaten, gekennzeichnet durch ein Kreuz und drei Helme. Der Krieg war vorbei, aber niemand konnte ihn vergessen.

Anmerkungen

Einleitung

[1] Karl Jaspers in *Vom Ursprung und Ziel der Geschichte*, München/Zürich 1949.

1. Kapitel: Hilfe auf dem Weg zur Macht

[1] John Laffin, *Hitler Warned Us*, 1995, S. 31.
[2] Ebenda, S. 33
[3] Dorothee Klinksiek, *Die Frau im NS-Staat*, Stuttgart 1982, S. 144.
[4] *Die Tagebücher von Joseph Goebbels*, Hg. Elke Fröhlich, München 1987, Bd. 1, S. 134 f.
[5] Bundesarchiv Lichterfelde, Akte R43, I/2696.
[6] Brigitte Hamann, *Hitlers Wien*, München 1996.
[7] Bayerisches Hauptstaatsarchiv, Abt. IV, S. 3071.
[8] Joachim C. Fest, *Das Gesicht des Dritten Reiches*, München 1963, S. 194.
[9] Ebenda, S. 191.
[10] Ebenda, S. 105.
[11] *Marktbreiter Wochenblatt*, 26. Oktober 1923, Bayerisches Hauptstaatsarchiv, Mikrofiche 1, Akt. Minn 73725.
[12] Zentrum für Antisemitismusforschung, Technische Universität Berlin (Flugblatt erstmals veröffentlicht von Dr. Heinrich Budor, Leipzig).
[13] Joachim C. Fest, *Hitler. Eine Biographie*, Frankfurt a. M., Berlin 1973, S. 278.
[14] *Adolf Hitler. Monologe im Führerhauptquartier 1941–1944*, Hg. W. Jochmann, Hamburg 1980, S. 67.
[15] Otto Meißner, *Staatssekretär unter Ebert – Hindenburg – Hitler*, Hamburg 1950, S. 240.
[16] Richard Bessel, *The Rise of the NSDAP and the Myth of Nazi Propaganda*, Wiener Library Bulletin, 1980, Bd. 23, Nr. 51/51.
[17] Franz von Papen, *Der Wahrheit eine Gasse*, München 1951, S. 249.
[18] Tagebuchnotiz von Reichsfinanzminister Lutz Graf von Schwerin-Kroszigk vom 2. Dezember 1932, zitiert in Wolfram Pyta, »Prepara-

tions for the military emergency under Papen«, Militärgeschichtliche Mitteilungen MG M51 (1992), S. 141.

2. Kapitel: Die Herrschaft der Nationalsozialisten in Deutschland

[1] Peter Diehl-Thiele, *Partei und Staat im Dritten Reich*, München 1969, S. 95.

[2] Diese Bemerkungen über Blomberg finden sich in Fest, Hitler, S. 623.

[3] Albert Speer, *Erinnerungen*, Berlin 1969, S. 59.

[4] Ebenda, S. 146.

[5] Ian Kershaw, »Working Towards the Führer«, *Contemporary European History*, Bd. 2, Ausgabe 2 (1993), S. 103–118.

[6] Zu weiteren Gründen für Goebbels' Besessenheit von diesem Film siehe Lawrence Rees, *Selling Politics* (BBC Books, 1992).

[7] Das Folgende basiert auf einem ausführlichen Interview der BBC mit Professor Gellately im Würzburger Staatsarchiv. Siehe dazu auch dessen Buch *Die Gestapo und die deutsche Gesellschaft*, Paderborn 1993.

[8] Robert Gellately, *Die Gestapo und die deutsche Gesellschaft*, S. 73.

[9] Folgende Chronologie basiert auf den in Noakes und Pridham, Nazism 1919–1945, Bd. 3, abgedruckten Quellen und auf Professor Noakes' Anregungen für das Skript zum zweiten Teil der Fernsehserie, die diesem Buch zugrunde liegt. Darin ging es unter anderem um die Arbeit der Reichskanzlei und die Kindereuthanasie.

3. Kapitel: Der falsche Krieg

[1] *Adolf Hitler. Monologe im Führerhauptquartier 1941–1944*, Hg. W. Jochmann, Hamburg 1980, S. 48.

[2] Ebenda. S. 55.

[3] *Akten zur Deutschen Auswärtigen Politik* (ADAP), Serie C, Bd. 1, S. 35.

[4] Robert S. Wistrich, *Who is Who in Nazi-Germany*, Routledge 1995, S. 202.

[5] *Monologe im Führerhauptquartier*, S. 345.

[6] *The Ribbentrop Memoirs*, London 1954, S. 42.

[7] Wistrich, S. 202.

[8] Ebenda.

[9] Nürnberger Dokumente (ND) 611/EC.

[10] Hitlers geheime Denkschrift über den Vierjahresplan, August 1936, in: *Vierteljahreshefte für Zeitgeschichte* 3 (1955), S. 204 ff.

[11] ADAP, Serie D, Bd. 1, S. 25–32.

[12] Jost Dülffer, *Weimar, Hitler und die Marine. Reichspolitik und Flottenbau*, Düsseldorf 1973, S. 447.

[13] A. J. P. Taylor, *The Origins of the Second World War*, London 1961, Kap. 2.

[14] Michalka, *Das Dritte Reich*, Bd. 1, München 1985, S. 245 f.

[15] F. Hoßbach, *Zwischen Wehrmacht und Hitler 1924–1938*, Wolfenbüttel-Hann. 1965, S. 191.

[16] Joachim C. Fest, *Hitler. Eine Biographie*, Frankfurt a. M., Berlin 1973, S. 746 f.

[17] Ebenda, S. 748.

[18] Ebenda, S. 752 f.

[19] Ebenda, S. 751.

[20] Bradley F. Smith und Agnes F. Peterson, *Heinrich Himmler. Geheimreden*, Frankfurt, Berlin, Wien 1974, S. 49.

[21] Duff Cooper, *Old Men Forget*, Rupert Hart-Davis, 1953.

[22] Interview des Autors mit Hans Otto Meißner, 1991.

4. Kapitel: Der Wilde Osten

[1] *Tischgespräche*, 1. 8. 1941, S. 137.

[2] Christopher Browning, *The Path to Genocide*, Cambridge University Press 1992.

[3] Persönlicher Brief Greisers an Himmler, 21. November 1941, Berlin Document Center.

[4] Hans-Adolf Jacobsen, Hg., *1939–1945. Der Zweite Weltkrieg in Chronik und Dokumenten, Grundzüge der Politik und Strategie in Dokumenten*, Darmstadt 1959, S. 606 f.

[5] Engel, *Heeresadjutant bei Hitler 1938–1943. Die Aufzeichnungen des Majors Engel*, Stuttgart 1974, S. 67 f.

[6] Noakes und Pridham, Bd. 3, S. 938.

[7] Öffentliche Äußerung, Juni 1942, Institut für Zeitgeschichte, Dok 1–176, S. 29.

[8] Martin Broszat, *Nationalsozialistische Polenpolitik 1939–1945*, Stuttgart 1961, S. 130, Fußn. 2.

[9] Ebenda, Fußnote 3.

[10] Browning, S. 13.

[11] W. Präg und W. Jacobmeyer, Hg., *Das Diensttagebuch des deutschen Generalgouverneurs in Polen 1939–1945*, Stuttgart, 1975. S. 210 ff.

[12] Berlin Document Center, BDC, SS-/4701.

[13] Lucjan Dobriszycki, Hg., *Chronicle of the Lodz Ghetto 1941–1944*, Yale University Press 1985, S. 37.

[14] Browning, S. 36.

[15] Ebenda, S. 37.

5. Kapitel: Der Weg nach Treblinka

[1] Ernst Klee, Willi Dreßen und Volker Rieß, *»Schöne Zeiten«. Judenmord aus der Sicht der Täter und Gaffer*, Frankfurt a. M. 1988, S. 258.

[2] Philippe Burrin, *Hitler und die Juden. Die Entscheidung für den Völkermord*, Frankfurt a. M. 1993, S. 37.
[3] Nürnberger Dokumente, PS/1919.
[4] ADAP, Serie D, Bd. 10, S. 92 ff.
[5] Bartov, Omer, *The Eastern Front*, Macmillan 1985, S. 83.
[6] Ebenda, S. 84.
[7] Hans Buchheim, Martin Broszat, Hans-Adolf Jacobsen und Helmut Krausnick, *Anatomie des SS-Staates*, Bd. 2, Freiburg i. Br. 1965, S. 364.
[8] Klee, S. 34 f.
[9] Ebenda, S. 35 f.
[10] Ebenda, S. 39.
[11] Ebenda, S. 89.
[12] Ebenda, S. 90.
[13] Ebenda, S. 95.
[14] Ebenda, S. 54.
[15] Browning, S. 101.
[16] Burrin, S. 130; beide Positionen werden ausführlich diskutiert in: Browning, *The Path to Genocide*, und Burrin, *Hitler und die Juden*.
[17] Michalka, Bd. 2, S. 235.
[18] Noakes und Pridham, Bd. 3, S. 1104.
[19] Browning, S. 116.
[20] David Irving, *Hitler's War*, 1977, S. 311.
[21] Burrin, S. 145.
[22] Ebenda, S. 151.
[23] Browning, S. 121.
[24] *Monologe im Führerhauptquartier*, 25. 10. 1941.

6. Kapitel: Ende mit Schrecken

[1] Ian Kershaw, *The Hitler Myth*, Oxford 1989, S. 218.
[2] Ian Kershaw, *The Persecution of the Jews and German Popular Opinion in the Third Reich*, Jahrbuch des Leo-Baeck-Instituts 1981, Bd. 26, S. 284.
[3] Ian Kershaw, *The Nazi Dictatorship*, London 1985, S. 284.
[4] Die Akte wurde ursprünglich von Professor Gellately für uns ausgewählt; zu Ende geführt wurden die Recherchen von BBC Assistant Producer Detlef Siebert.
[5] Walter Fernau bestreitet bis heute die Version, die die Beisitzer von dem Geschehen im Gerichtssaal gaben. In seinem eigenen Prozess nach dem Krieg trug die Aussage der Beisitzer dazu bei, dass er als Mitglied des Standgerichts verurteilt wurde.
[6] Hugh Trevor-Roper, *The Last Days of Hitler*, Oxford 1947.
[7] Max Domarus, *Hitler. Reden und Proklamationen 1932–1945*, Würzburg 1962, Bd. 1, S. 1237.

Bibliografie

Über das Dritte Reich sind mehr Bücher erschienen als über jedes andere Thema der Neueren Geschichte. Angesichts dieser erdrückenden Fülle nachfolgend eine kurze Auswahl nützlicher Bücher.

Wichtige Quellen

Goebbels, Joseph, *Die Tagebücher von Joseph Goebbels,* hg. von Elke Fröhlich in 9 Bänden, München 1987 ff. – Selbstgerechter Bericht des Propagandaministers über den Aufstieg der Nazis zur Macht.

Hitler, Adolf, *Mein Kampf,* München 1925. – Hitlers in der Haft in Landsberg geschriebenes »Testament«. Mühsame Lektüre, aber trotzdem lohnend.

Jochmann, Werner, Hg., *Adolf Hitler, Monologe im Führerhauptquartier 1941–1944,* Hamburg 1980. – Eine der wichtigsten Primärquellen für Hitlers Denken.

Klee, Ernst, Willi Dreßen und Volker Rieß, *»Schöne Zeiten«. Judenmord aus der Sicht der Täter und Gaffer,* Frankfurt a. M. 1988. – Quellensammlung zum Thema Holocaust, aufschlussreich für zeitgenössische Einstellungen.

Noakes, Jeremy, und Geoffrey Pridham, Hg., *Nazism: A Documentary Reader 1919–1945,* 3 Bde., Exeter 1983. – Umfassende kommentierte Quellensammlung.

Weitere Bücher

Bartov, Omer, *The Eastern Front,* Basingstoke 1985. – Der Konflikt mit der Sowjetunion.

Bessel, Richard, *Life in the Third Reich,* Oxford 1987. – Interessante Aufsatzsammlung.

Bloch, Michael, *Ribbentrop,* New York 1992. – Biografie des Nazis, den fast alle anderen führenden Nazis hassten.

Bracher, Karl Dietrich, *Die deutsche Diktatur,* Köln/Berlin 1969. – Versuch, die Funktionsweise der Nazidiktatur zu erklären.

Broszat, Martin, *Der Staat Hitlers*, München 1969. – Glänzende Analyse der Funktionsweise des Nazistaates.

Browning, Christopher, *Fateful Months*, London 1985. – Rekonstruiert den Entscheidungsprozess, der zum Holocaust führte.

– *The Path to Genocide*, Cambridge 1992. – Aufschlussreiche Aufsatzsammlung zum Thema Holocaust.

– *Ganz normale Männer*, Reinbek 1993. – Die erschütternde Geschichte des Reserve-Polizeibataillons 101.

Bullock, Alan, *Hitler. Eine Studie über Tyrannei*, Düsseldorf 1967. – Deutsche Übersetzung von Bullocks Meisterwerk aus dem Jahr 1952.

– *Hitler und Stalin, parallele Leben*, Berlin 1991. – Vergleichende Biografien der beiden Diktatoren.

Burrin, Philippe, *Hitler und die Juden*, Frankfurt a. M. 1993. – Fesselnd zu lesende Theorie über die Ursprünge des Holocaust.

Grunberger, Richard, *A Social History of the Third Reich*, Harmondsworth 1974. – Versuch einer Antwort auf die Frage, wie man in Nazideutschland lebte.

Fest, Joachim C., *Das Gesicht des Dritten Reiches*, München 1964. – Eine Reihe von Porträts führender Nazis.

– *Hitler*, Frankfurt a. M./Berlin 1973. – Glänzende Studie der Persönlichkeit Hitlers.

Frei, Norbert, *Der Führerstaat: nationalsozialistische Herrschaft* 1933–1945, München 1987. – Innenpolitische Geschichte des Dritten Reiches.

Gordon, Harold J., *Hitlerputsch 1923. Machtkampf in Bayern 1923 bis 1924*, Frankfurt a. M. 1971. – Geschichte der gescheiterten Revolution in München.

Gellately, Robert, *Die Gestapo und die deutsche Gesellschaft*, Paderborn 1993. – Bahnbrechende Arbeit über die Gestapo.

Kershaw, Ian, *Hitlers Macht*, München 1992. – Beste Kurzbiografie Hitlers.

– *Hitler. 1889–1936. 1936–1945*, Stuttgart 1998/2000. Hervorragende und umfassendste Biografie.

– *Der Hitler-Mythos. Volksmeinung und Propaganda im Dritten Reich*, Stuttgart 1980. Wie Goebbels und andere den »Mythos« schufen.

– *Der NS-Staat. Geschichtsinterpretationen und Kontroversen im Überblick*, Reinbek 1988. Ein Führer durch die Historiografie.

Koch, H. W., *Aspects of the Third Reich*, Basingstoke 1985. – Aufsätze britischer und deutscher Historiker.

Merkl, Peter, *Political Violence under the Swastika*, Princeton 1975. – Haltungen und Meinungen der Nazi-Anhänger.

Mommsen, Hans, *Der Nationalsozialismus und die deutsche Gesellschaft*, Reinbek 1991. Festschrift zum 60. Geburtstag eines der profiliertesten deutschen Historiker über die Nazizeit.

Padfield, Peter, *Himmler*, London 1990. – Biografie des Reichsführers SS.

Sereny, Gitta, *Das Ringen mit der Wahrheit. Albert Speer und das deutsche Trauma*, München 1995. – Neue Biografie Speers, die das Maß seiner Schuld auslotet.

Speer, Albert, *Erinnerungen*, Berlin 1969. – Autobiografie von Hitlers
   Architekt – sollte zusammen mit Gitta Serenys Biografie (siehe oben)
   gelesen werden.
Turner, Henry A., *Die Großunternehmer und der Aufstieg Hitlers*, Berlin
   1985. – Hitler und die Industrie.
Trevor-Roper, Hugh, *Hitlers letzte Tage*, Frankfurt a. M. 1965. –
   Standardwerk über die letzten Tage, sehr lesenswert.
Welch, David, *Propaganda and the German Cinema 1933–1945*,
   Oxford 1983. – Standardwerk über Goebbels' Filme, voller
   überraschender Informationen.
Willenberg, Samuel, *Revolt in Treblinka*, 1989. – Das erschütternde
   Schicksal von Samuel Willenberg.
Wistrich, Robert S., *Wer war wer im Dritten Reich*, München 1983. –
   Nützliches Nachschlagewerk.

Bildnachweis

Frontispiz BPK; S. 8 BPK; S. 14 AKG London; S. 19 Dirk Halfbrodt; S. 20 f. Bayerische Staatsbibliothek; S. 23 Familie Leviné; S. 27 Süddeutscher Verlag; S. 29, 30 BS; S. 30 BPK; S. 33 SV; S. 35 AKG; S. 39 BPK; S. 43, 47, 50, 53 Bundesarchiv Koblenz; S. 55 AKG; S. 61 Ullstein Bilderdienst; S. 63, 65 AKG; S. 66 SV; S. 69 Karl Boehm-Tettelbach; S. 72 Ullstein; S. 77 Bundesarchiv; S. 81 BBC TV; S. 83, 84, 86 BPK; S. 87 AKG; S. 89 Familie Bamber; S. 91, 93 BPK; S. 96 AKG; S. 97 Ullstein; S. 98 Familie Bernhardt; S. 103, 104 BPK; S. 107 Bundesarchiv; S. 108 SV; S. 112 AKG; S. 116 BPK; S. 120 f. AKG; S. 123 BPK; S. 128 Ullstein; S. 133, 135, 138 f. AKG; S. 141 BPK; S. 143 Bibliothek für Zeitgeschichte, Stuttgart; S. 149 AKG; S. 154 SV; S. 156 AKG; S. 157 BS; S. 159 SV; S. 161 Ullstein; S. 164, 167 AKG; S. 172 f. Ullstein; S. 177, 179 SV; S. 183 AKG; S. 186 Ullstein; S. 191, 192 Jüdisches Museum, Frankfurt; S. 194 f. AKG; S. 198 f., 201, 203 f. BPK; S. 206 Novosti; S. 208 Ullstein; S. 210, 215 BPK; S. 220, 223 AKG; S. 224, 225, 227 Zentrale Stelle der Landesjustizverwaltungen, Ludwigsburg; S. 231 BPK; S. 233 Ullstein; S. 237 Petras Zelionka; S. 240 Kriegsmuseum Vytautas der Große, Kaunas; S. 244 f. SV; S. 248 AKG; S. 250 Kriegsmuseum Vytautas der Große, Kaunas; S. 254 f., 260 AKG; S. 262 BPK; S. 267 AKG; S. 268, 270 f., 275, 280 f. Ullstein; S. 286 f. AKG; S. 291 Ullstein; S. 294 f., 296 BPK; S. 299 AKG.

Abkürzungen:

AKG   Archiv für Kunst und Geschichte London
BPK   Bildarchiv Preußischer Kulturbesitz
BS   Bayerische Staatsbibliothek
SV   Süddeutscher Verlag

Zu den Augenzeugen

DR. FRITZ ARLT
Trat 1929 mit siebzehn in die Hitlerjugend ein, 1932 in die SA. Promovierte 1936, war 1939/40 Leiter der Abteilung Bevölkerungswesen und Fürsorge der Hauptabteilung Inneres im Generalgouvernement, ab 1940 Leiter des mit der Verwaltung der Umsiedlungsmaßnahmen betrauten Reichsamtes für den Zusammenschluss des deutschen Volkstums. Wechselte 1943 zur Waffen-SS.

RUDI BAMBER
Geboren in Nürnberg 1920 als Sohn einer jüdischen Familie, besuchte bis 1936 eine gemischte Schule. 1933 wurden seine Eltern Hausmeister im Gebäude des jüdischen Ordens B'nai B'rith in Nürnberg; ab 1935 betrieben sie ein jüdisches Café und Gästehaus in der Stadt. Bambers Vater, im Ersten Weltkrieg mit dem Eisernen Kreuz ausgezeichnet, wurde in der Kristallnacht von SA-Männern ermordet. Im Juli 1939 konnte Bamber aus Deutschland fliehen.

ZBIGNIEW BAZARNIK
Bei Kriegsausbruch 14 Jahre alt, war auf dem Anwesen von Hans Frank in Krzeszowice bei Krakau ab Mai 1941 Hilfselektriker und Mädchen für alles.

GERDA BERNHARDT
Schwester von Manfred Bernhardt, einem geistig behinderten Jungen, der im Zuge der Kindereuthanasie der Nazis in der »Kinderfachabteilung« der Heil- und Pflegeanstalt Aplerbeck in Dortmund ermordet wurde. Die Wahrheit über die in Aplerbeck begangenen Morde kam erst 1989 vollständig ans Licht.

CHARLES BLEEKER-KOHLSAAT
Geboren 1928 als Sohn einer wohlhabenden Familie von Volksdeutschen in Posen, in einem Teil Polens, der vor dem Ersten Weltkrieg deutsch gewesen war; wurde später Hitlerjunge und erlebte die Rücksiedlung von Volksdeutschen.

KARL BOEHM-TETTELBACH
Geboren 1910, trat noch vor der nationalsozialistischen Machtergreifung
in die Luftwaffe ein und übte heimlich als Pilot in Russland. War zur
Zeit der Fritsch-Blomberg-Krise 1938 Adjutant von Generalfeldmarschall
von Blomberg. Diente im Krieg im Führerhauptquartier Wolfsschanze in
Ostpreußen und erlebte dort das Bombenattentat auf Hitler am 20. Juli
1944 mit.

PROFESSOR MIECZYSLAW BROZEK
Wurde als junger Assistenzprofessor für Klassische Philologie an der
Jagellonischen Universität Krakau im November 1939, als die Nazis die
Vernichtung der polnischen Intelligenz ins Werk setzten, zusammen mit
anderen Dozenten verhaftet und kam in verschiedene Konzentrationslager, darunter Dachau. Auf internationalen Druck hin wurden er und
die anderen noch lebenden Professoren Ende 1940 freigelassen.

ADOLF BUCHNER
Geboren 1923 in München, später Ausbildung als Landwirt in Markt-
oberdorf. Wurde 1942 denunziert und verhaftet, weil er ausländische
Rundfunksendungen gehört hatte, im Februar 1942 zur »Bewährung an
der Front« in das SS-Pionierbataillon Dresden eingezogen. War an der
»Säuberung« von Dörfern in der Umgebung von Leningrad beteiligt.

PAUL EGGERT
Kam aus zerrütteten Familienverhältnissen und wurde im Alter von elf
Jahren von den Nazis zwangssterilisiert. Verbrachte später drei Monate
in der Kinderfachabteilung der Heil- und Pflegeanstalt Aplerbeck und erlebte dort, wie viele Kinder »verschwanden«.

IRMA EIGI
Volksdeutsche aus Estland, traf Ende 1939 als Siebzehnjährige mit ihrer
Familie zusammen mit der ersten Gruppe von Baltendeutschen, die nach
den Bestimmungen des geheimen Zusatzprotokolls des Deutsch-Sowjetischen Nichtangriffspaktes ins »Deutsche Reich« umgesiedelt wurden,
im Warthegau ein.

JOSEF FELDER
Geboren 1900, zur Zeit der Machtergreifung im Januar 1933 sozialdemo-
kratischer Reichstagsabgeordneter. Wurde nach der Machtergreifung verhaftet und kam nach Dachau; nach achtzehn Monaten freigelassen, durfte sich aber im Dritten Reich nicht mehr politisch betätigen.

WALTER FERNAU
Geboren 1920 in Melsungen. Nahm als Mitglied der 14. Panzerjäger-
Kompanie seines Regimentes am Russlandfeldzug teil und wurde auf
dem Rückzug von Moskau verwundet. 1944 Leutnant, 1945 Mitglied der
Einheit von Major Helm, die beauftragt war, versprengte Soldaten einzu-

sammeln, und später als »fliegendes Standgericht« fungierte. Wurde Adjutant von Helm und Nationalsozialistischer Führungsoffizier (NSFO). Trat in vielen Standgerichten als Ankläger auf.

ESTERA FRENKIEL
Tochter einer jüdischen Familie aus Lodz, musste im Frühjahr 1940 zusammen mit anderen Juden aus Lodz auf Befehl der Nazis in das »Ghetto« der Stadt ziehen. Konnte in der Ghettoverwaltung als Sekretärin arbeiten und lernte dabei Hans Biebow kennen, den national-sozialistischen Leiter des Ghettos. Kam nach Auflösung des Ghettos mit ihrer Mutter in das Konzentrationslager Ravensbrück.

JUOZAS GRAMAUSKAS
Geboren 1920, lebte in dem Dorf Butrimonys in Litauen. Im September 1941 wurde er Augenzeuge des Massakers an Frauen und Kindern durch Einheiten der litauischen Armee unter deutschem Befehl.

BRUNO HÄHNEL
Geboren 1911, trat 1927 in die SA-Jugend ein und arbeitete dann bis 1945 als regionaler Führer der Hitlerjugend in Westfalen.

HANS VON HERWARTH
Geboren 1904, trat 1929 in den diplomatischen Dienst ein. Arbeitete 1931–1939 an der deutschen Botschaft in Moskau und erlebte die Unter-zeichnung des Deutsch-Sowjetischen Nichtangriffspaktes. 1939–1945 Soldat der Wehrmacht.

FRANZ JAGEMANN
Geboren 1917 in eine deutsche Familie (mit einem polnischen Vater). Arbeitete von Juli bis Oktober 1940 im Warthegau als Übersetzer für die Nazis.

ANNA JEZIORKOWSKA
Geboren 1929 in eine polnische Familie in Posen, wurde im November 1939 mit ihrer Familie brutal aus ihrer Wohnung getrieben und in Vieh-waggons in das Generalgouvernement gebracht.

WALTER KAMMERLING
Geboren 1923 in eine jüdische Familie in Wien; erlebte als Fünf-zehnjähriger den Anschluss und die Misshandlung von Juden auf den Straßen Wiens. Konnte im Oktober 1938 Österreich verlassen.

JOHANN-ADOLF GRAF VON KIELMANSEGG
Geboren 1906, trat 1926 in die Reichswehr ein. Wurde 1939 Mitglied des Generalstabs.

EMIL KLEIN
Geboren 1905, nahm während des Hitler-Putsches am Marsch auf die Feldherrnhalle teil und wurde dafür später mit dem »Blutorden« der Nazis ausgezeichnet. Trat Anfang der zwanziger Jahre in die SA ein und war nach 1925 Propagandaredner der Nazis.

ERNA KRANZ
Geboren in eine gutbürgerliche bayerische Familie, nahm als Teenager 1938 an der »Nacht der Amazonen« in München teil.

MARIA THERESIA KRAUS
Geboren 1920, Nachbarin von Ilse Sonja Totzke, die das Opfer von Denunziationen wurde und in einem Konzentrationslager der Nazis starb. Eine der Denunziationen im Würzburger Staatsarchiv trägt die Unterschrift von Resi Kraus.

JACQUES LEROY
Geboren 1924 im französischsprachigen Teil Belgiens, trat nach der Niederlage Frankreichs in die Waffen-SS ein. Trotz schwerer Verwundung Rückkehr zu seiner Einheit, am 20. April 1945 für seine Tapferkeit bei der Verteidigung Nazi-Deutschlands mit dem Ritterkreuz ausgezeichnet.

EUGENE LEVINÉ
Geboren 1916 als Sohn des gleichnamigen, 1919 hingerichteten jüdischen Politikers der Räterepublik. Trat später in die KPD ein und floh 1933 aus Deutschland.

BERND LINN
Wuchs in den zwanziger Jahren in Bayern auf und erlebte dort die Ankunft der so genannten »Ostjuden«. Trat später in die Waffen-SS ein und kämpfte im Krieg an der Ostfront.

DR. GÜNTER LOHSE
Trat in den dreißiger Jahren in die NSDAP ein und arbeitete im Auswärtigen Amt. Erlebte die Folgen von Hitlers chaotischem Regierungsstil.

RIVA LOSANSKAYA
Geboren 1918, eine von nur sechzehn überlebenden Juden des Massakers in dem litauischen Dorf Butrimonys.

ANNA MIREK
War bei Kriegsausbruch siebenundzwanzig, arbeitete als Köchin auf dem Anwesen von Hans Frank in Krzeszowice bei Krakau.

WILHELM MOSES
Nahm als Fahrer der Wehrmacht in einem Transportregiment am
Überfall auf Polen teil und wurde Augenzeuge der von der SS-Division
Germania begangenen Gräuel.

ALFONSAS NAVASINSKAS
Wurde mit zwanzig Jahren Augenzeuge des Massakers an den Juden im
litauischen Butrimonys. Stammt aus einer relativ wohlhabenden bäuerli-
chen Familie.

DANUTA PAWELCZAK-GROCHOLSKA
Kam 1942 zum Hauspersonal in Arthur Greisers Haus bei Posen. Die
anderen Bediensteten waren mit Ausnahme von sechs weiteren Polinnen
Deutsche.

ALOIS PFALLER
Geboren 1910, trat Ende der zwanziger Jahre in den Kommunistischen
Jugendverband ein. War als gelernter Maler und Tapezierer während der
Wirtschaftskrise zeitweise arbeitslos. 1934 von den Nazis verhaftet und
in verschiedenen Konzentrationslagern inhaftiert; erst 1945 freigelassen.

ROMUALD PILACZYNSKI
Geboren 1927 in eine gutbürgerliche polnische Familie in Bydgoszcz, das
nach der Neuziehung der polnischen Grenzen durch die Nazis zum
Reichsgau Danzig-Westpreußen unter Gauleiter Albert Forster gehörte.
Pilaczynskis Angehörige galten als Deutsche »dritter Kategorie«.

OTTO PIRKHAM
Österreichischer Diplomat und Augenzeuge der Begegnung Hitlers mit
dem österreichischen Kanzler Kurt von Schuschnigg am 12. Februar
1938 auf dem Berghof.

DR. HERBERT RICHTER
Geboren 1899, Soldat im Ersten Weltkrieg. Wurde 1924 Diplomat und
diente später in Rom, Bombay und Colombo.

DR. JUTTA RÜDIGER
Von 1937 bis 1945 Reichsführerin des Bundes Deutscher Mädel (BDM).
Erlebte als Kind die Ruhrbesetzung durch die Franzosen.

MANFRED FREIHERR VON SCHRÖDER
Geboren 1914, trat im November 1933 in die NSDAP ein. Ab 1938 im
Auswärtigen Amt tätig. War von 1937 bis 1938 Mitglied des SS-Reiter-
sturms und diente von Mai 1942 bis August 1943 als Soldat der Wehrmacht an der Ostfront.

SUSI SEITZ
Geboren 1923, stand als noch nicht Fünfzehnjährige jubelnd in der Menschenmenge, die Hitler im März 1938 in Linz begrüßte. Später führendes Mitglied der österreichischen Hitlerjugend.

VIERA SILKINAITE
Geboren im litauischen Kaunas, erlebte mit sechzehn den Mord an litauischen Juden in Kaunas in den ersten Tagen der deutschen Besatzung.

FRIDOLIN VON SPAUN
Geboren 1900, meldete sich nach dem Ersten Weltkrieg als Freiwilliger zu dem rechten bayerischen Freikorps Oberland und kämpfte mit dem Freikorps in Polen. Arbeitete nach der Machtergreifung in Deutschland für die Nazipropaganda.

REINHARD SPITZY
Geboren in Österreich, trat in den dreißiger Jahren in die SS und den Stab Joachim von Ribbentrops ein. Diente während des Krieges im deutschen Nachrichtendienst.

ARNON TAMIR
Geboren 1917 in Stuttgart, in der jüdischen Jugendbewegung aktiv. Wurde 1938 mit vielen anderen Juden von den Nazis nach Polen deportiert, konnte von dort aber nach Palästina fliehen.

HERMANN TESCHEMACHER
In den zwanziger Jahren in der rechten Politik aktiv, trat später in die NSDAP ein. Im Krieg Soldat an der Ostfront.

WOLFGANG TEUBERT
Trat Ende der zwanziger Jahre im Osten Deutschlands in die SA ein. War im Krieg Soldat der Reichswehr an der Ostfront.

PROFESSOR STANISLAUS URBANCZYK
Wissenschaftler an der Jagellonischen Universität Krakau, von den Nazis im Konzentrationslager Sachsenhausen interniert. Freigelassen nach vierzehn Monaten an Weihnachten 1940.

SAMUEL WILLENBERG
Geboren 1923 in Polen als Sohn einer jüdischen Familie, kam 1942 in das Vernichtungslager Treblinka. Konnte 1943 fliehen, schloss sich nach verschiedenen Abenteuern dem polnischen Untergrund an und kämpfte dort gegen die Nazis.

GABRIELE WINCKLER
Arbeitete in den dreißiger Jahren als Sekretärin in Deutschland.

PROFESSOR JOHANNES ZAHN
Geboren 1907, promovierte 1929 in Jura. Arbeitete 1933 bis 1934 im
Zentralverband des deutschen Bank- und Bankiergewerbes; 1935 bis
1937 Geschäftsführer des Deutschen Instituts für Bankwissenschaften
und -wesen. 1939 bis 1945 Soldat der Wehrmacht; in dieser Zeit auch
Verwalter für englische und amerikanische Banken in Belgien.

PETRAS ZELIONKA
Geboren 1914 in eine arme litauische Bauernfamilie, trat 1941 in das
3./13. Litauische Hilfspolizeibataillon ein. Als Ghettowache war er Augenzeuge der Tötungen in Fort VII in Kaunas. In zahlreichen weiteren
Aktionen mordete er selbst. 1948 von den Sowjets zu 25 Jahren Verban-
nung nach Sibirien verurteilt.

EUGEN ZIELKE
Volksdeutscher aus Lodz in Polen, dessen Vater ein Lebensmittelgeschäft
hatte. Profitierte als knapp über Zwanzigjähriger 1940 vom Handel mit den
Juden, die im Ghetto von Lodz eingesperrt waren.

Danksagung

Zwei Menschen fühle ich mich ganz besonders zu Dank verpflichtet. Der Erste ist Michael Jackson, der frühere Direktor von BBC Television. Ohne seine Unterstützung und Ermutigung hätte es weder die Fernsehserie noch dieses Buch gegeben.

Die zweite Person, der ich ganz besonderen Dank schulde, ist Professor Ian Kershaw, der bei der Fernsehserie als historischer Berater mitwirkte. Als noch niemand sonst an dem Projekt arbeitete, verbrachten Kershaw und ich den größten Teil eines Jahres mit der Entwicklung einer Struktur für die Serie. Ich wusste schon, dass er den Ruf genießt, einer der besten Kenner des Dritten Reiches zu sein, und dass seine große Hitlerbiografie in Großbritannien und in Deutschland gleichermaßen mit Spannung aufgenommen wurde; nun jedoch erfuhr ich, dass er auch ein überaus toleranter und nachsichtiger Kollege ist. Sein Beitrag zu diesem Projekt ist nicht zu überschätzen, ebenso wenig wie unsere Dankbarkeit.

Noch viele andere Leute waren an der Produktion der Fernsehserie *The Nazis – A Warning from History* beteiligt, auf der das vorliegende Buch basiert. Ich freue mich, ihnen allen für ihr Geschick, ihre Hingabe und ihre Geduld danken zu können. Tilman Remme leistete als Coproduzent der Serie hervorragende Arbeit. Er war ein Vorbild an höchster Effizienz, Freundlichkeit und Hilfsbereitschaft. Detlef Siebert, Sally-Ann Kleibel, Sue McConachy und Corinna Stürmer wirkten als Produktionsassistenten; sie alle sind ausgezeichnete Journalisten. Außerdem haben wir dem handwerklichen und fachlichen Können von einigen der besten Mitarbeiter in der Dokumentarabteilung der Fernsehgesellschaft viel zu verdanken; es sind die Filmredakteure Alan Lygo und Jamie Hay, das Kamerateam von Martin Patmore und Richard Manton, der Grafiker John Kennedy, Adrian Woods, der Filmarchive auf der ganzen Welt für uns durchforstete, und Joanne King, die für uns die Fotoarchive abfischte.

Ann Catini führte bei den einzelnen Teilen der Serie Regie und Venita Singh Warner, Laura Davey und Harriet Rowe waren ihre Regieassistenten, sie alle haben uns enorm geholfen. Meine eigenen Sekretärinnen, zunächst Stephanie Harvie und später Kate Gorst, haben mir ebenfalls sehr geholfen. In Deutschland haben Marita Krauß, Friederike Albat und Volker Rieß viel für uns geleistet. In Polen arbeitete Wanda Koscia wunderbar für uns und in Litauen wurde von Saulius Berzinis und Alicija Zukauskaite hervorragende Arbeit geleistet. Bei BBC-Books widmete sich Sheila Ableman mit nie erlahmendem Eifer dem Projekt.

Der Chef der Dokumentarabteilung Paul Hamann hat uns immer ermutigt und dasselbe gilt auch für Mark Thompson, den neuen Controller bei BBC2.

Auch meinen amerikanischen Coproduzenten vom Arts and Entertainment Network bin ich sehr dankbar, insbesondere Brooke Bailey Johnson, Michael Cascio, Charlie Mayday und Michael Catz. Niemand hatte je begabtere und hilfreichere Kollegen jenseits des Atlantiks.

Zwei weiteren Gruppen von Menschen kann ich nur kollektiv danken. Wollte ich jedem einzeln danken, so müsste ich viele Seiten mit hunderten von Namen füllen und würde doch immer noch befürchten, jemanden vergessen zu haben. Es sind die Interviewpartner, die uns ihre Erinnerungen, Gefühle und Ansichten mitteilten, und die Historiker, die uns berieten und uns halfen, die Antworten der Interviewpartner kritisch zu prüfen. Die Produktion einer solchen Serie ist in vieler Hinsicht ein Privileg, nicht zuletzt, weil man dabei Gelegenheit erhält, Menschen mit außerordentlichem Wissen und Menschen mit außerordentlichen Erfahrungen zu begegnen und sie zu befragen. In aller Regel verhielten sich diese Menschen sehr freundlich gegenüber den Befragern. Ich danke ihnen allen und hoffe, sie glauben mir, dass mein Dank ernst gemeint ist, auch wenn ich ihn nur kollektiv ausdrücken kann.

Meine Frau Helena und Professor Kershaw lasen beide das Manuskript dieses Buches und ich bin ihnen dankbar für ihre Kommentare. Trotz der Flut guter Ratschläge, die ich im Laufe der letzten Jahre zu dem Thema bekommen habe, trage ich ganz allein die Verantwortung für die in diesem Buch vertretenen Ansichten und Urteile.

Dieses Buch ist meinem Sohn und meiner Tochter in Liebe gewidmet.

L. R.

Register

Kursive Ziffern beziehen sich auf Abbildungen.